Amazônia

500 ANOS DE COBIÇA INTERNACIONAL

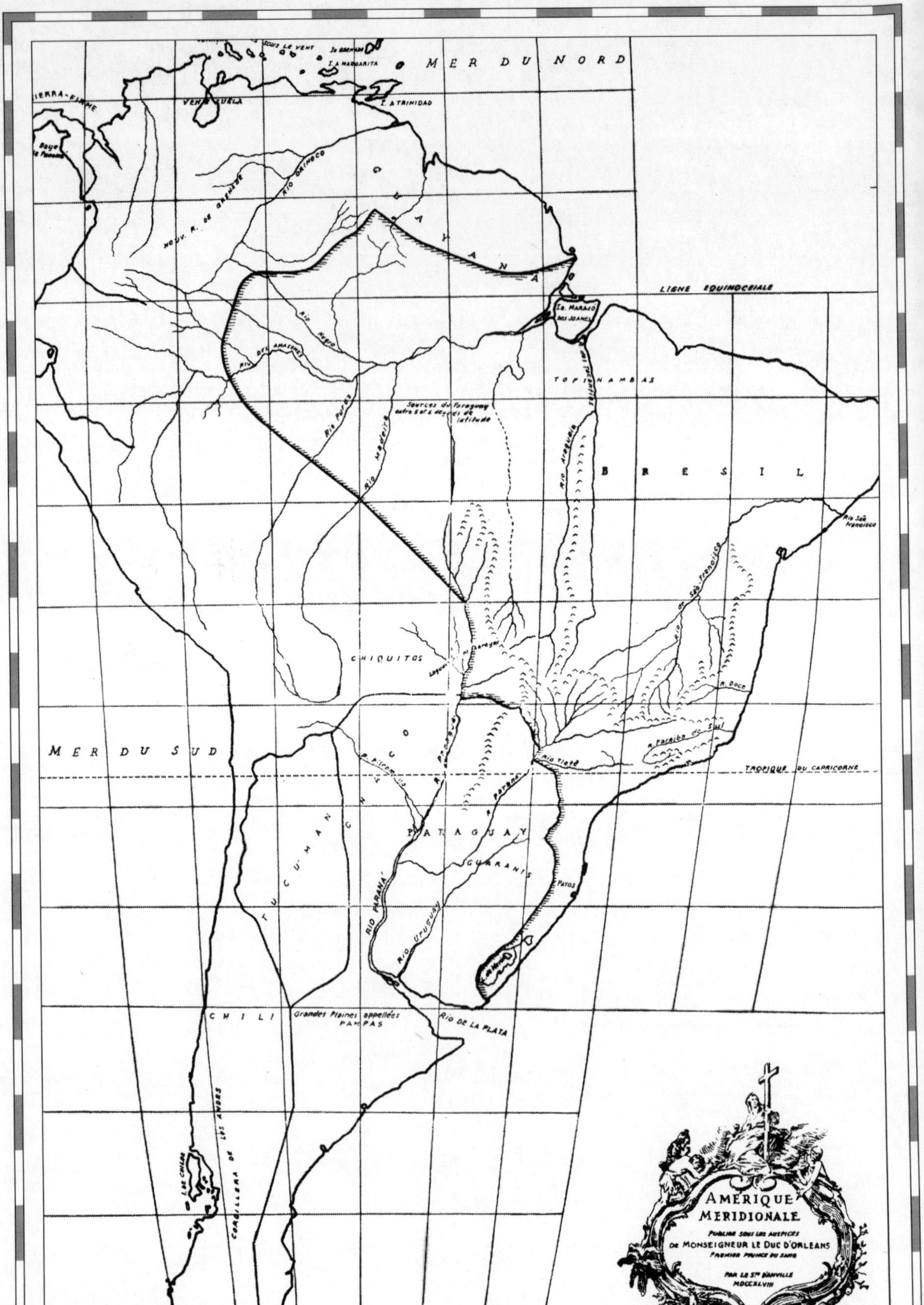

MER DU NORD
I. A MARGARITA
I. A TRINIDAD
VENEZUELA
G U A Y A N A
RIO ORINOCO
NOUV. R. DE GRENADE
RIO NEGRO
RIO DES AMAZONES
LIGNE EQUINOCCIALE
TOPINAMBAS
Sources du Paraguay entre 5 et 6 degrés de latitude
Rio Madeira
Rio Purus
Rio Araguaia
B R E S I L
Rio São Francisco
CHIQUITOS
R. Doce
R. Paraiba do Sul
Rio Tietê
TROPIQUE DU CAPRICORNE
M E R D U S U D
C H A C O
P A R A G U A Y
GUARANIS
Patos
T U C U M A N
RIO PARANÁ
RIO URUGUAY
RIO DE LA PLATA
C H I L I
Grandes Plaines appellées PAMPAS
CORDILLERA DE LOS ANDES
AMERIQUE MERIDIONALE
PUBLIÉE SOUS LES AUSPICES
DE MONSEIGNEUR LE DUC D'ORLEANS
PREMIER PRINCE DU SANG
PAR LE Sr D'ANVILLE
MDCCXLVIII

Prefeitura da Cidade do Rio de Janeiro,
Secretaria Municipal de Cultura e FSB Holding
apresentam

ALDO REBELO

Amazônia

A MALDIÇÃO DE TORDESILHAS

500 anos de cobiça internacional

PATROCÍNIO
FSB holding

RIO CAPITAL DO G20 BRASIL 2024 | Rio PREFEITURA CULTURA

Sumário

Homenagem e agradecimento **7**

Apresentação **9**

Prefácio **11**

A Amazônia que eu conheci **15**

Tordesilhas e o testamento de Adão **21**

Orellana vê as amazonas **25**

Pedro Teixeira **27**

*Raposo Tavares e a Bandeira dos Limites:
a maior bandeira do maior bandeirante* **29**

A espada, a flecha e a cruz **33**

Ajuricaba, o rei da floresta **37**

*Alexandre de Gusmão, o Tratado de Madri
e a criação do Brasil* **39**

Pela Amazônia, Pombal enfrenta o mundo **43**

*A Questão do Pirara — uma história
de trapaça e ambição colonial* **47**

Cabanagem — a planície em chamas **51**

*Viajantes e naturalistas, a melhor ciência
do mundo é a colonialista* **55**

*Um enclave escravocrata na Amazônia,
um sonho americano* **59**

*A navegação do Amazonas — D. Pedro II
contra o império americano* **63**

O maior roubo do mundo **67**

*Wilmington, a canhoneira americana
nas águas do rio Amazonas* **71**

*A Questão do Acre: um enclave americano
na Amazônia ocidental* **75**

Amazônia, um departamento francês de ultramar **79**

A Amazônia na visão de Euclides da Cunha **83**

Madeira-Mamoré, a ferrovia impossível **87**

Rio da Dúvida — Roosevelt vai à selva **91**

Fordlândia, sonho e pesadelo americano na selva **95**

A guerra da borracha **99**

A Amazônia assombra John dos Passos **103**

Araújo Castro e o congelamento do poder mundial **107**

Kamala Harris anuncia a guerra do futuro, a guerra pela água **113**

Amazônia, uma anatomia do crime **117**

Amazônia, a maior fronteira mineral do mundo **121**

Amazônia, uma fábrica de energia **127**

*A Amazônia é nossa, a biodiversidade é deles:
os donos da biodiversidade são os donos do mundo* **133**

O estado paralelo das ONGs **139**

Está faltando um Bruce Lee na Amazônia **145**

Indígenas, nossos avós mais remotos **149**

*A defesa como desafio de uma política nacional
para a Amazônia* **153**

O Brasil, a Amazônia e o futuro **159**

Fontes consultadas **163**

A Prefeitura do Rio, por meio da Secretaria Municipal de Cultura, cuida de um dos maiores patrimônios brasileiros: a cultura carioca.

São mais de 50 equipamentos espalhados por toda a cidade, entre teatros, arenas, museus, bibliotecas, salas de leitura e centros culturais. Uma das maiores redes municipais de equipamentos de cultura da América Latina.

Investimos mais de R$ 200 milhões por ano em cerca de 1.200 projetos pensados, produzidos e estrelados pela cena cultural carioca. São milhares de empregos gerados e um grande aporte financeiro para a cidade.

Criada em 2013, a Lei Municipal de Incentivo à Cultura da cidade do Rio de Janeiro (Lei do ISS) é o maior mecanismo de incentivo municipal do país em volume de recursos e busca estimular o encontro da produção cultural com a população. Acreditamos que a cultura é um vetor fundamental de desenvolvimento econômico e social e de protagonismo da diversidade, democracia e da nossa identidade.

Prefeitura do Rio
Secretaria Municipal de Cultura

COORDENAÇÃO EDITORIAL
Arte Ensaio Editora

TEXTO
Aldo Rebelo

COORDENAÇÃO DE PRODUÇÃO
Rita Priolli Rebelo

FOTOGRAFIAS
Imagens de Arquivo
p.8 - Vinicius Low / Unsplash
p.28 e 34 - Midjourney

REVISÃO DE TEXTO
Lucia Seixas

PROJETO GRÁFICO
Fernanda Mello

PRODUÇÃO
Luana Fricke

TRADUÇÃO
MV Translations

IMPRESSÃO E ACABAMENTO
Ipsis Gráfica e Editora

Homenagem e agradecimento

Aos 30 milhões de brasileiros da Amazônia,
Aos nossos antepassados portugueses,
Ao navegador português,
Ao administrador português,
Ao diplomata português,
Ao português anônimo,
Aos indígenas da Amazônia e seus tuxauas,
Às nossas avós remotas, indígenas da Amazônia,
Aos caboclos, ribeirinhos, tapuias e tapuios,
Ao soldado da borracha e seus descendentes,
Aos cronistas e historiadores que registraram a epopeia da Amazônia brasileira,
Aos que nestes cinco séculos não mediram sacrifícios nem renúncias para proteger a Amazônia como geografia portuguesa e depois brasileira.
Aos que hoje vigiam e labutam pelo Brasil, pela Amazônia, e pelo Quinto Movimento de retomada da construção inacabada na Nação.

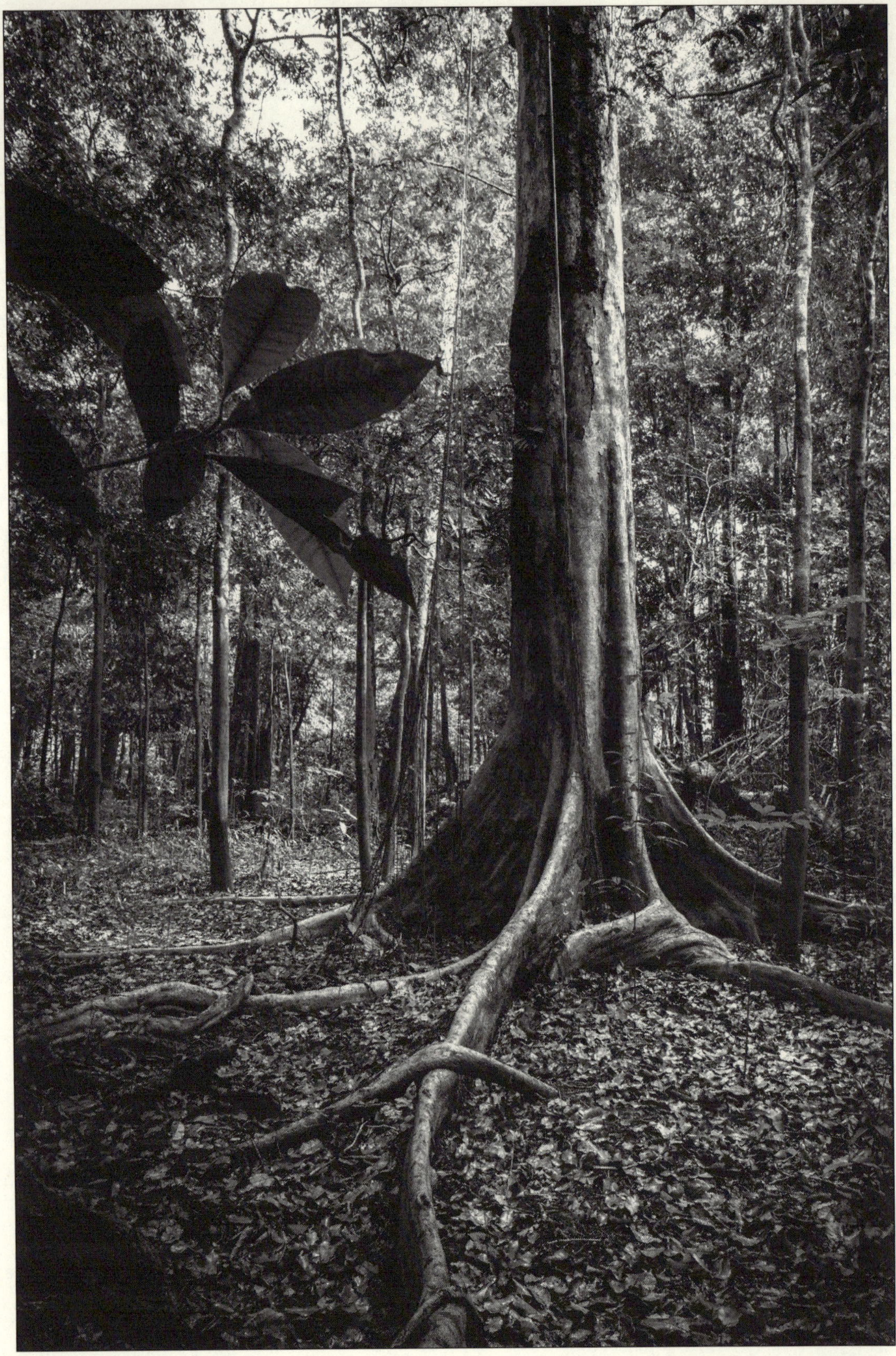

É fácil falar sobre a Amazônia do alto de uma cobertura na Zona Sul do Rio de Janeiro, de uma mansão nos Jardins ou de alguma outra grande cidade do Brasil, e a gente se acostumou a ouvir e ler sobre o tema as mais diversas opiniões de gente bem-intencionada, mas que muitas vezes não conhece a fundo a região.

Por isso um livro como este é tão bem-vindo: seu autor não é apenas um estudioso do assunto, mas também esteve envolvido de perto com as estratégias e políticas públicas que nortearam as ações de diferentes governos para a Amazônia ao longo das últimas décadas, como deputado e membro da Comissão de Relações Exteriores e de Defesa Nacional e como Ministro do Esporte, da Defesa, e da Ciência, Tecnologia e Inovação. Aldo Rebelo foi também o relator do Novo Código Florestal Brasileiro, e tenho certeza de que ele ainda tem muito a contribuir para o desenvolvimento do país.

Por isso fiquei muito entusiasmado quando Aldo me apresentou o projeto deste livro. Admiro muito sua trajetória e sei que poucos brasileiros conhecem a Amazônia tão profundamente. Aldo se interessa pelo tema desde a juventude e fez inúmeras viagens pela região desde os tempos de estudante, no final dos anos 1970, e depois como deputado e ministro. Num momento em que todos os olhares do mundo estão voltados para a Amazônia, é importante aprendermos com alguém que esteja realmente preparado para nos ajudar a entender de maneira abrangente todas as questões que passam por ali – desde a floresta, o meio ambiente e a biodiversidade até os impactos para o clima e o aquecimento global. Sem contar que a Amazônia é também a maior fronteira mineral do planeta.

Para este trabalho, Aldo viajou para Altamira em janeiro de 2023 e ficou até junho rodando de carro pelos mais diversos lugares. Percorreu a Transamazônica inteira, foi a Belém, Manaus e Boa Vista, visitou universidades e museus, passou por várias cidades ribeirinhas no Tapajós e no Xingu e levantou dados e números para embasar e complementar suas leituras e pesquisas.

Partindo de uma visão pessoal, desde a geografia básica que aprendeu no curso primário até os primeiros contatos como estudante na época da UNE, e depois compartilhando suas experiências nos diversos governos em que tomou parte, Aldo Rebelo nos apresenta uma Amazônia rica de histórias e possibilidades. Para contar a história das conquistas e da exploração da região, ele se vale de personagens e episódios reais, como o de Orelana, um espanhol que saiu do Peru e foi o primeiro europeu a descer o rio Amazonas, e o de Ajuricaba, um indígena que resistiu à ocupação portuguesa e preferiu pular acorrentado dentro do rio a ser escravizado. Conta também a expedição de Pedro Teixeira, que subiu o rio Amazonas até o Equador com 1.200 indígenas armados de arcos e flechas, e ainda sobre o roubo da borracha e a tentativa dos ingleses, franceses e holandeses de ocupar o Vale do Amazonas. Nos capítulos finais, Aldo fala das riquezas da Amazônia — não é à toa que a região sempre despertou a cobiça de outros países e que devemos ficar atentos à soberania nacional numa área de tamanha relevância.

Tenho muito orgulho em participar deste projeto junto com a FSB Comunicação e em poder apresentar aos leitores o resultado deste trabalho. Agradeço ao meu querido amigo Aldo Rebelo por trazer tantas informações e por ampliar nosso conhecimento sobre a região amazônica numa leitura tão saborosa e fascinante, e agradeço também a todos que ajudaram a concretizar a presente edição. Tenho certeza de que este belo livro se tornará uma obra de referência para os estudos sobre a Amazônia, e que irá ajudar a estimular não apenas outros brasileiros, mas também todos os povos e toda a comunidade internacional a aprofundarem suas visões sobre uma área de importância estratégica tão fundamental tanto para nosso país como para o mundo.

— FRANCISCO SOARES BRANDÃO
Sócio-fundador

FSB holding

Prefácio
A Amazônia e a centralidade da questão nacional

"Perde-se o Brasil, senhores, porque alguns ministros de sua majestade não vêm cá buscar nosso bem, vêm cá buscar nossos bens."
— **Padre Antônio Vieira,** SERMÕES

"Ponham um inglês na Lua e na árida paisagem lunar ele continuará mais inglês do que nunca. Sua primeira providência será anexar a própria Lua ao Império Britânico. Mas o subdesenvolvido faz o imperialismo às avessas. Vai ao estrangeiro e, em vez de conquistá-lo, ele se entrega e se declara colônia."
— **Nelson Rodrigues,** A PÁTRIA DE CHUTEIRAS

A POLÍTICA E A ACADEMIA redescobriram a importância e a atualidade do nacionalismo. Em todo o mundo, um número crescente de partidos e movimentos políticos e sociais reivindicam o nacionalismo em suas variadas manifestações como solução para o fracasso dos governos em alcançar soluções adequadas para desafios como a retomada do desenvolvimento econômico e a redução das desigualdades sociais.

O mundo acadêmico e o editorial retomaram o esforço de pesquisa e publicações voltadas para debater o retorno vigoroso do nacionalismo à agenda dos povos. A edição de março/abril de 2019 da revista *Foreign Affairs*, a mais importante publicação de política externa dos Estados Unidos, foi dedicada a discutir o que chamou de novo nacionalismo, reunindo para isso renomados historiadores e especialistas norte-americanos em política externa. A revista, editada desde 1922, já teve entre seus colaboradores George Kennan e Samuel P. Huntington, e advertiu que o nacionalismo emergente é resultado da busca de soluções reais para problemas reais.

Os defensores do nacionalismo atribuem a esta ideologia a desarticulação dos impérios coloniais britânico, espanhol e português na América do século XIX; a resistência anticolonial africana e seus movimentos de libertação nacional na segunda metade do século XX; e a epopeia heroica dos guerrilheiros vietnamitas contra o colonialismo francês e norte-americano nas décadas de 1960 e 1970 do século passado. Esta visão apresenta um nacionalismo libertário, pleno de virtudes, sem o qual a democracia e os direitos humanos seriam utopias inalcançáveis.

Os desafetos do nacionalismo o associam a sistemas intolerantes e totalitários como o fascismo e o nazismo, a movimentos contemporâneos xenófobos e à agenda hostil aos valores liberais em política e economia.

A verdade é que o nacionalismo tem sido, nos últimos 200 anos, a expressão de objetivos nacionais contraditórios e mesmo antagônicos. O nacionalismo das nações dominantes é agressivo, expansionista, imperialista, disposto a usar a força econômica, científica, tecnológica, diplomática, cultural e militar para alcançar seus objetivos.

O nacionalismo das nacionalidades emergentes é defensivo, não está em seu horizonte a cobiça pela riqueza ou pelo território de seus vizinhos, busca apenas a proteção de seus interesses econômicos e sociais contra pretensões alheias. Não almeja dominar, mas sim não ser dominado.

A presença da Amazônia brasileira no salão principal da geopolítica mundial não é ornamental, nem decorativa, muito menos se deve a sua relevância para as justas preocupações humanas com o meio ambiente, o clima, o aquecimento global e a emissão de gases de efeito estufa.

Na Amazônia está a mais promissora fronteira mineral do mundo, a mais cobiçada reserva de biodiversidade e as terras mais aptas para a agricultura ainda disponíveis no planeta. Os brasileiros devem estar preocupados com os reais interesses das potências na região. E estes interesses estão muito mais relacionados com os nossos bens e não com o nosso bem.

Preocupa que haja brasileiros defendendo a internacionalização da Amazônia como patrimônio da humanidade e a baixa indignação gerada por esse tipo de manifestação. Este livro é uma tentativa de atualizar a importância da Amazônia para o Brasil e oferecer aos brasileiros de hoje uma crônica da cobiça internacional sobre a região. O livro aponta ainda as inesgotáveis possibilidades encontradas na Amazônia para o pleno desenvolvimento dos 30 milhões de brasileiros que lá vivem e para os outros 180 milhões espalhados por todo o território nacional.

A proteção e a preservação da Amazônia são responsabilidade inegociável dos brasileiros. A Amazônia jamais será patrimônio da humanidade. Ou ela será soberanamente brasileira ou será um protetorado governado por interesses de nações poderosas. "Se você acha que é cidadão do mundo, você não é cidadão de lugar nenhum", como advertiu um dos articulistas da edição da *Foreign Affairs* aqui citada.

ICVS

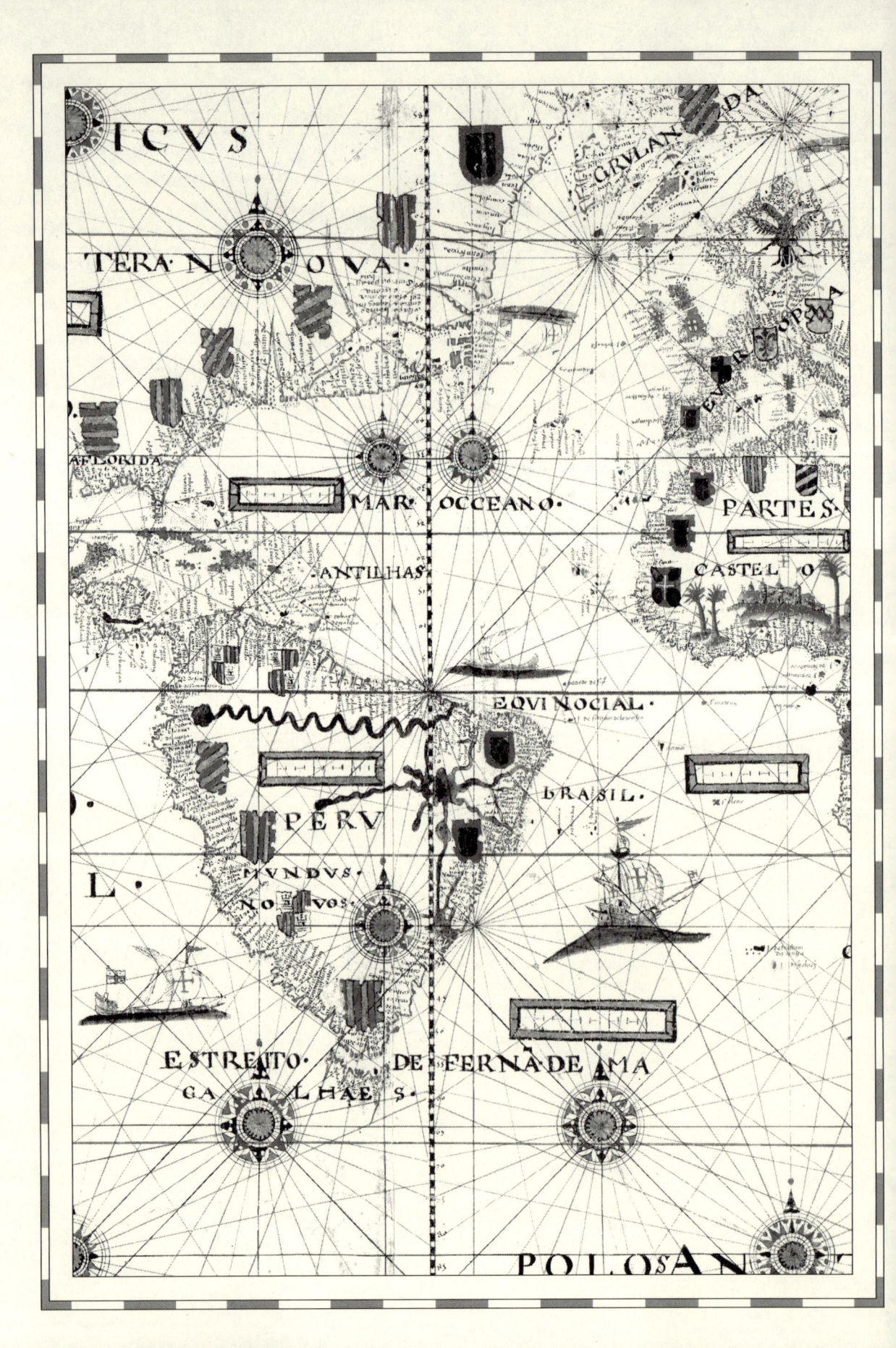

TERA NOVA

FLORIDA

MAR OCCEANO

ANTILHAS

GRVLANDA

EVROPA

PARTES

CASTELO

EQVINOCIAL

BRASIL

PERV

MVNDVS NOVOS

ESTREITO DE FERNÃO DE MAGALHAES

POLOS AN

A Amazônia que eu conheci

"Este o perigo que ameaça hoje o espaço amazônico que, como parte do complexo biossocial formado pela nação brasileira, estaria sujeito a ser arrancado desse complexo. Sob pressões desnacionalizantes, amparadas por um motivo, na aparência, apenas humanitário; e não também, como parece alguns de nós ser, politicamente antibrasileiro. Antinacional com relação a um Brasil com possibilidades de, ainda nos começos do século XXI, principiar a afirmar-se, como nação já potência."
— **Gilberto Freyre**, HOMENS, ENGENHARIAS E RUMOS SOCIAIS

A AMAZÔNIA ME FOI APRESENTADA pela primeira vez quando me preparava para o exame de admissão ao Colégio Agrícola Floriano Peixoto. Eu havia sido alfabetizado em uma escola rural e concluíra o curso primário — correspondente ao que é hoje a primeira parte do ensino fundamental — em minha cidade natal, Viçosa de Alagoas. A segunda fase do ensino fundamental, da sexta à nona série, era o antigo ginásio cujo acesso exigia o exame de admissão. Os colégios agrícolas da época acolhiam os estudantes desde o ginásio em regime de internato, modelo que permitia a formação técnica de muitos meninos cujas famílias não dispunham dos recursos necessários para custear seus estudos.

A preparação para o exame de admissão era rigorosa em todas as disciplinas, incluindo a Geografia. A Amazônia com sua planície, sua gigantesca bacia com rios e afluentes lembrando a forma de uma espinha de peixe gigante era matéria obrigatória, o que nos levava a gravar facilmente os nomes dos afluentes da margem direita e da margem esquerda do grande rio na sequência exata de oeste para leste. Era na Amazônia ainda que estavam situados o ponto extremo norte do

Brasil — na nascente do rio Ailã na Serra do Caburaí, no atual estado de Roraima, na fronteira com a Guiana Inglesa —, o ponto extremo oeste — na Serra da Contamana, nascente do rio Moa, na divisa do Acre com o Peru —, e o ponto culminante do Brasil — no Pico da Neblina, fronteira com a Venezuela.

Já no ginásio, tive a sorte de encontrar a professora de Geografia que consolidou minha visão da Amazônia como símbolo da grandeza do Brasil. Dona Delba Correia levava para a sala de aula um atlas geográfico escolar que nós copiávamos em cadernos de desenho usados como material didático.

A segunda Amazônia conheci já estudante universitário, nos idos de 1979, em campanha para as eleições da União Nacional dos Estudantes (UNE), quando fui incumbido de visitar os estados do Norte do Brasil. A bordo de um avião da Vasp, a caminho de Rio Branco, no Acre, levava comigo um exemplar de *Galvez, imperador do Acre*, do escritor amazonense Márcio Souza, e no bolso um papel com alguns telefones para contato no meu destino. O voo de Rio Branco a Manaus tem o impacto capaz de mudar a visão do Brasil. Entre os rios Purus e Madeira, que correm paralelos em direção ao Amazonas, domina a exuberância absoluta da floresta, infinita, inescrutável, misteriosa.

Eleito deputado federal por São Paulo em 1990, dediquei por seis mandatos consecutivos uma atenção especial à Amazônia com viagens frequentes, quando tive muitas vezes a companhia de parlamentares de espectros heterogêneos, como Jair Bolsonaro e José Genoíno, em uma época que permitia a convivência civilizada entre as diferenças na política e na ideologia. Presidente da Câmara dos Deputados entre 2005 e 2007, visitei todos os estados da região, jornada que repeti na discussão do Código Florestal do qual fui relator, ouvindo agricultores, ribeirinhos, gestores públicos e fazendeiros da região.

No Ministério do Esporte, levei para São Gabriel da Cachoeira o programa Força no Esporte, conduzido também pelo Ministério da Defesa, para oferecer a alunos da rede pública os equipamentos esportivos nos quartéis com o apoio do então ministério do Desenvolvimento Social.

Quando presidi a Comissão de Relações Exteriores e de Defesa Nacional (2002), vivi um dos episódios mais reveladores da fragilidade do

Estado nacional na Amazônia. O jornal *New York Times* publicara uma matéria de denúncia de supostos abusos cometidos por integrantes do Exército contra mulheres indígenas na fronteira norte do Brasil. O Comando do Exército consultou a presidência da Comissão sobre a possibilidade de uma manifestação em resposta à denúncia, que julgava falsa e caluniosa, contra a instituição militar.

Concordei em responder à denúncia do jornal norte-americano com a condição de que pudesse visitar o local onde teriam ocorrido os supostos abusos. A viagem foi organizada pelo chefe da assessoria parlamentar do Exército, na época o coronel Eduardo Villas Bôas, que viria a comandar a Amazônia e o próprio Exército.

Pernoitamos no modesto hotel de trânsito do Exército em Boa Vista e na manhã seguinte tomamos um helicóptero para o Pelotão de Fronteira de Surucucus, na Terra Indígena Ianomâmi, na companhia do comandante da Brigada de Infantaria de Selva, general Claudimar Magalhães, além de oficiais e alguns civis da administração local.

Ao nos aproximarmos da maloca mais próxima do Pelotão de Fronteira, nos deparamos com uma jovem que se identificou como integrante da organização não governamental Urihi, cujos traços físicos demonstravam que não pertencia à comunidade local e que se apresentou com a missão de permitir a minha entrada na maloca, por ser parlamentar, mas vetar a da delegação, inclusive os oficiais do Exército. Argumentei que ela sequer era servidora pública e que os oficiais do Exército se encontravam em área de domínio da União. A jovem comportou-se resolutamente como se cumprisse uma ordem. Os oficiais do Exército optaram por evitar qualquer incidente e distribuíram ali mesmo alguns presentes que traziam para as lideranças indígenas. Finalmente adentrei a maloca e me deparei com os indígenas que lá habitavam em meio a uma espessa camada de fuligem e fumaça oriundas das pequenas fogueiras usadas para assar os alimentos.

Os índios apresentavam estado de avançada desnutrição e a maloca não tinha água tratada nem luz elétrica. Perguntei à jovem da ONG por que não estender a água e a luz elétrica do Pelotão de Fronteira até a maloca e ela respondeu que isso alteraria a cultura dos índios. Em seguida, já na despedida, chutei uma bola com a qual brincavam crianças Ianomâmi e comentei com a moça da ONG que pelo menos torcíamos todos para a mesma seleção de futebol e apontei para as crianças indígenas, no que fui contestado por ela: "Não, senhor, o senhor torce para a sua seleção e eles torcem para a seleção deles.". Convidei os oficiais presentes a nos retirarmos antes que a situação se tornasse ainda mais desagradável.

Intrigava a nossa delegação o fato de a representante da ONG se antecipar à nossa chegada à região tão remota do estado de Roraima, o que indicava a presença de um serviço de inteligência e de logística operando com elevada eficiência, competindo com relativo sucesso *vis-à-vis* as mesmas responsabilidades do Estado nacional.

A visita à área revelou a existência de relações que, baseadas nas tradições e costumes indígenas, não constituíam abusos entre os jovens soldados e as mulheres das aldeias, todas indígenas, mobilizadas pelas ONGS para reivindicar parte do soldo dos jovens militares, e convencidas a usar o argumento dos abusos como forma de pressão para conseguir seus objetivos. Redigi uma nota em nome da Comissão e pedi à nossa embaixada em Washington que a fizesse chegar aos editores do *New York Times*.

Já no Ministério da Ciência, Tecnologia e Inovação (MCTI), voltei a Manaus para inauguração do primeiro trecho da infovia fluvial, programa conduzido pelo Ministério da Defesa com o apoio do MCTI. O objetivo era aproveitar o leito dos rios como via para levar a internet às comunidades da Amazônia.

A passagem pelo Ministério da Defesa foi de plena integração com os desafios da Amazônia e de percepção do imenso vazio lá deixado pelo Estado brasileiro, que obriga as instituições militares a uma dupla missão na região: a defesa do País, da fronteira, das águas interiores e do espaço aéreo, e a missão subsidiária de assistência aos indígenas e aos ribeirinhos com hospitais e navios-hospitais, campanhas de vacinação e prevenção de doenças.

Há pouco tempo, percorrendo a Transamazônica, deparei-me com um velho pioneiro, já passado dos 90 anos, que me perguntou: "O senhor sabe por que eu estou aqui?". Respondi que não, e ele disse: "Por causa do Juscelino e da Belém-Brasília.".

A Transamazônica é a continuidade da Belém-Brasília, e da marcha dos bandeirantes para o Oeste. Da Transamazônica desci a BR-163 no rumo do Mato Grosso, encontro da Amazônia com o Cerrado, promessa de um futuro de progresso e paz com equilíbrio social e responsabilidade ambiental para o nosso País.

Visita a Clevelândia, Oiapoque, Amapá, fronteira com a Guiana Francesa.

Tordesilhas e o Testamento de Adão

"Cessem do sábio Grego e do Troiano
As navegações grandes que fizeram;
Cale-se de Alexandro e de Trajano
A fama das vitórias que tiveram;
Que eu canto o peito ilustre Lusitano,
A quem Neptuno e Marte obedeceram:
Cesse tudo o que a Musa antiga canta,
Que outro valor mais alto se alevanta."
— **Luís de Camões,** OS LUSÍADAS

PORTUGAL E ESPANHA dominavam o conhecimento e os feitos nos oceanos, e não por acaso lideravam o mundo na era conhecida como a das grandes navegações, na passagem entre os séculos XIV e XV.

O português Bartolomeu Dias conseguira contornar o Cabo das Tormentas, rebatizado como Cabo da Boa Esperança, resolvendo a passagem do Atlântico para o Índico; e a Espanha revelava ao mundo as descobertas da viagem de Cristóvão Colombo.

Em 1494, portanto, quando os representantes dos reinos ibéricos se encontraram na Vila de Tordesilhas, banhada pelo Rio Douro, que corre entre os dois países, tratava-se de acertar a divisão do mundo entre a influência dos impérios coloniais. Tudo estava em disputa: a Ásia, o Índico e o Pacífico com suas especiarias, a África e suas feitorias para apoio e abastecimento dos navegantes e estas novas terras reveladas pelo navegador Cristóvão Colombo.

O Tratado definiu que seria traçado um meridiano imaginário 370 léguas a oeste do arquipélago de Cabo Verde, a leste do qual as terras existentes pertenceriam a Portugal, ficando o espaço a oeste sob posse da Espanha. O meridiano imaginário ficou conhecido como Meridiano de Tordesilhas e desenhava nas atuais terras do Brasil uma linha norte-sul, partindo do que é hoje a cidade de Belém, no Pará, e descendo até a atual cidade de Laguna, no estado de Santa Catarina.

Mapa do Brasil com a linha de Tordesilhas.
https://bonifacio.net.br/tratado-de-tordesilhas/

Ao tomar conhecimento do acordo entre seus primos João e Fernando, reis de Portugal e Espanha, para dividir o mundo entre eles, Francisco I da França perguntou a seus diplomatas onde encontrar o Testamento de Adão que o excluiu da partilha do mundo.

Não procedia a reclamação do soberano francês. O êxito português estava amparado no elevado investimento do país em ciência e tecnologia náuticas, como foi o caso da Escola de Sagres, fundada pelo infante Dom Henrique, uma combinação de centro de pesquisas e estaleiro onde eram concebidas e construídas as embarcações adaptadas para o desafio das grandes navegações.

Tordesilhas atravessaria mais de 250 anos, sucumbindo à ousadia dos bandeirantes e dos indígenas seus aliados e ao talento de Alexandre de Gusmão no Tratado de Madri de 1750.

O esforço dos bandeirantes e dos estadistas portugueses não encontrou valor à altura nos herdeiros contemporâneos do precioso tesouro. Pesa sobre Tordesilhas uma espécie de maldição histórica, que nos condena a nunca incorporar de fato ao Brasil as terras que nossos antepassados nos legaram de direito à custa de vidas, padecimentos, sacrifícios e renúncias.

Orellana vê as amazonas

"Mulheres guerreiras comandadas por uma matriarca é um mito comum aos povos do rio Negro, médio Amazonas e Orinoco. Daí talvez a presença constante da história ao longo dos séculos, como uma força capaz de convencer La Condamine, Spruce e o historiador Robert Southey, sem falar da ambiguidade de Alexander von Rumbolt a respeito do assunto."
— **Márcio Souza,** HISTÓRIA DA AMAZÔNIA

"Glória do planeta."
— **Élisée Reclus,** GEÓGRAFO FRANCÊS, 1830-1905, SOBRE O RIO AMAZONAS

FRANCISCO ORELLANA foi o primeiro europeu a cruzar o rio Amazonas a partir do Peru, em 1542. Estava acompanhado de um dominicano, espanhol como ele, frei Gaspar de Carvajal, que deixou uma memória da expedição: *Relação do famosíssimo e muito poderoso rio chamado Marañón*, cuja edição completa foi recentemente publicada pela editora Valor, de Manaus, com tradução e comentários de Auxiliomar Silva Ugarte, da Universidade Federal do Amazonas.

A expansão do império colonial espanhol enfrentava um desafio geográfico quase intransponível: os Andes. Partindo de Lima, Guaiaquil ou Quito, a travessia da Cordilheira era a única condição para o acesso à Bacia do Marañón, como os espanhóis denominavam o rio Amazonas.

A expedição organizada por Gonzalo Pizarro, irmão de Francisco Pizarro, o conquistador do Peru, tinha como objetivo a busca da canela e de outras especiarias que acreditavam existir nas florestas além dos Andes. A travessia levou um ano e Pizarro e seus homens foram trucidados pelas guerras de índios hostis e pelas febres. Orellana foi designado para descer o rio Napo em busca de víveres, mas decidiu continuar a aventura à jusante, desligando-se completamente da expedição e navegando o Amazonas até sua foz.

É Carvajal quem descreve a visão das amazonas, mulheres guerreiras indígenas que enfrentaram com valentia os soldados espanhóis. É provável que estas mulheres tenham substituído os maridos tombados em combate e que Carvajal e Orellana, sob influência do mito das amazonas da Antiguidade, tenham construído a história das mulheres guerreiras da Amazônia que deram origem ao nome do grande rio.

O fracasso da expedição de Pizarro e Orellana profetizou as dificuldades de todos os impérios coloniais em conquistar o vale do rio, cuja entrada estava sob controle de Portugal. Orellana voltou para a Espanha e no seu retorno ao Amazonas desapareceu misteriosamente e para sempre em algum lugar próximo da foz do rio que tentou conquistar. Frei Gaspar de Carvajal sobreviveu e cumpriu trajetória de religioso dedicado em várias cidades do Peru.

Pedro Teixeira

> *"Há alguns meses, carregando minha solidão pelas ruas de Paris, descobri que na verdade eu não conhecia ninguém na grande cidade, salvo as estátuas. Algumas destas, por outro lado, são velhas amizades, antigas incitações ou mestres perenes de minha intimidade. E, como não tinha com quem falar, conversei com elas sobre grandes temas humanos."*
> — **José Ortega y Gasset,** A REBELIÃO DAS MASSAS

A CONSERVAÇÃO DA AMAZÔNIA como parte do império colonial português é um feito de sua competente diplomacia e da bravura de seu soldado. Aí se distingue a figura de Pedro Teixeira, presença decisiva nos momentos decisivos, quando impérios coloniais rivais — o espanhol, o holandês, o inglês ou o francês — ameaçavam a supremacia portuguesa na grande bacia.

Pedro Teixeira esteve com Jerônimo de Albuquerque na jornada de expulsão dos franceses do Maranhão em 1615. Em seguida, encontrou-se com Francisco Caldeira Castelo Branco em missão na foz do rio Amazonas na fundação do Forte do Presépio, origem da cidade de Belém, para, em seguida, bater-se com holandeses e ingleses que tentavam se estabelecer nas margens do rio Xingu.

Mas o momento sublime da trajetória do grande cabo de guerra foi a expedição que leva seu nome, partindo de Cametá, em 1637, e voltando em 1639. Com destino a Quito, no Equador, então vice-reinado do Peru, a expedição conformava aproximadamente 2.000 expedicionários a bordo de 47 grandes canoas conduzindo 70 soldados, 1.200 índios remeiros e flecheiros com suas mulheres e crianças. Pedro Teixeira assustou os administradores espanhóis tomados de surpresa e espanto por tamanha audácia. Integraram ainda a força-tarefa o cronista

Maurício Heriarte e um grupo de religiosos, à frente o capelão franciscano Agostinho das Chagas.

A missão orientada pelo governador do Grão-Pará, Jácome Raimundo Noronha, antecedeu em um ano a restauração da independência de Portugal diante da Espanha (1640), e em dez anos a Bandeira dos Limites, epopeia dirigida por Raposo Tavares.

Pedro Teixeira fixou na jornada os marcos fundamentais para garantir a Portugal, e depois, por herança, ao Brasil, a incorporação de todo o vale do Amazonas, de Marajó a Tabatinga, no Tratado de Madri, que seria negociado em 1750.

A cidade de Cantanhede, em Portugal, onde Pedro Teixeira nasceu, homenageia o filho ilustre com uma estátua; Cametá, a cidade de onde partiu, dedica-lhe um obelisco. Belém ergueu outra estátua para celebrar seu feito; a Marinha batiza com seu nome o Navio-Patrulha Fluvial Pedro Teixeira, e o Exército tem em Belém o Batalhão de Infantaria de Selva Pedro Teixeira. Por tradição, é também chamado de Comando Militar Capitão-Mor Pedro Teixeira o atual Comando Militar do Norte, no Pará.

Raposo Tavares e a Bandeira dos Limites:
a maior bandeira do maior bandeirante

"Ao terminar esta obra, temos a sensação de haver levantado, com pesado esforço, a tampa de granito do sepulcro onde um gigante dormisse."
— **Jaime Cortesão**,
RAPOSO TAVARES E A FORMAÇÃO TERRITORIAL DO BRASIL

"Antônio Raposo tem um destaque admirável entre todos os conquistadores sul-americanos. Seu heroísmo é brutal, maciço, sem frinchas, sem dobras, sem disfarces. Avança inteligentemente, mecanicamente, inflexivelmente, como a forma natural desencadeada. A diagonal de mil e quinhentas léguas, que traçou de São Paulo até o Pacífico, cortando toda a América do Sul, por cima de rios, de chapadões, de pantanais, de corixas estagnadas, de desertos, de cordilheiras, de páramos nevados e de litorais aspérrimos, entre o espanto e a ruína de cem tribos suplantadas, é um lance apavorante de epopeia. Mas sente-se bem naquela ousadia individual a concentração maravilhosa de todas as ousadias de uma época."
— **Euclides da Cunha**, À MARGEM DA HISTÓRIA

"E se extraordinária aventura exigiu desses sobreviventes uma têmpera física e qualidade humana insuperáveis, a consciência heroica do feito a realizar, sobrelevou de muito em Raposo

> *Tavares. Excepcionalíssimo tipo de varão. A ele, superar a todos em resistência inabalável; a ele, dá o exemplo quando os mais soçobrassem; a ele, engolir em seco, as aflições da incerteza ou da derrota, para não despenhar a onda de desânimo nalgum desfalecido companheiro; a ele, as terríveis responsabilidades do mando, de atirar as vidas para a morte, da fé, a toda prova."*
> — **Jaime Cortesão,**
> RAPOSO TAVARES E A FORMAÇÃO TERRITORIAL DO BRASIL

DOS 120 MAMELUCOS e portugueses e 1.000 índios que partiram de São Paulo em 1648 rumo à Amazônia e ao Peru, poucos retornaram em 1651, depois de três anos de marcha e 12 mil quilômetros percorridos. Entre os sobreviventes estava Antônio Raposo Tavares, o chefe da Bandeira dos Limites, desfigurado pelos maus-tratos da jornada de tal forma que sequer foi reconhecido pelos familiares ao chegar em casa.

A bandeira de Raposo Tavares foi um plano do Estado português, que recuperara sua independência perante a Espanha (1640) e desejava conhecer e incorporar terras situadas a oeste de Tordesilhas. Pouco antes de partir de São Paulo para a missão, Raposo estivera em Lisboa, onde, acredita-se, tenha recebido instruções específicas para a tarefa de buscar para Portugal o ouro e a prata que porventura encontrasse e incorporar ao reino as novas terras. Não há dúvidas de que Raposo Tavares cumpria missão do reino português, como cumprira antes, entre 1639 e 1642, quando recrutou e financiou uma tropa para o combate aos holandeses que ocupavam o Nordeste do Brasil.

A figura de Raposo Tavares e seus feitos permaneceram subestimados até que os historiadores examinassem a documentação disponível sobre a saga dos bandeirantes. O historiador português Jaime Cortesão escreveu a biografia à altura do biografado: *Raposo Tavares e a formação territorial do Brasil*. Mais recentemente, a historiadora Anita Novinsky, em seu livro *Os judeus que construíram o Brasil*, faz a defesa dos bandeirantes, compõe um perfil de Raposo Tavares e justifica a influência dos seus traços judaizantes na sua animosidade contra os jesuítas.

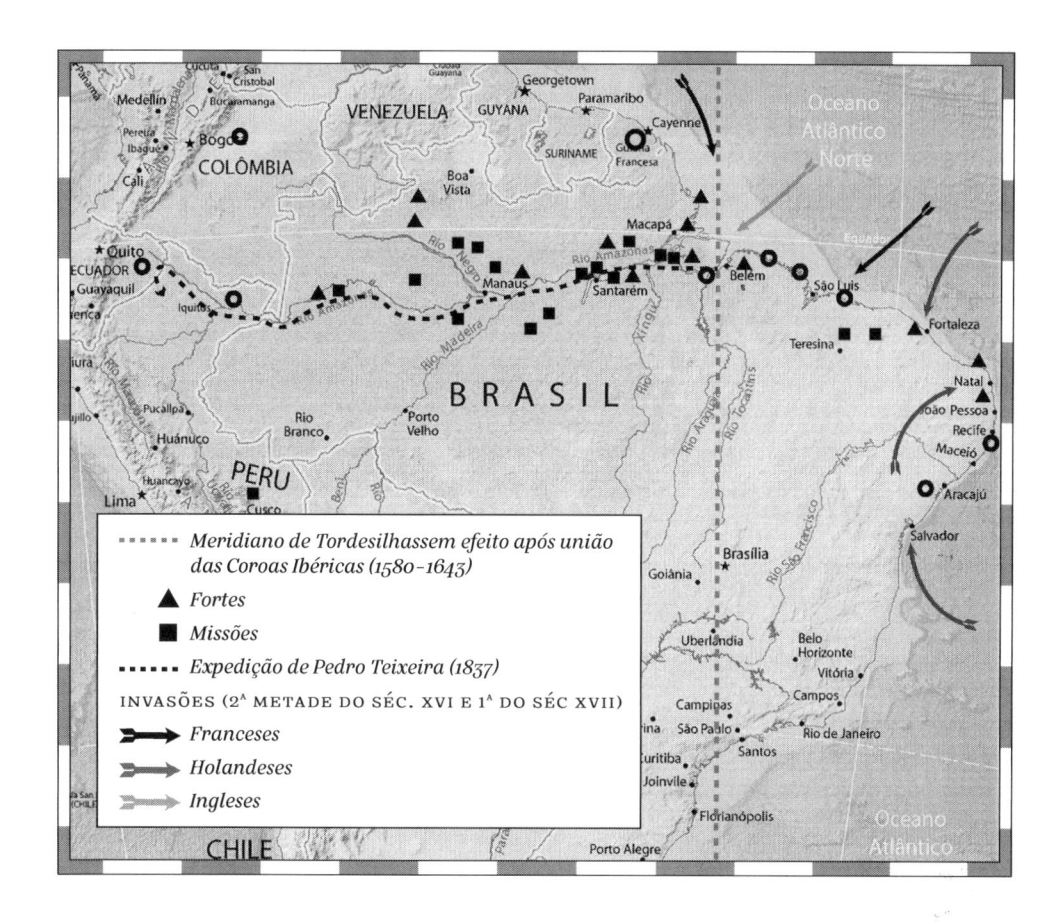

Partindo do Tietê, a expedição chegou a terras do atual Paraguai, subiu o rio Paraguai, desceu o Guaporé e o Mamoré até o Madeira, daí até o Amazonas, fazendo o percurso em direção ao Peru. A proeza espantou as autoridades de Lima, que escreveram ao rei da Espanha dando conta do feito dos "paulistas", como foram identificados os expedicionários não reconhecidos como portugueses, mas como pré-brasileiros de São Paulo.

A jornada de volta desceu o Amazonas até Gurupá, próximo a Belém, no Pará, já com a delegação dizimada pelas febres e pelos combates oferecidos pelos índios hostis, e de lá tomou o rumo de São Paulo.

Raposo Tavares fracassou em parte porque não encontrou a prata e o ouro da encomenda real. Ficou, porém, para além do brilho fugaz dos metais preciosos o objetivo português de expandir para oeste os limites de seus domínios na sequência do feito recente da bandeira fluvial liderada por Pedro Teixeira.

O grande aventureiro morreu pobre e esquecido em vida. A Amazônia que ele ajudou a incorporar ao Brasil tampouco homenageia a sua memória e seus feitos, a não ser pela presença solitária do Navio-Patrulha Fluvial Raposo Tavares, da Marinha do Brasil, singrando rios que Raposo Tavares contribuiu para definir que fossem águas brasileiras.

São Paulo o homenageia com o nome em uma importante rodovia e o Exército deu a ele o nome do centenário 4º Batalhão de Infantaria, na cidade de Osasco, conhecido como Regimento Raposo Tavares.

Raposo Tavares: Pintura de Christina Oiticica, Galeria Construtores do Brasil, acervo Câmara dos Deputados.

A espada, a flecha e a cruz

"Desta maneira, se as relações dos índios com a civilização constituem o elemento essencial da história dessa parte da América, a intervenção dos jesuítas foi de tal ordem que bem pode dizer-se ser a história da companhia, por si só, uma história completa da colonização.

Pelo que particularmente respeita ao Grão-Pará, a história desta parte desta terra brasílica de modo nenhum se pode escrever sem a dos jesuítas."

— **João Lúcio de Azevedo,**
OS JESUÍTAS NO GRÃO-PARÁ, SUAS MISSÕES E A COLONIZAÇÃO

PORTUGAL NÃO TERIA triunfado ante seus antagonistas pelo predomínio no vale do Amazonas sem o concurso de dois valiosíssimos aliados: os indígenas e as missões religiosas. Sem o apoio do índio, do guia, do batedor, do conhecedor de cada rio, de cada planta, de cada animal, o português não teria como se estabelecer na Amazônia. O remo, o arco e a flecha do índio conduziram a espada do colonizador, protegeu-a do índio inimigo, do espanhol, do francês e do holandês em cada palmo desconhecido da nova terra. Para afastar a ambição dos demais impérios coloniais, Portugal contou com a infantaria indígena, a logística indígena, o caçador indígena, o coletor indígena, sem o que não sobreviveria na penosa jornada.

Da mesma forma, sem a cruz das missões religiosas teria sido muito mais difícil permanecer em ambiente de natureza hostil, em distâncias tão grandes e em terras tão remotas. A importância dos missionários pode ser avaliada pelo número de cidades — as mais antigas da Amazônia — que tiveram sua origem nos aldeamentos das missões de tantos padres que se aventuraram nos vales inóspitos da grande bacia como conquistadores de almas, na expressão de Raimundo Morais[1].

Quem visita a cidade de Belém vai notar o imponente convento dos Mercedários[2], construído nos idos de 1640, utilizado como repartição pública depois da expulsão dos religiosos e palco da Revolta da Cabanagem, no século XIX. O edifício e sua arquitetura são testemunho de que os mercedários chegaram à Amazônia com o objetivo de permanecer e se tornar parte de sua história. A arquitetura traduzia a grandeza e a ousadia da presença: viemos para ficar.

A coroa distribuiu as ordens religiosas de forma a ocupar toda a extensão do vale amazônico, do Atlântico à divisa com o Peru. Jesuítas, franciscanos, mercedários, carmelitas, a todos as cartas régias instruíam e atribuíam localização e direitos. As ordens religiosas tinham autoridade sobre os índios e a permissão para construir fazendas e comercializar as chamadas drogas do sertão e as especiarias, recolhendo uma parte dos lucros para a coroa.

A proteção do índio e do padre foi decisiva para a presença do português na Amazônia.

---

1 Paraense (1872-1941), comandante de gaiolas nos rios da Amazônia, romancista, jornalista e cronista, deixou uma vasta obra sobre o mundo amazônico.
2 Ordem de Nossa Senhora das Mercês, fundada em 1228, cujos integrantes são conhecidos por mercedários, presentes na Amazônia desde o início da colonização.

Convento dos Mercedários, Belém do Pará, construído no século XVII, testemunho da forte presença das missões religiosas na Amazônia.

O padre João Daniel, jesuíta que viveu na Amazônia, e cujo livro *Tesouro descoberto do máximo Rio Amazonas*[3] é a principal fonte sobre a vida na região no século XVIII, relatou os costumes, a vida dos índios, a agricultura, a atividade com argila e cerâmica, a economia dos engenhos de açúcar, a aguardente e até o manejo apropriado do gado no período das enchentes.

Quando o Marquês de Pombal confiscou os bens dos jesuítas, foram arroladas 25 fazendas de gado de Marajó a Tabatinga e três engenhos de açúcar. A fazenda de Marajó possuía 134.475 cabeças de gado e 1.409 cavalos[4]. As demais ordens religiosas também possuíam bens, fazendas e muito gado.

A presença do padre Antônio Vieira no Maranhão e no Pará evidencia a importância que a Companhia de Jesus conferia à evangelização na região. Vieira foi o maior orador da Igreja do século XVII, escolhido pelo Papa como pregador da conversão da rainha Cristina, da Suécia, imortalizado pelos sermões proferidos nas igrejas do Brasil e de Lisboa.

---

3 DANIEL, João. *Tesouro descoberto no máximo Rio Amazonas*. Rio de Janeiro, Contraponto, 2004.
4 PAIM, Gilberto. *Amazônia ameaçada, da Amazônia de Pombal à soberania sob ameaça*. Vol. 116. Brasília, Senado Federal, 2009.

A desapropriação dos jesuítas e a ruptura de Pombal com os religiosos reorientou a aliança com os indígenas e a publicação da legislação Diretório dos Índios, com a concessão de direitos e privilégios aos silvícolas e seus descendentes.

Os índios aliados dos portugueses agiam por interesses práticos — ora a aquisição do conhecimento e dos instrumentos dos colonizadores, ora a proteção contra tribos inimigas mais fortes e mais agressivas. Houve resistência e luta, como na guerra liderada pelo tuxaua Ajuricaba, mas também a presença decisiva, como na expedição de Pedro Teixeira. Mas entre unidade e luta, não teria o português permanecido na Amazônia sem a ajuda do arco e da flecha do índio e da cruz dos missionários.

Ajuricaba, o rei da floresta

"Eu devia este livro a essa majestade verde, soberba e enigmática que é a selva amazônica."
— **Ferreira de Castro,** A SELVA

AJURICABA FOI UM TUXAUA da tribo dos Manaós e junto com dois irmãos e outros líderes guerreiros do vale do Rio Negro organizou a resistência contra o colonialismo português entre os anos de 1723 e 1728, quando foi derrotado pela tropa organizada pelo governador do Grão-Pará, João Maia da Gama.

O líder tuxaua reagiu às expedições para escravização de sua gente atacando as tribos leais aos portugueses e, fazendo-os prisioneiros, oferecia-os como escravos aos holandeses do Suriname. Os portugueses temiam exatamente a aliança entre os indígenas e os holandeses, o que motivou a carta de Maia da Gama ao rei D. João V relatando a rebelião de Ajuricaba e pedindo autorização para fazer a chamada "guerra justa"[5] contra os índios por ele liderados.

Ajuricaba conseguiu reunir milhares de combatentes em arco e flecha, mas foi afinal derrotado em 1728 e conduzido prisioneiro para Belém. A caminho, organizou um motim no barco que o conduzia. Subjugado, arrastou-se com outro companheiro até a beira da embarcação e atirou-se às águas do rio, preferindo a morte ao julgamento do colonizador.

Os índios pelos quais lutou e os próprios portugueses, seus algozes, reconheceram o ato heroico do chefe dos Manaós. Seu retrato pintado a óleo pelo artista amazonense Oscar Ramos figura na galeria dos

---

[5] Guerra justa era o nome dado às campanhas autorizadas pelo governo português contra os índios rebeldes às normas da autoridade colonial.

construtores do Brasil da Câmara dos Deputados. Em 2010, o senador Arthur Virgílio, do Amazonas, apresentou projeto de lei para inscrever o nome de Ajuricaba na galeria dos Heróis da Pátria. O Exército Brasileiro denominou o 54º Batalhão de Infantaria de Selva, na cidade de Humaitá, no Amazonas, de Batalhão Cacique Ajuricaba e a Polícia Militar do Amazonas tem em suas fileiras o Grupamento Ajuricaba.

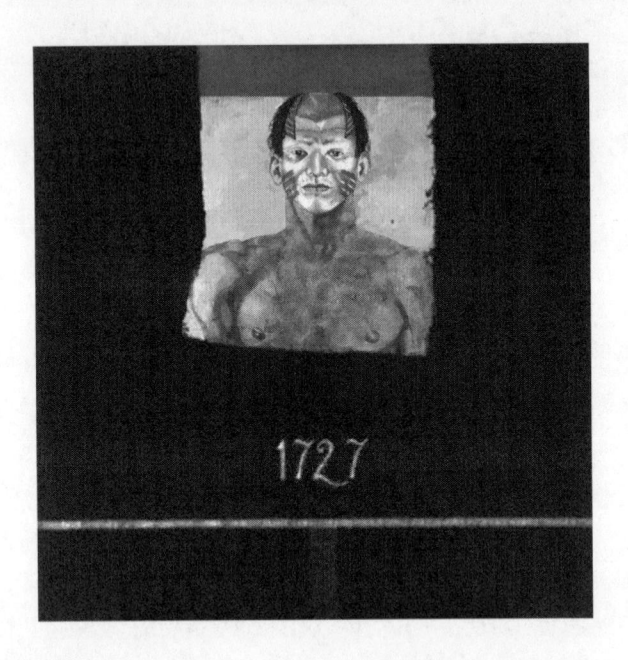

Ajuricaba: *Pintura de Óscar Ramos, galeria Construtores do Brasil acervo Câmara dos Deputados.*

O escritor amazonense Márcio Souza escreveu a biografia *Ajuricaba, o caudilho das selvas*[6], e o Rio Grande do Sul tem a cidade de Ajuricaba. São Paulo batiza com seu nome uma de suas ruas, sua história foi tema de filme dirigido por Oswaldo Caldeira, e em 2019 a Rede Amazônica promoveu uma votação para escolher a personalidade "que é a cara de Manaus": Ajuricaba foi eleito com 46% dos votos.

---

6 SOUZA, Márcio. *Ajuricaba, o caudilho das selvas.*

Alexandre de Gusmão, o Tratado de Madri e a criação do Brasil

"Precursor da geopolítica americana; definidor de novos princípios jurídicos; mestre inexcedível da ciência e da arte diplomática, Alexandre de Gusmão tem direito a figurar na história como um construtor genial da nação brasileira, pela clarividência e firmeza duma política de unidade geográfica e defesa da soberania, que antecipou, preparou e igualou a do Barão de Rio Branco."

— **Jaime Cortesão,** ALEXANDRE DE GUSMÃO E O TRATADO DE MADRI

PELO TRATADO DE TORDESILHAS, o Brasil teria apenas um terço de seu atual território e os dois terços restantes seriam naturalmente províncias ou departamentos de nossos vizinhos, o que incluiria todo o Rio Grande do Sul, Mato Grosso do Sul, Mato Grosso, Rondônia, Amazonas, Roraima, Amapá, quase todo o Pará, Paraná, Santa Catarina e partes de Goiás, São Paulo, Tocantins e Minas Gerais.

E se Portugal conseguiu multiplicar por três o que lhe conferia Tordesilhas, deve a vitória ao espírito indômito dos bandeirantes no Brasil e ao talento e patriotismo de seus diplomatas em Portugal e na Europa. Mas se entre seus diplomatas um merece ser alçado ao ponto mais elevado da diplomacia lusa, ele é o brasileiro Alexandre de Gusmão.

Nascido em Santos, em 1695, educado na Bahia, formado em Direito em Coimbra, Alexandre de Gusmão já aos 19 anos ingressou no serviço diplomático assumindo um posto em Paris, onde alargou seus conhecimentos em Direito e História. Em 1730 foi nomeado "secretário d'el-rei" de D. João V e passou a exercer influência crescente nos assuntos de política externa do reino. Tornou-se membro da Academia de História, criada pelo rei, preparou o documento que justificou a posse da Colônia de Sacramento no Rio da Prata e em 1743 passou a conduzir as negociações com a Espanha no que resultaria o Tratado de Madri.

O Tratado de Madri demarcou os limites entre os dois mais importantes impérios coloniais do século XVIII, compreendendo uma extensão aproximada de 16 mil quilômetros que, com poucas alterações, persistem até os dias atuais.

São quase trezentos anos de estabilidade em tão extensa fronteira, o que constitui fenômeno único na história quando se observa o cenário dos últimos séculos marcados por disputas e conflitos. A começar pela Europa, com guerras intermitentes a marcar e remarcar limites fluidos, a fazer e refazer estados nacionais como a recente Iugoslávia, feita país por um acordo e refeita em seis países em seguida, ou a definir e redefinir nacionalidades de províncias, como a Alsácia e a Lorena, entre os vizinhos belicosos França e Alemanha.

E assim vive o mundo, entre choques e desconfianças de vizinhos: Rússia e Ucrânia, China e Índia, México e Estados Unidos, jovens estados africanos redesenhando suas geografias, Israel e Palestina; enquanto nosso soldado guarda fronteiras pacificadas há quantos séculos pelo talento inigualável de Alexandre de Gusmão.

A originalidade do Tratado de Madri está em concluir a negociação de milhares de quilômetros de fronteiras sem o concurso dos exércitos a medir a correlação de forças, e em antecipar os limites de um país antes da proclamação de sua independência, porque de fato, ao se tornar país, o Brasil já encontrou seu território reconhecido pelo trabalho da diplomacia de Lisboa, registra o diplomata e historiador Synésio Sampaio[7].

Além do talento e da grande preparação de Gusmão para lidar com os negociadores espanhóis, um fator decisivo para a vitória da diplomacia

---

7   FILHO, Synesio Sampaio Goes. *Alexandre de Gusmão (1695-1753) o estadista que desenhou o mapa do Brasil*. Rio de Janeiro, Record, 2021.

portuguesa estava dentro do Palácio Real de Madri: a rainha da Espanha, Dona Bárbara de Bragança, esposa do rei Fernando VI, era filha do rei de Portugal, D. João V, o que, naturalmente, como portuguesa, a tornava simpática à causa de sua pátria de origem ao mediar as negociações entre seu marido e seu pai.

Quando o Tratado foi assinado, em 13 de janeiro de 1750, Portugal perdia a Colônia de Sacramento, no atual Uruguai, reivindicada pela Espanha, mas conquistava todo o vale do rio Amazonas, de Marajó a Tabatinga, e todo o vasto oeste compreendido entre o rio Tocantins e o Alto Paraguai. A historiografia espanhola e sul-americana nunca perdoou o negociador espanhol, secretário de estado José de Carvajal y Lancaster. O historiador paraguaio Bernardo Capdeville fez uma apreciação amarga sobre o episódio: "Vergonha da diplomacia espanhola.".

A propósito da apreciação histórica do Tratado, escreveu Jaime Cortesão em sua valiosíssima obra *Alexandre de Gusmão & O Tratado de Madri*: "Os historiadores brasileiros consideram com razão esse convênio como a base histórico-jurídica da formação territorial do Brasil, primeiro e principal estatuto que definiu a largos traços as fronteiras naturais e legítimas da nação; e os historiadores argentinos e alguns uruguaios, colombianos etc., por forma geral, como um Tratado extorquido ao governo espanhol, quer por nefasta influência da rainha Bárbara de Bragança, filha de D. João V de Portugal e mulher de Fernando VI da Espanha, cujo ânimo débil teria dominado, quer por defecção do ministro D. José de Carvajal, mau patriota e adulador interesseiro."[8].

---

8 CORTESÃO, Jaime. *Alexandre de Gusmão & O Tratado de Madrid*. São Paulo, Fundação Alexandre de Gusmão/Imprensa Oficial, 2006.

Pela Amazônia, Pombal enfrenta o mundo

"Em certa ocasião, ao conversar com Goethe sobre a natureza da tragédia, Napoleão mencionou que a nova tragédia se diferenciava da antiga pelo fato de não existir mais o destino ao qual os homens estariam sujeitos e que no lugar dele teria surgido a política."

— **Hegel,** FILOSOFIA DA HISTÓRIA

COM A MORTE DE D. JOÃO V (1750), ascende ao trono D. José I, que nomeia Sebastião José de Carvalho e Melo, o futuro Marquês de Pombal, ministro dos Negócios Estrangeiros e Guerra. Em 1755, o rei promove Pombal a secretário de Estado dos Negócios Internos do Reino, correspondente ao posto de primeiro-ministro.

Pombal fizera uma longa trajetória diplomática, servira em Londres e Viena e tinha noção da cobiça dos impérios coloniais europeus sobre o vale do rio Amazonas e as dificuldades do governo português em proteger área tão extensa. Sua primeira providência, em 1751, foi nomear seu irmão, Francisco Xavier de Mendonça Furtado, governador do Pará e capitão-general das capitanias do Grão-Pará e Maranhão. Marcos Carneiro de Mendonça em *A Amazônia na era pombalina*[9] examina a correspondência de Mendonça Furtado e traça um panorama desolador da situação encontrada pelo novo governador em 1751: havia 232 soldados para defender toda a área sob sua jurisdição no Pará, e no Maranhão o efetivo somava 178 homens. Era, sem dúvida, um estado de penúria e Mendonça Furtado mostrou-se à altura do desafio.

---

9   MENDONÇA, Marcos Carneiro. *A Amazônia na era pombalina*. Brasília, Senado Federal, 2005.

O irmão de Pombal mobilizou os recursos necessários para renovar e ampliar a tropa à sua disposição, organizou uma expedição pelos afluentes do rio Negro e do rio Branco, preocupado com as incursões dos holandeses a partir do Suriname e com antigas pretensões britânicas que datavam das aventuras de Sir Walter Raleigh[10] na região.

Pombal e Mendonça Furtado conceberam um sistema de fortificações com a dupla função de fixar a posse do território e protegê-lo contra ambições de potências coloniais hostis. O Forte de São José do Macapá contra as pretensões francesas na foz do Amazonas, o Forte de São Joaquim, no atual estado de Roraima, para dissuadir ambições holandesas, e os fortes Príncipe da Beira, no atual estado de Rondônia, São Francisco Xavier de Tabatinga, no Amazonas, fronteira com a Colômbia, e o Forte de São José do Rio Negro, origem da cidade de Manaus.

Mas a grande ação inovadora do Marquês e de seu irmão para a Amazônia foi o documento "Diretório dos Índios", cuja finalidade era construir a aliança dos portugueses com as populações indígenas da Amazônia mediante concessões aos tuxauas e a seus liderados, sem o que era impossível fazer frente à superioridade em homens e armas dos impérios coloniais concorrentes.

Por decisão de Lisboa, as aldeias passaram a ter duas escolas: uma para meninos e outra para meninas indígenas nas quais aprenderiam a ler, escrever e os ofícios próprios da época. Em caso de não haver professores para meninas, elas poderiam frequentar as escolas dos meninos até a idade de 10 anos. Ficou proibida a escravidão indígena no Grão-Pará e no Maranhão e estimulados os casamentos mistos entre índios e não índios, com pleno direito de herança e atribuição dos títulos de nobreza aos descendentes.

Os índios deveriam ter prioridade na ocupação de funções de estado nas aldeias como juízes de paz, vereadores e oficiais de justiça. Vinha da tradição bandeirante atribuir a chefes indígenas funções militares com as respectivas patentes. Até hoje é comum líderes indígenas se atribuírem informalmente a patente de capitão. A coroa portuguesa

---

10   Sir Walter Raleigh, aventureiro e explorador britânico, com presença marcante na Amazônia no século XVI, acreditava ter descoberto o *El Dorado* na região.

nomeou o índio Poti, Filipe Camarão, capitão-mor de todos os índios do Brasil, com o título de Dom e Cavaleiro da Ordem de Cristo, com o foro de fidalgo e brasão de armas.

Pombal estava convicto de que sem a infantaria indígena e a aliança com seus chefes a Amazônia estava perdida. Guardava na memória a jornada de Pedro Teixeira com seus 1.200 guerreiros indígenas até o Equador; a guerra dos bandeirantes e seus aliados tupis contra os guaranis em terras pretendidas pela Espanha e a epopeia tão recente de Raposo Tavares e sua infantaria de guaianás armados de arco e flecha.

Pombal pertenceu a uma categoria de homens autoritários e modernizadores que passaram à história como déspotas esclarecidos. Ele teve a virtude de antecipar a importância da Amazônia para o mundo, e não media esforços para que esse tesouro permanecesse português e, portanto, brasileiro algumas décadas depois. O historiador inglês Kenneth Maxwell deixou dele o perfil biográfico definitivo: *Marquês de Pombal — paradoxo do Iluminismo*[11].

Visita ao 1º Pelotão Especial de Fronteira, responsável pela manutenção e segurança do Forte Príncipe da Beira, em Costa Marques (RO), em 1º de maio de 2016.

---

[11] MAXWELL, Kenneth — *Marquês de Pombal, paradoxo do Iluminismo*. São Paulo, Editora Paz e Terra, 1966.

A Questão do Pirara — uma história de trapaça e ambição colonial

"Na época a publicação do laudo arbitral gerou uma generalizada onda de indignação nacional. A consciência coletiva foi a de que o Brasil havia sido lesado em seus mais lídimos direitos. Os jornais foram unânimes ao descreverem o laudo arbitral como, no mínimo, injusto. Já o advogado brasileiro — Joaquim Nabuco — não apenas se sentiu traído como chegou a declarar que o laudo 'será a causa de minha morte'. No entanto, o laudo foi aceito, acatado e cumprido, ainda que, repita-se, sob a indignação generalizada."

— **José Theodoro Mascarenhas Menck**, OBRAS DO BARÃO DO RIO BRANCO, NOTAS INTRODUTÓRIAS À LEITURA DA *MÉMOIRE SUR LA QUESTION DES LIMITES ENTRE LES ÉTATS-UNIS DU BRÉSIL ET LA GUYANE BRITANNIQUE*

EM 1835, O BRASIL já consolidara sua Independência, D. Pedro I abdicara em 1831, o padre Diogo Antônio Feijó fora eleito regente em um país mergulhado na instabilidade de três revoltas no mesmo ano: a Cabanagem, no Pará, a dos Malês, na Bahia e a dos Farrapos, na província do Rio Grande. Feijó não terminaria o mandato e renunciaria ao concluir que o país era ingovernável em meio ao caos.

A fronteira norte do Brasil era até então considerada pacificada, sem reivindicações territoriais relevantes por parte dos vizinhos, salvo a insatisfação da França com os limites demarcados pelo Tratado de Utrecht, de 1713, que traçara também a fronteira do Brasil com o

Império Britânico, aceitando-se as bacias do Essequibo e do Amazonas como os limites entre Portugal e o Império Britânico, herdados pelo Brasil em 1822.

O problema é que o Império Britânico ambicionava uma saída para a bacia do Amazonas, negada pelo rio Essequibo, que se dirige ao Atlântico. A saída seria descer os limites da Guiana Inglesa até o rio brasileiro tributário do rio Branco, deste ao rio Negro e finalmente ao Amazonas. Traçado o objetivo, teve início o plano sinistro com a contratação dos serviços do mercenário alemão Robert Hermann Schomburgk, geógrafo e naturalista, despachado para a Guiana, comissionado pela Royal Geographical Society com o objetivo de promover estudos nas bacias do Amazonas e Essequibo. O caráter oficioso da missão foi conferido pelo pedido do primeiro-ministro Lord Palmerston à representação brasileira em Londres para a concessão do passaporte a Schomburgk. Mais tarde, já naturalizado britânico, Schomburgk seria nomeado cavaleiro do império pela rainha Vitória.

Concluída a missão, Schomburgk relatou a Londres a área que deveria ser ocupada e o segundo passo da trama foi despachar uma missão religiosa chefiada por Thomas Yound. O agente religioso hasteou a bandeira do Império Britânico no local, em pleno território brasileiro, catequisou e ensinou inglês aos índios e ao ser expulso levou seus índios até Georgetown, e estes pediram a proteção de sua majestade contra as "ameaças" do governo brasileiro.

O terceiro e decisivo movimento foi uma incursão militar ao território brasileiro e a ocupação do espaço indicado por Schomburgk e habitado pelos índios catequisados por Yound. O governo brasileiro, diante

Lord Palmerston, primeiro-ministro britânico, autor do pedido de concessão de passaporte ao agente Robert Schomburgk.

da disposição dos ingleses de declarar os novos limites com a inclusão da área usurpada como parte de seu território, apelou para que o espaço reivindicado fosse considerado em litígio no aguardo de decisão posterior. E assim permaneceu até o início do século xx, quando finalmente o governo inglês sugeriu como árbitro da disputa o rei da Itália Vítor Emanuel.

A disputa passou à história como *A Questão do Pirara* por causa do rio homônimo que banha a região e está exaustivamente descrita e explicada no livro de José Theodoro Mascarenhas Menck, *A Questão do Rio Pirara, 1828-1904*, publicado pela Fundação Alexandre de Gusmão do Ministério das Relações Exteriores[12].

O monarca italiano era um desafeto gratuito do Brasil e lavrou seu lado em duas míseras páginas, entregando aos ingleses 16.630 quilômetros quadrados e devolvendo ao Brasil 13.570 quilômetros quadrados do território em litígio. De pouco valera o esforço e o talento de Joaquim Nabuco, o advogado brasileiro na questão. Era o ano de 1904 e o ardil do Império Britânico e de suas mais antigas ONGS (uma geográfica e outra religiosa) impôs ao Brasil um dos seus mais sérios revezes diplomáticos. Joaquim Nabuco, depois da derrota, morreu nos Estados Unidos sem nunca mais ter voltado ao Brasil.

---

[12] MENK, José Teodoro M. *A Questão do Rio Pirara (1829-1904)*. Brasília, Fundação Alexandre de Gusmão, 2009.

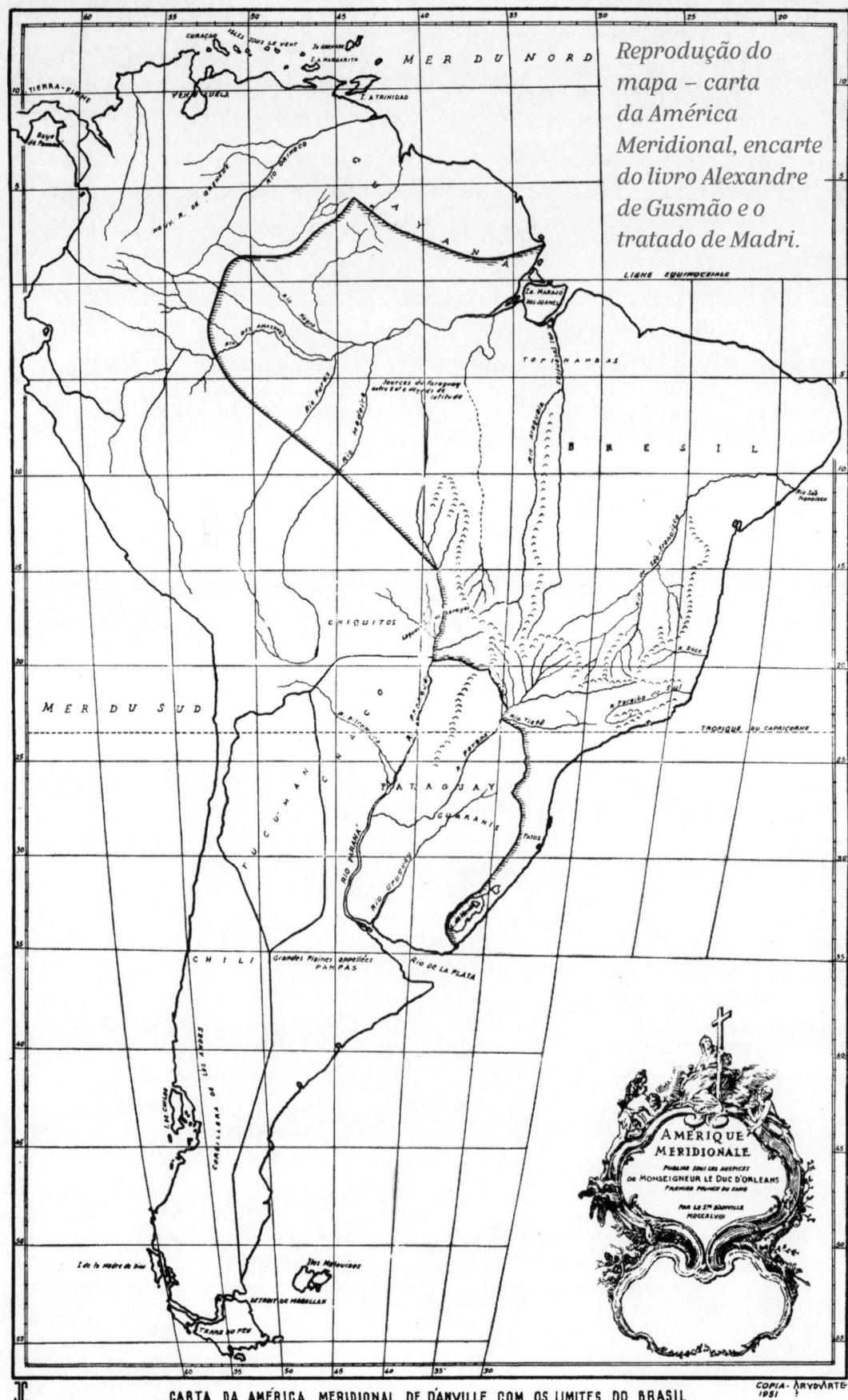

Reprodução do mapa – carta da América Meridional, encarte do livro Alexandre de Gusmão e o tratado de Madri.

CARTA DA AMÉRICA MERIDIONAL DE D'ANVILLE COM OS LIMITES DO BRASIL (ENCOMENDADA POR D. LUIZ DA CUNHA)

Cabanagem — a planície em chamas

"Entre os erros de minha vida, que são muitos, está não conhecer a Amazônia. A viagem seria curta, mas nós preferimos, em regra, ver o Reno, fazendo uma viagem maior."
— **Costa Rego,** JORNALISTA, EX-GOVERNADOR DE ALAGOAS, EM 1931, NO *CORREIO DA MANHÃ*

EM TEMPOS DE HISTORIOGRAFIA politicamente correta, é impossível apreciar os fatos pretéritos sem envolvê-los na desorientação que tenta descrever o passado com as lentes desfocadas do presente.

A Cabanagem foi de fato a mais popular e violenta rebelião do Império, mas antes disso foi um movimento de parte da elite paraense em busca de influência política, econômica e social, e que se apoiou no ressentimento das massas de excluídos representadas por índios, caboclos, tapuios[13] e camponeses.

A Independência desarticulara a rede de comércio com o exterior que mantinha a principal atividade econômica do Grão-Pará e os seus partidários se julgavam injustiçados na distribuição das fatias de poder na província, cuja adesão ao Império contara com seu empenho e sacrifício.

Entre os revoltosos figuravam membros do clero, como o cônego Batista Campos, de tradicional família paraense, e o coronel de milícias, senhor de engenho e fazendeiro Félix Malcher. Batista Campos foi o intelectual da insurreição, o propagandista e o agitador; Malcher foi o organizador e líder e primeiro presidente da revolta

---

[13] Tapuios obedece a mais de uma definição, desde os índios não pertencentes ao tronco linguístico Tupi, índios integrados na sociedade branca ou índios miscigenados com não índios.

vitoriosa. O movimento galvanizou a insatisfação contra séculos de opressão, como observou Domingos Raiol na principal obra sobre a Cabanagem, *Motins políticos, ou história dos principais acontecimentos políticos da Província do Pará desde o ano de 1821 até 1835*[14], escrita ainda no calor dos acontecimentos no século XIX.

Quanto a Malcher, está distante de receber qualquer julgamento isento de uma historiografia contemporânea preocupada muito mais em servir a causas do que à história. O jornalista paraense Sérgio Buarque de Gusmão procurou retratar Malcher com o distanciamento do historiador e a objetividade do jornalista em seu precioso trabalho *Nova história da cabanagem, seis teses revisam a insurreição que incendiou o Grão-Pará em 1835*[15].

A Cabanagem misturou a contrariedade das elites e a revolta dos caboclos, dos índios e dos tapuios e traduziu as contradições na ampla aliança formada. Malcher foi deposto e assassinado, sucedido por governos efêmeros, de líderes efêmeros, ora os irmãos Vinagre (Francisco, Manuel e Antônio), ora Eduardo Angelim.

A Regência teve muita dificuldade para debelar a revolta. Ernesto Cruz, no seu livro *Nos bastidores da Cabanagem*, assegura que Eduardo Angelim recebeu e rejeitou oferta de apoio militar do governo norte-americano para proclamar a independência da Amazônia. Angelim deixou um livro de memórias relatando os episódios heroicos da Cabanagem, o que poderia esclarecer a hipótese de Ernesto Cruz, mas o livro perdeu-se sem que seu depoimento fosse conhecido.

Os historiadores apontam números desencontrados sobre a contabilidade dos mortos na revolta. Sergio Buarque sustenta que a cifra de 30 a 40 mil mortos "é fruto de exercícios de arte divinatória", mas sem negar o morticínio que verteu sangue em todo o vale do grande rio, e cita ofício do presidente do Grão-Pará, Bernardo de Souza Franco, de 1839, estimando em 2.500 os cabanos falecidos nas prisões e nos combates.

---

14   RAIOL, Domingos Antônio. *Motins políticos ou história dos principais acontecimentos políticos da Província do Pará desde o ano de 1821 até 1835.* Vol.1, 2 e 3. Manaus, Valer, 2021.

15   GUSMÃO, Sérgio Buarque de. *Nova história da Cabanagem, seis teses revisam a insurreição que incendiou o Grão-Pará em 1835.* Juiz de Fora, Gráfica Garcia, 2016.

O Cabano do Pará

A insatisfação que reuniu a elite de políticos fazendeiros e comerciantes aos pobres e despossuídos do Grão-Pará contra a indiferença do Império no século XIX é a mesma que lavra por toda a Amazônia de hoje.

O projeto de um governo informal submisso aos interesses internacionais na Amazônia exercido por organizações não governamentais e agências do próprio Estado brasileiro enfrentará resistência crescente conduzida pelas mesmas razões que despertaram a rebeldia cabana no século XIX.

Viajantes e naturalistas, a melhor ciência do mundo é colonialista

"Os oprimidos sempre acreditarão no pior sobre si mesmos."
— **Frantz Fanon,** OS CONDENADOS DA TERRA

NOS SÉCULOS XVIII E XIX, a melhor ciência do mundo estava nos museus científicos e academias dos impérios coloniais europeus com seus botânicos, zoólogos, geólogos, naturalistas e antropólogos. Eles eram o olhar científico do colonialismo, que financiava suas pesquisas e viagens, e delas colhiam as informações que permitiam o melhor aproveitamento econômico das colônias e a melhor forma de exercer a dominação sobre as populações colonizadas.

Os ingleses foram pioneiros na criação dessas instituições — a sociedade geográfica, a antropológica, as associações religiosas, todas elas braços a serviço do império no qual o sol nunca se punha.

É preciso esclarecer que estas expedições científicas produziram verdadeiramente avanços para a ciência na sua época, embora o alcance desses avanços ficasse circunscrito aos centros colonizadores, já que as colônias sequer dispunham de instituições acadêmicas capazes de partilhar ou absorver o conhecimento conquistado.

Alguns desses naturalistas tiveram como destino a Amazônia e Charles-Marie de La Condamine é o pioneiro entre eles, primeiro cientista a descer o rio Amazonas em 1743, quando voltava do Peru em missão para a determinação exata do grau do arco do meridiano. Condamine era matemático, astrônomo, e foi o primeiro europeu a levar para o velho continente informações científicas sobre a quina, a seringueira e o curare. Ele ainda incluiu nas memórias de sua viagem um mapa do rio Amazonas e a descrição do Canal do Cassiquiare, que liga a bacia do Orinoco ao Amazonas pelo rio Negro.

Retrato de Charles-Marie de La Condamine, primeiro cientista estrangeiro a descer o Amazonas.

Em 1783, Portugal financiou o brasileiro Alexandre Rodrigues Ferreira. A viagem durou nove anos e Ferreira registrou preciosa informação sobre a fauna, a flora, a agricultura e a vida da população na Amazônia. O seu *Diário da viagem filosófica*[16] relata a coleta de material científico até hoje usado em instituições de Lisboa, do Rio de Janeiro, e também de Paris, pois parte do acervo foi levado para a França nas guerras napoleônicas.

Entre 1817 e 1820, o zoólogo Johann Baptist von Spix e o botânico Karl Friedrich von Martius percorreram o Brasil a serviço da Academia de Ciências de Munique em missão oficial do rei da Bavária, integrando a comitiva da arquiduquesa austríaca Leopoldina em viagem para se casar com o príncipe D. Pedro I. A etapa final da expedição foi a Amazônia, e eles reuniram, classificaram e catalogaram pela primeira vez três mil espécies da fauna e da flora do Brasil, permanecendo como uma das mais bem-sucedidas expedições científicas do século XIX.

O barão de Langsdorff foi um diplomata e médico alemão naturalizado russo, embaixador da Rússia no Rio de Janeiro quando da Independência do Brasil, amigo de D. Pedro I. Após a Independência, entre 1824 e 1829, Langsdorff liderou a mais ambiciosa expedição científica no Brasil do século XIX, financiada pelo czar Alexandre I e apoiada por D. Pedro I e José Bonifácio, que ofereceram todas as facilidades para o êxito da iniciativa. A expedição partiu de São Paulo, percorreu o Mato Grosso, entrou na Amazônia pelos rios Madeira e Tapajós até a cidade de Belém. O próprio Langsdorff, e um de seus ilustradores, Hercule Florence, deixaram valiosos relatos, referências até hoje para pesquisadores e curiosos[17].

Os britânicos Alfred Wallace e Henry Bates desembarcaram em Belém em 1848. Walace voltou para a Inglaterra quatro anos depois e escreveu o livro *Uma narrativa de viagens na Amazônia e no Rio Negro*, já Bates permaneceu na Amazônia até 1889 e publicou *O naturalista no Rio Amazonas*[18], considerado por Charles Darwin o melhor livro sobre história natural publicado na Inglaterra.

---

16   FERREIRA, Alexandre Rodrigues. *Viagem filosófica ao Rio Negro*. SP, Companhia Nacional, 1939.
17   FLORENCE, Hercule. *Viagem fluvial do Tietê ao Amazonas: 1825 a 1829*. Brasília, Senado Federal, 2007.
18   BATES, Henry. *O naturalista no Rio Amazonas*. São Paulo, Brasiliana, 1944.

Walace enviou a Darwin um artigo que tratava da seleção natural do mais apto, e ambos apresentaram a ideia em uma reunião científica em Londres em 1858. Em seguida, Darwin publicou *A origem das espécies*, deixando Walace à margem da obra.

No mesmo período de Walace e Bates, viajou pela Amazônia Richard Spruce, consagrado naturalista e agente britânico, companheiro de Walace e Bates em pesquisas na Europa. Spruce foi precursor na tentativa de pirataria das sementes de seringueira para a Inglaterra a pedido das autoridades britânicas, feito que seria alcançado por seu compatriota Henry Wickham alguns anos depois.

Daniel Parish Kidder não era cientista, mas um agente da Sociedade Bíblica Americana com a missão de difundir o evangelho e o protestantismo em terras brasileiras. Percorreu o Nordeste e a Amazônia entre 1840 e 1842, experiência que deixou registrada em livro[19] contando a história, os costumes, a geografia e curiosidades dos lugares por onde passou. A missão religiosa foi um fracasso, mas Kidder prestou um importante serviço ao registro da memória brasileira da primeira metade do século XIX.

Louis Agassiz foi um naturalista suíço, professor da Universidade de Neuchâtel, que viveu como pesquisador na França e nos Estados Unidos e revisou as pesquisas de Spix e von Martius sobre a Amazônia. Já vivendo nos Estados Unidos, Agassiz foi enviado para uma missão científica ao Brasil, a Expedição Thayer, em 1865. Embora tenha construído uma biografia científica respeitável, Agassiz no final da vida estava possuído pelas ideias do racismo científico e interessado em provar que a miscigenação era um fator de degeneração da humanidade, o que comprometeu a credibilidade de sua viagem e de sua obra.

---

[19] KIDDER, Daniel. *Reminiscências de viagens e permanências nas províncias do Norte do Brasil*. Belo Horizonte, Editora Itatiaia, São Paulo, Edusp, 1980.

Um enclave escravocrata na Amazônia, um sonho americano

"Maury defendeu com veemência a deportação de negros americanos escravizados para a Amazônia, a fim de desenvolver a região; também fazia parte de um grupo de conspiradores que pretendia tomar do Brasil a Amazônia."
— **Gerald Horne,**
O SUL MAIS DISTANTE, OS ESTADOS UNIDOS, O BRASIL E O TRÁFICO DE ESCRAVOS AFRICANOS

EM MEADOS DO SÉCULO XIX, uma parte da elite escravocrata dos Estados Unidos concebeu o mirabolante plano de tomar a Amazônia do Brasil para nela estabelecer um enclave escravagista. Na visão de um dos conspiradores, o objetivo era impedir que "a mais bela porção do mundo criada por Deus apodreça nas mãos de uma raça decrépita, incapaz de aproveitar seus recursos"[20].

Alguns dos personagens da trama eram bastante familiares ao Brasil. Henry Wise, ex-governador da Virgínia, servira como embaixador dos Estados Unidos no Brasil entre 1844 e 1847, e já pensava na ideia de trazer os escravos da América do Norte para o Brasil e assim

---

20   HORNE, Gerald. *O Sul mais distante.* São Paulo, Companhia das Letras, 2010.

escapar da pressão abolicionista em seu próprio país e da vigilância crescente da Marinha britânica contra o tráfico humano. Wise viria a se destacar como um general de brigada confederado na Guerra de Secessão de 1861 a 1865.

Outro personagem é Matthew Fontaine Maury, autor de célebre campanha pela abertura do rio Amazonas à navegação internacional quando diretor do Serviço Hidrográfico do Observatório Naval dos Estados Unidos. Maury é nome de rua em Richmond e seu retrato pintado a óleo tem lugar na Biblioteca Estadual da Virgínia. Um condado do Tennessee leva seu nome, que também batiza uma ala da Academia Naval de Anappolis. O mais importante de sua extensa biografia foi ter comandado a Marinha dos estados confederados na guerra civil.

Maury defendia a transferência de escravos do vale do Mississippi para o vale do Amazonas sob o argumento de que "é mais fácil e rápido para navios da Amazônia irem para Nova Iorque do que ao Rio; e o navio pode fazer a travessia de Nova Iorque para o Rio em menos tempo do que do Amazonas para o Rio"[21]. Quando o governo brasileiro pediu explicações ao governo dos Estados Unidos sobre a opinião tão grave de uma autoridade naval do país, o secretário de Estado William Marcy simplesmente desconversou sobre o assunto.

O professor Gerald Horne, da Universidade de Houston, Texas, escreveu uma obra reveladora e instigante sobre o tema, *O Sul mais distante, os Estados Unidos, o Brasil e o tráfico de escravos africanos*, detalhando toda a trama do início ao fracassado desfecho.

O imperador D. Pedro II resistia à abertura do rio Amazonas à navegação do estrangeiro e as autoridades brasileiras não permitiram que prosperasse a ambição dos escravistas do Norte da América sobre o vale do grande rio.

Após a Guerra de Secessão, milhares de famílias do Sul confederado se refugiaram no Brasil e aqui criaram raízes. Os Lee, os Corral, os Whitaker, são algumas dessas famílias cuja história está contada no excelente livro de Rose Neeleman e Gary Neeleman, *A migração*

---

21 HORNE, Gerald. *O Sul mais distante*. São Paulo, Companhia das Letras, 2010.

Henry Wise, diplomata, militar, ex-governador da Virgínia, partidário da transformação da Amazônia em um enclave escravocrata.

confederada ao Brasil: estrelas e barras sob o Cruzeiro do Sul[22]. Os precursores que orientaram os locais para migração das famílias dos Estados Unidos escolheram como destino principalmente São Paulo, onde hoje estão as cidades de Americana e Santa Bárbara. A derrota na Guerra de Secessão encerrou o plano de uma Amazônia convertida em enclave escravagista.

---

22   NEELEMAN, Gary.; NEELEMAN, Rose. *A migração confederada ao Brasil, estrelas e barras sob o Cruzeiro do Sul.* Porto Alegre, EDUFRGS, 2016.

A navegação do Amazonas — D. Pedro II contra o império americano

"E pois, aos Estados Unidos, mais do que a nenhum outro povo, pertence a riqueza do Amazonas."
— **Jornal Union,** WASHINGTON, DEZEMBRO DE 1852, CITADO POR TAVARES BASTOS EM CARTAS DO SOLITÁRIO

"Nos debates da imprensa estrangeira e nos conselhos das grandes potências, o Amazonas tem ocupado um lugar distinto."
— **Tavares Bastos,** CARTAS DO SOLITÁRIO, 1862

ENTRE OS ANOS DE 1849 E 1855, o tenente Matthew Maury, da Marinha dos Estados Unidos, publicou uma série de artigos na revista de maior circulação do país defendendo os benefícios da livre navegação do rio Amazonas. Maury era o superintendente do Serviço Hidrográfico do Observatório Naval de Washington, o que lhe conferia autoridade sobre o assunto, embora nunca houvesse navegado o Amazonas.

Os artigos publicados sob o título *Letters of the Amazon and atlantic slopes of South America* alcançaram grande repercussão nos Estados Unidos e no Brasil. O seu livro *Exploration of the valley of the Amazon* foi contestado pelo oficial brasileiro, coronel José Baptista de Castro Moraes Antas, que refutou, uma a uma, as teses de Maury, no seu livro *O Amazonas: breve resposta à memória do tenente da armada americana-inglesa F. Maury sobre as vantagens da livre navegação no Amazonas.*

O mundo debatia a abertura do Amazonas à navegação internacional. Um periódico francês, o *Journal du Havre*, pregava a anexação de todo o território brasileiro das Guianas até a margem do Amazonas, convertida a ilha de Marajó em um protetorado administrado pelas potências coloniais.

O brilhante deputado alagoano Aureliano Cândido Tavares Bastos conduzia da tribuna da Câmara e pela imprensa uma barulhenta campanha em favor da tese da abertura da Bacia Amazônica à navegação estrangeira. Tavares Bastos era culto, bem-informado, influente. Seu pai tinha sido governador de São Paulo, indicado por D. Pedro II, de convicções liberais, e no seu patriotismo singular achava que a prosperidade do Brasil ocorreria quando adotássemos as teses econômicas do livre comércio, a religião protestante e abríssemos o Amazonas à navegação estrangeira.

Mas este não era o pensamento de D. Pedro II. O imperador brasileiro também era culto e bem-informado e sabia dos riscos de abrir as veias profundas dos grandes rios do Brasil à livre circulação e à cobiça das potências internacionais. Em carta à sua amiga condessa de Barral, que se encontrava em Paris, D. Pedro II expôs as razões de sua resistência às teses de Tavares Bastos e às pretensões internacionais, e usou o exemplo chinês com seus portos ocupados por diferentes impérios coloniais depois da Guerra do Ópio. Ele receava que na imensidão despovoada da Amazônia cobiçada pelo estrangeiro fossem implantados em cada porto um enclave colonial sem que o Brasil tivesse forças suficientes para evitar. Aliás, o próprio Tavares Bastos advertia em artigos que assinava como *Cartas do Solitário*, que "se a prosperidade futura houver de arrancar-nos o Pará de nossas mãos débeis e de nossos laços frágeis, acreditai-me que nada haverá que tenha a força de impedi-lo"[23].

O governo dos Estados Unidos já assumia publicamente a tese da abertura em manifestações públicas do secretário de Estado John

---

23 BASTOS, A. C. Tavares. *Cartas ao solitário*. 3ª ed. São Paulo, Companhia Editora Nacional, 1938.

Clayton e procurava, com os governos da Bolívia e do Peru, acordos de navegação que forçassem a abertura do Amazonas a partir dos rios destes países.

O representante do Brasil em Washington, José Inácio Carvalho Moreira, o barão de Penedo, guardava "seus receios do expansionismo ianque". O diplomata Renato Mendonça conta que o barão alagoano apoiava seus fundamentos no precedente da guerra dos americanos contra o México, "o que o fazia dormir com um olho aberto"[24].

A importância que os Estados Unidos davam ao tema da abertura do Amazonas pode ser verificada na escolha do ministro destacado para o Rio de Janeiro, William Trousdale, com instruções claras sobre o assunto: *"The most important object of your mission — an object which you will devote your early and earnest efforts is to secure the citzens of the virtual state of the free use of the Amazon."*.

D.Pedro II resistiu às tentativas de abertura das águas do rio Amazonas à navegação estrangeira.

Matthew Maury expressava a ambição expansionista da elite norte-americana.

---

[24] MENDONÇA, Renato. *Um diplomata na Corte de Inglaterra*. Vol.74. Brasília, Senado Federal, 2006.

Trousdale era um político de grande prestígio, herói da guerra contra o México e contra os índios e havia governado o Tennessee. No encontro que manteve com D. Pedro II em Petrópolis, foi tomado de surpresa pelo argumento do imperador para negar a estrangeiros as águas do Amazonas: o estado era inculto e despovoado nas margens. Era a forma encontrada pelo imperador para a recusa sem afrontar a arrogância do grande vizinho do norte[25].

---

25 MENDONÇA, Renato. *Um diplomata na Corte de Inglaterra*. Vol.74. Brasília, Senado Federal, 2006.

O maior roubo do mundo

"Muito antes da Opep, a biopirataria de Wickham deu à Grã-Bretanha o primeiro monopólio mundial de um recurso estratégico na história humana."
— **Joe Jackson,** O LADRÃO DO FIM DO MUNDO

"Tempos depois, quando seus planos estavam em ruínas, todas as vidas perdidas e os amores partidos, ele ficava em uma poltrona de seu clube em Londres junto com todos os velhos imperialistas, exagerava o relato de sua única vitória e a considerava justificada. Nesta altura, a lenda de Henry Wickham torna-se icônica, e sua fraude a serviço da rainha e do país fazia parte da história do Império."
— **Joe Jackson,** O LADRÃO DO FIM DO MUNDO

NO INÍCIO DO SÉCULO XX, Manaus era uma das cidades mais ricas do mundo. Inaugurara em 1896 o Teatro Amazonas, uma joia da arquitetura mundial construída com mármore italiano de Carrara, cerâmica esmaltada importada da Alsácia, lustres de Murano e estrutura metálica inglesa, considerado a terceira maior atração turística e uma das sete maravilhas do Brasil.

Corria a lenda que os magnatas da borracha acendiam seus charutos com notas de cem dólares, suas mulheres enviavam suas roupas para lavar e passar na Europa e seus cavalos saciavam a sede com champanhe francesa, luxo permitido pelo dinheiro da borracha usada no mundo e 95% dela procedente da Amazônia brasileira.

Esse ciclo, porém, durou apenas algumas décadas, e já em 1920 o Brasil produzia apenas 3% do látex do mundo, mergulhando a produção da borracha em uma crise que conheceu uma recuperação efêmera durante a Segunda Guerra Mundial, mas que perdura até hoje.

O declínio da borracha no Brasil está ligado ao maior escândalo de biopirataria da história: o roubo das sementes de seringueiras, promovido pela Inglaterra, com a finalidade de transferir para o Império Britânico o valioso monopólio dominado pelo Brasil. O episódio reuniu os interesses da indústria britânica, do governo de Sua Majestade e de suas instituições e de cientistas ingleses, e contou com a participação especial de um aventureiro, Henry Wickham, mobilizado para a execução da trama.

Wickham foi o agente encarregado de recolher na Amazônia e levar a Londres setenta mil sementes de seringueira que seriam plantadas no *The Royal Botanical Gardens*, o jardim botânico de Londres, e posteriormente transplantadas para as colônias britânicas da Ásia.

Embora a história seja conhecida há bastante tempo, ela está magistralmente contada no livro *O ladrão do fim do mundo, como o inglês roubou setenta mil sementes de seringueira e acabou com o monopólio do Brasil sobre a borracha*, do jornalista e escritor norte-americano Joe Jackson. O livro de Jackson foi classificado pela revista *Time* como "uma das maiores fábulas da era moderna" e recebeu elogios do *Washington Post* e do *Los Angeles Times*. Logo em seguida à obra de Joe Jackson, a historiadora Emma Reisz, de Oxford, publicou na Inglaterra *The political economy of imperialism in the tropics*: *Rubber in the British Empire*, demonstrando que o assunto permanece importante e atual.

A façanha de Henry Wickham não foi um improviso. Exigiu planejamento, o concurso de personagens como Thomas Hancock, fundador da moderna indústria de borracha na Inglaterra, o famoso botânico William Hooker, diretor do Jardim Botânico de Londres, o apoio diplomático e o financiamento do governo inglês.

Em 1871, Wickham chegou a Santarém e preparou minuciosamente o roubo, consumado em 1876, quando as setenta mil sementes foram embarcadas com destino a Londres acondicionadas em cestos apropriados encomendados por Wickham aos hábeis indígenas locais. É provável que tenha subornado a alfândega de Santarém para fazer passar sua preciosa carga.

Henry Wickham, o agente britânico autor do maior roubo do mundo e pai da biopirataria moderna.

O pai da biopirataria foi nomeado Sir Henry Wickham, cavaleiro do Império Britânico, e sua morte mereceu obituário no *Times* de Londres.

A pergunta que se faz é: quantos Henry Wickham atuam hoje na Amazônia, não mais como simples aventureiros, mas camuflados em atividades de variadas organizações não governamentais, financiados por diferentes impérios, mas com os mesmos objetivos de seu ilustre antepassado?

Wilmington, a canhoneira americana nas águas do rio Amazonas

"Circunstancias excepcionales, verdaderamente providenciales, me pusieron em contacto com um grupo de capitalistas norte-americanos que habian tenido ocasión de informarse sobre las riquezas naturales que encierra nuestro solo, y ayudado del prestigioso explorador Sir Martin Conway, ventajosamente conocido ya en nuestro país, logre interesarlos á tal punto com mis informes, que uno de ellos, el dintinguido abogado de la casa Vanderbilt, Mr. Willingford Whitridge, fué delegado para tratar commigo em Londres."

— **Felix Aramayo**, DIPLOMATA, EMBAIXADOR DA BOLÍVIA EM LONDRES, CITADO POR LEANDRO TOCANTINS EM *FORMAÇÃO HISTÓRICA DO ACRE*

CORRIA O ANO DE 1889, 11 DE MARÇO, e o jornal *Província do Pará* registrava na primeira página a presença da canhoneira Wilmington, da Marinha dos Estados Unidos, no porto de Belém. O governador do Pará, Pais de Carvalho, visitou o navio sendo recebido com as devidas honras militares e retribuiu a cortesia com um banquete em palácio oferecido ao comandante Chapman Todd.

A situação pareceu estranha quando o comandante Todd decidiu subir o rio Amazonas, mesmo diante da negativa do governador do estado do Amazonas, Ramalho Júnior, em conceder autorização.

E quando a autorização foi finalmente emitida pelo Ministério das Relações Exteriores, o vaso de guerra já navegava o Amazonas no rumo de Tabatinga e Iquitos, no Peru.

A canhoneira deixou o porto de Manaus com as luzes apagadas e levando a bordo dois práticos brasileiros aos quais o comandante Todd concedeu cidadania norte-americana e o lugar de pilotos do barco, uma vez que não conhecia as águas da Bacia Amazônica.

O aspecto mais sombrio da trama envolveu o diplomata espanhol refugiado em Belém por conta de uma aventura amorosa em Buenos Aires, Luiz Galvez, contratado como jornalista de um diário do Pará e convidado para um posto no Consulado da Bolívia em Belém. Por conta da função, Galvez participou de um almoço com Don José Paravicini, embaixador da Bolívia no Rio de Janeiro, de passagem por Belém, que estava acompanhado de Guilherme Uhthoff, comandante boliviano na fronteira com o Brasil, e Ladislao Ibarra, chefe da aduana boliviana no Acre. Durante o almoço, Galvez testemunhou Ibarra acusar Uhthoff e Paravicini de negociar "ao estrangeiro, uma parte de sua pátria, a Bolívia"[26].

Galvez percebeu a gravidade do que ouvira, interrogou Uhthoff, e este confessou que na verdade o governo boliviano havia negociado com os Estados Unidos a transferência do Acre para uma companhia de comércio de propriedade de acionistas norte-americanos, a partir da convicção de que a Bolívia se sentia impotente para conservar esta parte do território que poderia ter o mesmo destino do litoral do Pacífico perdido para o Chile.

O ministro Paravicini era o encarregado de redigir a proposta de concessão do Acre, que deveria ser levada aos Estados Unidos, em caráter ultrassecreto, a bordo da canhoneira Wilmington, que para esta missão estava ancorada em Belém, e assim explicada a missão do comandante Todd na Amazônia.

"De posse de tamanha revelação que tanto afetava o Brasil, minha pátria adotiva, que sempre procurei honrar, não duvidei em denunciá-los a quem de direito competia" escreveria mais tarde Luiz Galvez[27].

---

26   TOCANTINS, Leandro. *Formação histórica do Acre*. Rio de Janeiro. Editora Conquista. 1952.
27   TOCANTINS, Leandro. *Formação histórica do Acre*. Rio de Janeiro. Editora Conquista. 1952.

Luiz Galvez Rodrigues de Árias, aventureiro e diplomata espanhol, desvendou a razão da presença da canhoneira Wilmington nas águas do Amazonas.

Uhthoff mostrou a Galvez a cópia do documento em papel oficial do governo boliviano. Entre as cláusulas observadas por Galvez estavam as previsões de pressão diplomática sobre o Brasil para reconhecimento do Acre como território da Bolívia e da assistência militar com armas e equipamentos por parte dos Estados Unidos em caso de guerra entre a Bolívia e o Brasil.

Revelada a conspiração, a canhoneira Wilmington retirou-se furtivamente de Belém, provavelmente levando a bordo o rascunho do acordo, e mediante a ação diplomática do governo brasileiro, os Estados Unidos trataram de reduzir os danos que o episódio poderia causar à relação com o Brasil.

É provável que o caso da canhoneira Wilmington tenha advertido a diplomacia brasileira para a gravidade do envolvimento dos Estados Unidos nos eventos que se avizinhavam, com as pretensões do império de instalar um enclave em pleno coração da Amazônia.

A Questão do Acre: um enclave americano na Amazônia ocidental

"Às 5h da manhã desembarcava Plácido de Castro diante da vila adormecida e, disposta convenientemente sua gente, foi simplesmente prender o intendente.

À porta da Intendência chama por Barrientos, que, solenemente, respondeu, enfadado:

— Caramba! És temprano para la fiesta.

— Não é festa, Sr. Intendente, é revolução, respondeu-lhe, enérgico, o caudilho."

— Craveiro Costa, A CONQUISTA DO DESERTO OCIDENTAL, DESCREVENDO A TOMADA DA INTENDÊNCIA BOLIVIANA PELA TROPA DE PLÁCIDO DE CASTRO E A PRISÃO DO INTENDENTE DON JUAN DE DIOS BARRIENTOS. ERA FERIADO DO DIA DA INDEPENDÊNCIA DA BOLÍVIA E BARRIENTOS IMAGINOU QUE ESTAVA SENDO DESPERTADO POR SEUS HOMENS PARA A CELEBRAÇÃO DA DATA

A CONQUISTA DO ACRE compõe um roteiro digno dos melhores filmes de suspense e espionagem, reunindo tramas diplomáticas, ação militar e desfecho imprevisível.

A Bolívia vivera uma tragédia recente na Guerra do Pacífico (1879-1883), quando perdeu para o Chile a saída para o mar e o estratégico porto de Antofagasta. O Chile contou com o ostensivo apoio inglês e os bolivianos se ressentiam da ausência de um aliado forte que os apoiassem na disputa com o seu vizinho.

No final do século XIX, o território boliviano do Acre estava econômica e demograficamente ocupado por brasileiros que ali exploravam a borracha com a grande presença de seringueiros cearenses.

Embora o Acre fosse formalmente boliviano, o governo do Amazonas ambicionava a riqueza ali produzida e julgava legítimo que os brasileiros tivessem uma alfândega brasileira e não boliviana para cobrar os impostos pela exportação da mercadoria.

O governo brasileiro julgava o assunto pacificado, o Acre era boliviano e não havia discussão. A última coisa que o Brasil desejava era um conflito com o vizinho com o qual dividia uma fronteira superior a três mil quilômetros de extensão. Quando o aventureiro espanhol Luiz Galvez, estimulado e financiado pelo governo do Amazonas, proclamou uma república no Acre, o governo federal providenciou uma força da Marinha para destituir o aventureiro e restabelecer a soberania boliviana.

Mas um fato mudou a visão brasileira sobre a questão. As elites bolivianas guardavam a convicção de que haviam perdido seu litoral para o Chile pela ausência de bolivianos nesse território, e que o mesmo aconteceria no Acre, já intensamente povoado por brasileiros. A solução concebida para enfrentar a situação foi um desastre diplomático e depois militar. O governo boliviano propôs e o Congresso aprovou entregar o Acre à administração de uma companhia de comércio anglo-americana, o Bolivian Syndicate, com poderes quase absolutos, inclusive o de constituir Exército e Marinha e decidir sobre a liberdade de navegação nos rios. Era a criação de um enclave colonial clássico no coração da Amazônia brasileira administrado por uma potência, os Estados Unidos, que já se mostrava arrogante e violenta na expansão de seus interesses pelo mundo.

A diplomacia brasileira lançou mão de toda experiência para demover bolivianos, norte-americanos e ingleses da provocação. Em vão. Restou a solução menos desejada e a mais radical: a militar. A revolução batia à porta à espera de um líder, e ele surgiu na figura do militar gaúcho Plácido de Castro, bisneto, neto e filho de militares, e ele próprio veterano da Revolta Federalista e com educação militar formal adquirida nas melhores escolas do País.

Convertido em seringalista na Amazônia, coube a Plácido de Castro reunir uma infantaria de cearenses e um estado maior de sertanejos nordestinos e se bater contra o exército boliviano. No dia 6 de agosto,

O caudilho Plácido de Castro e seu estado maior e infantaria de sertanejos liderou a incorporação do Acre ao Brasil. Uelton Santos, Galeria Construtores do Brasil, acervo Câmara dos Deputados.

data nacional da Bolívia, o intendente Don Juan de Dios Barrientes foi deposto e preso. Era o ano de 1902.

Adotando a tática de guerrilha, o exército de seringueiros derrotou a tropa regular boliviana e, no final de outubro de 1902, o coronel Rosendo Rojas aceitou as condições para a rendição que pôs termo ao capítulo militar. Em seguida, a diplomacia do barão do Rio Branco concertou com o governo da Bolívia o Tratado de Petrópolis, uma indenização de dois milhões de libras pelo Acre e a construção de uma ferrovia ligando a fronteira boliviana à cidade de Porto Velho, a Madeira-Mamoré.

Sobre o episódio há uma vasta bibliografia, na qual se destacam *Formação histórica do Acre*[28], do paraense Leandro Tocantins com uma apresentação de Abguar Bastos, a mais completa interpretação da formação social da Amazônia e do Acre, *A conquista do Deserto Ocidental*[29], do alagoano Craveiro Costa, da Coleção Brasiliana, da Companhia Editora Nacional, e *Plácido de Castro, um caudilho contra o imperialismo*, de Claudio de Araújo Lima.

O nome de Plácido de Castro foi inscrito no Livro dos Heróis da Pátria, por iniciativa do então senador Tião Viana, denomina um time de futebol profissional no Acre e batiza o palácio sede da Prefeitura de São Gabriel, no Rio Grande do Sul, sua terra natal.

---

[28] TOCANTINS, Leandro. *Formação histórica do Acre*. 3ª ed. Vol.1. Rio de Janeiro, Civilização Brasileira, 1979.

[29] COSTA, Craveiro. *A conquista do Deserto Ocidental, subsídios para a história do Território do Acre.* São Paulo, Companhia Editora Nacional, 1940.

Amazônia, um departamento francês de ultramar

"As razões do Barão convenceram plenamente o árbitro suíço que, há um século, pelo laudo de 1º de dezembro de 1900, deu ganho de causa ao Brasil, fixando a fronteira marítima pelo talvegue do rio Oiapoque e a fronteira interior pelo divisor de águas da Bacia Amazônica, que era, finalmente, a essência da postulação brasileira.

Seu triunfo ficou perenizado, geograficamente, com a integração definitiva do Amapá ao território nacional e, historicamente, poucos anos mais tarde, com sua designação para a chefia do Ministério das Relações Exteriores, chefia afinal vitalícia."

— **Geraldo de Barros Carvalho e Mello Mourão,**
OBRAS DO BARÃO DO RIO BRANCO,
A VERTIGINOSA ESPIRAL DA RACIONALIDADE

O TRATADO DE UTRECHT, de 1713, encerrou a Guerra da Sucessão Espanhola travada entre as principais potências europeias com importantes repercussões para Portugal e o Brasil. Pelo tratado, a Espanha devolvia a Portugal a Colônia de Sacramento, nas margens do rio da Prata, e a França reconhecia a soberania portuguesa sobre as terras situadas entre os rios Amazonas e Oiapoque.

A disputa entre Portugal e Espanha na fronteira norte era uma história antiga, marcada por episódios militares que culminaram com a expulsão dos franceses para além do rio Oiapoque ainda no século XVII.

A interpretação sobre a cláusula de Utrecht nunca foi consenso, e a França reivindicava uma área de aproximadamente quinhentos mil quilômetros quadrados que avançava do estado do Pará para o Amazonas até a parte leste do atual estado de Roraima, enquanto Portugal admitia apenas a soberania francesa sobre a faixa litorânea setentrional do rio Amazonas.

No século XVIII, a França ocupou uma área do atual estado do Amapá e parte do Pará que foi declarada em litígio pelo imperador D. Pedro II, à espera de uma arbitragem que decidisse a questão. Em carta a Joaquim Nabuco, o Barão do Rio Branco chegou a ironizar que a França desejava na América do Sul uma outra França continental em território[30].

Os acontecimentos se precipitaram no final do século XIX com a descoberta de ouro no rio Calçoene por garimpeiros paraenses, e a Vila do Espírito Santo do Amapá, atual município de Amapá, foi palco de uma sangrenta batalha entre brasileiros e franceses no ano de 1895. A direção da vila foi assumida pelo paraense Francisco Xavier da Veiga Cabral, conhecido por Cabralzinho, descendente de cabanos e um espírito dotado de grande energia e ânimo para a luta. O governo francês designou uma tropa comandada pelo tenente Lunier, da Legião Estrangeira Francesa, para retomar a vila, mas a resistência organizada por Cabralzinho derrotou os franceses, ficando 100 mortos no campo de batalha, entre eles o tenente Lunier.

O governo brasileiro temeu que a França desse ouvidos aos que propunham uma solução militar para o conflito, como era o caso do ex-governador da Guiana. A diplomacia brasileira considerou recorrer aos Estados Unidos e à Inglaterra para dissuadir os franceses de uma medida extrema, até que, finalmente, as duas partes concordaram em submeter a questão à arbitragem do governo suíço.

O diplomata A. G. Araújo Jorge, que escreveu a apresentação das obras do Barão do Rio Branco, afirma que o barão considerava o litígio com a França mais complicado e difícil que o anterior com a Argentina[31].

Na memória que entregou ao governo suíço, Rio Branco recorreu aos trabalhos do naturalista Emílio Goeldi, contratado no final do

---

30 RIO BRANCO, Barão do. *Obras do Barão do Rio Branco II, questões de limites Guiana Inglesa Primeira Memória*. Brasília, Ministério das Relações Exteriores/Fundação Alexandre de Gusmão, 2012.
31 RIO BRANCO, Barão do. *Obras do Barão do Rio Branco II, Questões de Limites Guiana Inglesa Primeira Memória*. Brasília, Ministério das Relações Exteriores/Fundação Alexandre de Gusmão, 2012.

A competência da diplomacia brasileira, herdada da diplomacia portuguesa, triunfou diante das reivindicações da França. JG.Fajardo, Galeria Construtores do Brasil acervo Câmara dos Deputados.

século XIX como pesquisador pelo governador Lauro Sodré, do Pará. Os conhecimentos de Goeldi — que era cidadão suíço — em botânica, zoologia e geologia foram importantes na argumentação do lado brasileiro. As pesquisas de outro francês também foram utilizadas pelo advogado brasileiro. Tratou-se de Henri Coudreau, profundo conhecedor da geografia da região, professor em Caiena e explorador contratado pelo mesmo Lauro Sodré para estudar os rios Tapajós e Xingu. Em dezembro de 1900, o presidente suíço, Walter Hauser, anunciou o veredito de 800 páginas escritas em alemão, referendando integralmente as reivindicações brasileiras, fazendo a França recuar milhares de quilômetros nas suas pretensões.

A vitória do Brasil alcançou repercussão mundial. No Rio de Janeiro, Ruy Barbosa escreveu: "Hoje literalmente do Amazonas ao Prata há um nome que parece irradiar por todo o círculo do horizonte o infinito de cintilação; o do filho do emancipador dos escravos (o visconde do Rio Branco) duplicando a glória paterna com a de reintegrador do território nacional.".

Caía assim diante da competência da diplomacia nacional, herança da diplomacia portuguesa, o sonho francês de um grande departamento de ultramar no vale setentrional do rio Amazonas.

A Amazônia na visão de Euclides da Cunha

> "O Euclides da Cunha preocupado com o futuro brasileiro da Amazônia era o mesmo Euclides da Cunha em quem o drama de Canudos despertara o mais intenso dos brasileirismos, reclamando dele um esforço constitucionalmente naturalista em que ao "espírito caboclo" juntou-se a formação de engenheiro e a preocupação de sociólogo."
> — **Gilberto Freyre,** EUCLIDES DA CUNHA, REVELADOR DA REALIDADE BRASILEIRA

EM UMA DE MINHAS VIAGENS À AMAZÔNIA como ministro da Defesa, visitei o Pelotão Especial de Fronteira de Santa Rosa do Purus, na remota fronteira do Brasil com o Peru, no estado do Acre, e ali tomei conhecimento de que a pouca distância ainda permanecia o marco do limite entre o Brasil e o Peru fixado por Euclides da Cunha, em 1905, na condição de chefe da Comissão Mista Brasileiro-Peruana de reconhecimento do Alto Purus. Percorri a pequena distância para reverenciar de perto a memória do trabalho do grande brasileiro.

A nomeação de Euclides fora uma iniciativa do Barão do Rio Branco, ministro das Relações Exteriores, sob efeito da leitura de *Os sertões*, publicado em 1902, e esperançoso de que o gênio do autor produzisse sobre a Amazônia um livro tão revelador como o que escrevera sobre o drama de Canudos. O Barão imaginava que Euclides seria capaz de oferecer ao Brasil um retrato da Amazônia e de sua civilização com a mesma densidade e impacto com que descreveu o sertanejo e o sertão.

Mas Euclides não contou na Amazônia com a tragédia concentrada que testemunhou em Canudos. No sertão da Bahia, o drama se desenrolou em um espaço de poucos quilômetros quadrados e ofereceu-se inteiro aos olhos atentos do escritor. Na Amazônia, o fator humano estava distribuído em espaço geográfico continental e oculto no anonimato da selva.

O autor de *Os sertões* percebeu a brutal exploração dos seringueiros e fez em um de seus ensaios em *À margem da História*[32] uma eloquente denúncia da escravização dos sertanejos, ombreando o libelo de Roger Casement, o diplomata, poeta e revolucionário irlandês que expôs ao mundo os crimes praticados por uma companhia inglesa contra os índios do Peru[33].

Os ensaios que escreveu fruto de sua viagem resplendem de patriotismo e busca de compreensão do contraste entre as possibilidades ilimitadas permitidas pela natureza exuberante e as dificuldades impostas pela hostilidade da mesma natureza à presença e à ação do homem.

Em um de seus ensaios, intitulado *A Transacreana*, traça um itinerário da ferrovia que cruzaria o atual estado do Acre até a cidade de Cruzeiro do Sul na fronteira com o Peru. Projetou, a partir da Rota dos Bandeirantes, a ligação entre Tabatinga, na fronteira com a Colômbia, e Vila Bela da Santíssima Trindade no Mato Grosso, divisa com a Bolívia, integrando as bacias do Prata e da Amazônia em um percurso de 1500 quilômetros. Euclides considerava que os rios da Amazônia eram ferrovias naturais que careciam apenas de obras complementares ligando suas bacias. Suas observações sobre a Amazônia estão reunidas no livro de ensaios *À margem da História*[34] e no relatório da Comissão Brasileira de Reconhecimento do Alto Purus. A visão profética sobre as possibilidades da Amazônia surge quando afirma que a construção da rede de ferrovias na região dispensaria os recursos do

---

[32] CUNHA, Euclides. *Obra completa, à margem da História*. Rio de Janeiro. Nova Aguilar. 1995.
[33] ZARRA, Laura P.Z.; BOLFARINE, Mariana (Orgs.). *Diário da Amazônia de Roger Casement*. São Paulo, Edusp, 2016.
[34] CUNHA, Euclides. *Obra Completa, À margem da História*. Rio de Janeiro. Nova Aguilar. 1995.

governo federal, uma vez que os meios para o empreendimento estavam na própria Amazônia.

É ainda Gilberto Freyre quem homenageia "seu nacionalismo, ou antes, brasileirismo: um brasileirismo difícil de ser separado do seu indigenismo. Era nos "admiráveis caboclos do norte", por exemplo, que ele via o futuro da Amazônia brasileira: os caboclos capazes de sobrepujarem "pelo número, pela robustez, pelo melhor equilíbrio orgânico da aclimação e no garbo não se afoitarem com os perigos"[35]. Atuais a visão de Euclides e as palavras de Gilberto Freyre sobre ela.

Visita ao Marco fixado por Euclides da Cunha na fronteira entre o Brasil e o Peru. Fonte: Mistério da Defesa, 2016.

---

[35] IZARRA, Laura P.Z.; BOLFARINE, Mariana (Orgs.). *Diário da Amazônia de Roger Casement*. São Paulo, Edusp, 2016.

Madeira-Mamoré, a ferrovia impossível

"Eu devia ter escolhido a borracha."
— **Andrew Carnegie,** MAGNATA DO AÇO, CITADO POR ROSE NEELEMAN E GARY NEELEMAN EM *TRILHOS DA SELVA*

O CORONEL DA RESERVA George Earl Church, veterano confederado da Guerra de Secessão nos Estados Unidos, imaginava romper o bloqueio de 19 cachoeiras do Rio Madeira que impediam a navegabilidade entre a Bolívia e o Brasil construindo uma ferrovia de 366 quilômetros margeando o rio entre Guajará Mirim, na fronteira boliviana, e Porto Velho.

O coronel Church despertou a admiração e a simpatia de D. Pedro II em encontro com o imperador brasileiro no Rio de Janeiro, mas terminou contratado para a empreitada pelo governo boliviano. O esforço do teimoso militar durou de 1867 a 1879, quando após a morte de milhares de trabalhadores e engenheiros, Church conseguiu construir míseros 7,5 quilômetros da ferrovia, e então, abandonado pelos investidores, renunciou ao empreendimento.

Depois do fracasso de Church, a borracha e o seu valor só fizeram crescer, e ao lado do petróleo e do aço tornou-se matéria prima essencial para a moderna indústria que despontava no mundo. Navios, locomotivas, máquinas de toda espécie, nada se fazia sem a borracha, e o projeto de ligação ferroviária com a Bolívia ressurgiu no início do século XX.

A epopeia da Madeira-Mamoré já foi romanceada em livro do escritor amazonense Márcio Souza, *Mad Maria*, mas recebeu seu relato mais completo em *Trilhos na selva, o dia a dia dos trabalhadores da Ferrovia Madeira-Mamoré*[36], do jornalista norte-americano Gary Neeleman e de sua esposa Rose Neeleman, de quem falaremos adiante, na abordagem da Guerra da Borracha.

Quando o cravo de ouro[37] foi levado a Guajará Mirim, em 1912, a Madeira-Mamoré era a única ferrovia fora dos Estados Unidos completamente construída por engenheiros, técnicos e material norte-americanos. Durante a construção da ferrovia, Porto Velho conheceu dois jornais publicados em inglês, o *The Porto Velho Times* e o *The Porto Velho Marconigran*, dos quais Rose e Gary encontraram várias edições que permitiram recuperar o dia a dia dos trabalhadores da ferrovia.

A Madeira-Mamoré conheceu seu auge por um breve período após a inauguração. Percival Farquhar, o empreendedor da construção, foi colhido por acontecimentos que inviabilizaram a ferrovia, como o baixo custo da borracha proveniente das colônias britânicas na Ásia e a inauguração do Canal do Panamá. O empreendimento teve uma sobrevida na Segunda Guerra Mundial, quando a borracha do Brasil socorreu os aliados, mas retomou o declínio até ser desativada definitivamente em 1966. Milhares de operários, técnicos e engenheiros norte-americanos e de outras nacionalidades perderam a vida no desafio de construir uma ferrovia impossível em um lugar impossível. Restou viva na memória de que nada é maior do que a perseverança e a tenacidade do esforço humano na busca de seus sonhos, mesmo que ao fim se revelem apenas pesadelos.

---

36 NEELEMAN, Gary.; NEELEMAN, Rose. *Trilhos na selva, o dia dos trabalhadores da Ferrovia Madeira-Mamoré*. São Paulo, Bei Comunicação, 2011.

37 Cravo de ouro é o último cravo instalado para marcar a conclusão de uma linha ferroviária, e a expressão ficou marcada na conclusão da ferrovia transcontinental, que cruzou os Estados Unidos, inaugurada em 1869.

O pioneirismo do coronel George Earl Church terminou em fracasso, mas a Madeira-Mamoré seria construída no início do século XX.

Rio da Dúvida — Roosevelt vai à selva

"Deitado sob a tenda improvisada, Roosevelt se ergueu sobre os braços trêmulos para testemunhar o próprio resgate. O que viu diante de si foram duas bandeiras recortadas contra o céu vivamente azul. Primeiro a verde, ouro e azul da amada República do Brasil de Rondon. E então tremulando ao seu lado, as estrelas e listras que por tanto tempo tinham conduzido a vida do próprio Roosevelt, e cujas promessas ainda o animavam."
— **Candice Millard,** O RIO DA DÚVIDA, A SOMBRIA VIAGEM DE THEODORE ROOSEVELT E RONDON PELA AMAZÔNIA

DEPOIS DE PRESIDIR os Estados Unidos por dois mandatos, Theodore Roosevelt acabou derrotado em 1913, em sua terceira tentativa de governar o país. A alma aventureira de Roosevelt escolheu para curar a dor da derrota eleitoral um desafio à altura de seu orgulho: uma expedição no coração da selva da Amazônia brasileira com a finalidade de explorar o rio da Dúvida e definir se ele era um afluente do rio Madeira ou do rio Amazonas.

A expedição, patrocinada pelo Museu Americano de História Natural e pelo governo brasileiro, foi chefiada pelo então coronel do Exército Brasileiro Cândido Mariano da Silva Rondon e batizada de Expedição Científica Rondon-Roosevelt. Filho de uma índia bororo do Mato Grosso e de um descendente de bandeirantes paulistas, Rondon conhecia a Amazônia como oficial encarregado de instalar a rede de telégrafos no interior do Brasil.

Roosevelt tinha fascínio pelos mistérios e pela grandeza da Amazônia e encontrou em Rondon um guia à altura para sua aventura na selva.

Roosevelt se fez acompanhar do filho Kermit, do secretário pessoal e de uma reduzida equipe de naturalistas. O grupo partiu de Cáceres, Mato Grosso, em dezembro de 1913 e alcançou o rio da Dúvida no final de fevereiro de 1914. Kermit, um jovem engenheiro de 24 anos formado em Harvard, estava no Brasil trabalhando na construção de ferrovias quando foi incorporado à delegação do pai.

Sobre a expedição, Roosevelt deixou um livro de memórias, *Nas selvas do Brasil* (*Through the brazilian wilderness*), um diário de sua aventura. Publicado pelo Serviço de Informação Agrícola do Ministério da Agricultura, o livro é dedicado por Roosevelt ao ministro das Relações Exteriores do Brasil Lauro Muller, ao coronel Rondon e está ilustrado pelas fotografias de autoria de Kermit e por um mapa completo da expedição.

Larry Rother, jornalista norte-americano que foi correspondente do *New York Times* no Brasil, escreveu uma biografia definitiva do Marechal Rondon na qual descreve as desventuras da expedição de Roosevelt, mas o mais completo relato do mergulho do ex-presidente norte-americano na Amazônia brasileira é o livro de Candice Millard, ex-editora da revista *National Geographic*, *O Rio da Dúvida, a sombria viagem de Theodore Roosevelt e Rondon pela Amazônia*[38].

Candice reuniu documentos e cartas em posse de familiares de Roosevelt para traçar o panorama dramático da jornada. Atacado pela malária, Roosevelt agonizou por dias e ele próprio estava convencido de que não sobreviveria aos padecimentos da viagem. Por milagre, conseguiu sobreviver. O rio da Dúvida foi batizado como rio Roosevelt em sua homenagem, e é também denominada Reserva Roosevelt a Terra Indígena dos Cinta Larga, no município de Espigão do Oeste, em Rondônia. Kermit, por sua vez, também teve um outro rio da Amazônia com seu nome. Afinal, o mistério foi resolvido: o rio da Dúvida era um afluente do Madeira e não do Amazonas.

---

38   MILLARD, Candice. *O Rio da Dúvida, a sombria viagem de Theodore Roosevelt e Rondon pela Amazônia*. São Paulo. Companhia das Letras. 2007.

Fordlândia, sonho e pesadelo americano na selva

> "Quando Rogge ouviu um grupo de trabalhadores bêbados cantando 'O Brasil para os brasileiros. Matem todos os americanos' decidiu que era hora de sair. Ordenou que seus homens fossem para o rebocador, mas David Riker, que tinha acabado de voltar do Acre, e Archie Weeks ficaram isolados da rota de fuga. Correndo para a selva, esconderam-se por dois dias enquanto continuava o tumulto."
> — **Greg Grandin,** FORDLÂNDIA, ASCENSÃO E QUEDA DA CIDADE ESQUECIDA DE HENRY FORD NA SELVA

EM JULHO DE 1925, HENRY FORD, proprietário da Ford Motors Company, e Harvey Firestone, fundador da Firestone Tire Rubber Company, se encontraram em um almoço na casa de Ford, em Michigan, quando trataram de como confrontar o cartel britânico da borracha proposto por Winston Churchill[39].

Ford ocupava 50% do promissor mercado de automóveis na América e sua marca popular Modelo T alcançara a espantosa cifra de dois milhões de unidades vendidas em 1921. Firestone integraria o seleto grupo de fabricantes de pneus e estava indignado com Churchill que, na condição de secretário de Estado para as colônias, orientara a redução da produção de borracha nas colônias britânicas para segurar o preço do produto no mercado. Churchill, naturalmente, foi acusado

---

[39] GRANDIN, Greg. *Fordlândia, ascensão e queda da cidade esquecida de Henry Ford na selva.* Rio de Janeiro, Rocco, 2010.

nos Estados Unidos de arqui-inimigo imperialista e protecionista, e seu plano qualificado de "assalto" pelo deputado Cordell Hull, futuro secretário de Estado do presidente Franklin Delano Roosevelt.

Em 1926, Ford e Firestone voltaram a almoçar juntos, desta vez em Washington. Após o almoço, Ford confidenciou com seu secretário pessoal, Ernest Liebold, que buscasse se informar sobre "o melhor lugar para se cultivar borracha"[40] no mundo.

Liebold leu tudo o que encontrou sobre a borracha e suas possibilidades na África e no Brasil, inclusive relatórios dos adidos comerciais no Brasil, mas o impressionou particularmente uma passagem do livro do ex-presidente Theodore Roosevelt, *Through the brazilian wilderness*, traduzido como *Nas selvas do Brasil*,[41] sobre sua aventura nas florestas da Amazônia brasileira.

Embora Roosevelt tratasse superficialmente da economia da borracha, observou que a série de cachoeiras que encontrou até as nascentes do Tapajós constituía "uma força motriz quase ilimitada a populosas comunidades manufatureiras". E profetizava uma "grande civilização industrial" apoiada em empreendedores sagazes e em uma rede de telégrafos e ferrovias que colonizariam a região. O depoimento de Roosevelt deve ter impressionado Liebold e este aguçado em Ford a visão aventureira do empreendedor.

Todo este relato está no precioso livro *Fordlândia, ascensão e queda da cidade esquecida de Henry Ford na selva*, do professor da universidade de Nova Yorque, Greg Grandin, um ensaio sobre a ambição e a ingenuidade do sonho americano destruído pela hostilidade implacável das forças da natureza[42].

Em 1927, o governo do Pará concedeu a Henry Ford um milhão de hectares para a implantação de seu projeto de plantio de seringueiras nas proximidades de Santarém, às margens do rio Tapajós. Fordlândia

---

40 GRANDIN, Greg. *Fordlândia, ascensão e queda da cidade esquecida de Henry Ford na selva*. Rio de Janeiro, Rocco, 2010.
41 ROOSEVELT, Theodore. *Nas selvas do Brasil*. 2ª ed. Serviço de Informação Agrícola do ministério da Agricultura. Rio de Janeiro, 1948.
42 GRANDIN, Greg. *Fordlândia, ascensão e queda da cidade esquecida de Henry Ford na selva*. Rio de Janeiro, Rocco, 2010.

Henry Ford, o magnata do automóvel, e Harvey Firestone, o magnata do pneu, achavam que a Amazônia poderia suprir a demanda por borracha na América.

foi concebida e organizada como uma cidade americana, com água tratada, eletricidade, escolas, hospital e vilas residenciais, mas os administradores negaram ao bispo do Pará a construção de uma igreja católica no local, permitindo apenas a celebração ocasional de missas.

Grandin fez um trabalho meticuloso, visitou o Pará mais de uma vez, entrevistou sobreviventes da experiência, emprestando ao seu relato o rigor da pesquisa acadêmica e a leveza da reportagem.

Ford era um nome admirado no mundo inteiro e no Brasil, traduzido por Monteiro Lobato e defensor da tese de que a remuneração de seus operários deveria permitir que eles adquirissem os automóveis que fabricavam. Promoveu ajustes salariais que chocaram o jornal financeiro *Wall Street Journal*, que o qualificou de "traidor da classe" empresarial.

Mas, na Fordlândia, os gerentes adotaram uma dieta que reunia aveia, pêssegos, pão integral, hambúrgueres e outras excentricidades do paladar norte-americano incompatível com a dieta dos nordestinos e caboclos que trabalhavam no empreendimento. A esta circunstância reuniu-se a rude disciplina *yankee* e a precariedade dos dormitórios e restaurantes. O resultado foi uma revolta. Em dezembro de 1930, os operários destruíram as instalações ao grito de "O Brasil para os brasileiros e matem todos os americanos", segundo o relato de Grandin.

Grandin relaciona o motim dos trabalhadores com a revolução vitoriosa conduzida por Getúlio Vargas em 1930, e quando este visitou a Fordlândia, tempos depois, os operários pediram que o motor do carro fosse desligado para que o caudilho gaúcho fosse conduzido com seu automóvel empurrado pelos trabalhadores ao longo do trajeto de 16 quilômetros.

Vargas gostou do que viu e elogiou o hospital, o consultório dentário e as escolas que forneciam livros, lápis e uniformes gratuitamente para as crianças. Terminada a guerra, e com o falecimento de Henry Ford, seus herdeiros decidiram vender a Fordlândia ao governo brasileiro por uma indenização simbólica e a nacionalização das dívidas trabalhistas.

Até hoje o visitante pode testemunhar as ruínas da ousadia americana cercadas pela floresta triunfante, orgulhosa e exuberante.

A guerra da borracha

"Na verdade, nesta pesquisa tivemos que acreditar que milhares de soldados da borracha que morreram na floresta durante aqueles quatro anos de febre amarela, malária, dengue, beribéri e dezenas de outros problemas da selva podem ter sido o maior sacrifício de qualquer país que não Estados Unidos, Grã-Bretanha e França para a vitória dos aliados na Segunda Guerra Mundial.

Este grupo inesperado de 55 mil homens foi o único responsável pela extração de milhares de toneladas de borracha, da borracha desesperadamente precisa para os esforços dos Aliados, que pagaram um preço alto sem a justa compensação. Embora o Brasil tenha perdido 457 soldados, dos 25 mil que foram enviados à Itália pela Força Expedicionária Brasileira (FEB) para lutar junto aos Aliados, mas milhares morreram nas florestas da Amazônia no esforço para extrair a quantidade de látex necessária."

— **Gary Neeleman e Rose Neeleman,** SOLDADOS DA BORRACHA, O EXÉRCITO ESQUECIDO QUE SALVOU A SEGUNDA GUERRA MUNDIAL

APÓS A ASCENSÃO DE HITLER ao poder na Alemanha (1933), o governo dos Estados Unidos teve a certeza de que o mundo marcharia para a guerra.

A ação do movimento pacifista nos Estados Unidos e na Europa retardava a preparação dos futuros aliados para o confronto ao mesmo tempo em que estimulava a agressividade nazista na Europa.

Franklin Delano Roosevelt, o estadista que governou os Estados Unidos por quatro mandatos, antecipou as iniciativas e a projeção das alianças para o confronto que se avizinhava, entre elas uma visita ao Brasil e à Argentina em novembro de 1936. As conversações entre o presidente brasileiro Getúlio Vargas e Roosevelt versaram sobre a conjuntura mundial já tumultuada pelos ventos da guerra que se aproximava.

Roosevelt desembarcou do navio que o trouxe ao Rio de Janeiro recebido por um grupo de escolares que cantaram o hino dos Estados Unidos e foi saudado por uma multidão nas ruas do Rio de Janeiro.

O segundo movimento foi a missão do comandante da Força Aérea dos Estados Unidos, major Delos C. Emmons, ao Brasil. A guerra já começara na Europa e os estrategistas norte-americanos sabiam que o espaço aéreo europeu seria bloqueado pela aviação alemã, deixando como única alternativa aos aliados uma base aérea no Nordeste do Brasil para apoio às operações na África e na Ásia, e contra uma eventual invasão alemã na América do Sul.

O major Delos sobrevoou todo o litoral nordestino e escolheu Natal como o ponto mais estratégico para aquela que veio a ser "a base aérea mais movimentada do mundo durante a guerra, com aeronaves norte-americanas e britânicas decolando e pousando a cada três minutos"[43], conforme relato dos jornalistas e historiadores Gary Neeleman e Rose Neeleman no belo livro *Soldados da borracha, o exército esquecido que salvou a Segunda Guerra Mundial*.

Gary Neeleman tinha 20 anos quando veio ao Brasil pela primeira vez como missionário da Igreja de Jesus Cristo dos Santos dos Últimos Dias. Voltou aos Estados Unidos em 1957, casou-se com Rose Neeleman, sua colega de faculdade, formou-se em Belas Artes pela universidade de Utah e voltou ao Brasil como correspondente da United Press International (UPI). Aqui permanecendo até 1965, cobriu o golpe civil-militar de 1964 e foi homenageado pelos jornalistas brasileiros por seu relato independente do episódio. Rose Neeleman também estudou Belas Artes e escreveu *A taste of Brazil*, livro de culinária brasileira, e junto com Gary é autora de *Soldados da borracha; Trilhos na selva, Barras sob o*

---

43 NEELEMAN, Gary.; NEELEMAN, Rose. *Soldados da borracha, o exército esquecido que salvou a Segunda Guerra Mundial*. Porto Alegre, Epicuro, 2015.

Cruzeiro do Sul, crônica das famílias confederadas que migraram para o Brasil na Guerra da Secessão dos Estados Unidos na segunda metade do século XIX.

O terceiro movimento de Roosevelt junto a Vargas envolveu um tema decisivo para os aliados: o suprimento de borracha para o esforço de guerra. Não havia guerra sem petróleo, sem aço e sem borracha.

Os Neeleman oferecem em seu livro detalhes da importância da borracha. "Os tanques Sherman têm 20 toneladas de aço e meia tonelada de borracha. Em um caminhão Dodge, há aproximadamente 225 quilos de borracha. Há quase uma tonelada de borracha em um bombardeiro pesado. Cada couraçado afundado em Pearl Harbor tinha mais de 20 mil peças de borracha. Cada navio, cada válvula e vedação, cada pneu em cada caminhão e avião tinham borracha. Cada centímetro de fio em cada fábrica, casa e escritório nos Estados Unidos estão envoltos em borracha. Correias transportadoras, peças hidráulicas, botes infláveis, máscaras de gás, tudo é feito de borracha."[44].

Aproximadamente 95% da borracha do mundo provinha das colônias britânicas da Ásia, tomadas pelo Japão já no início da guerra. Só um país no mundo reunia as condições para substituir a Ásia no abastecimento da borracha para os aliados, e esse país era o Brasil.

Vargas valorizou a posição estratégica do Brasil e negociou, em troca da borracha e da base aérea de Natal, um fundo de 100 milhões de dólares, aproximadamente 1,5 bilhão de dólares em valores de hoje, para a criação da Usina Siderúrgica de Volta Redonda e mais cinco milhões de dólares para o custeio do exército de 55 mil soldados da borracha enviados para a Amazônia. E os Estados Unidos fizeram com o Brasil o que nunca haviam feito antes com nenhum outro país: o financiamento da industrialização de outra nação, contrariando toda a geopolítica da grande nação da América do Norte.

Os 55 mil soldados da borracha foram recrutados entre os sertanejos nordestinos com o mesmo status de combatentes dos 25 mil pracinhas que integraram a Força Expedicionária Brasileira (FEB). O que

---

[44] NEELEMAN, Gary.; NEELEMAN, Rose. *Soldados da borracha, o exército esquecido que salvou a Segunda Guerra Mundial.* Porto Alegre, Epicuro, 2015.

distingue fundamentalmente os dois contingentes é que enquanto a FEB perdeu 457 combatentes, as baixas entre os sertanejos foram de aproximadamente 25 mil homens, o que, na avaliação dos Neeleman, terá sido "o maior sacrifício de qualquer país que não Estados Unidos, Grã-Bretanha e França para a vitória dos aliados na Segunda Guerra Mundial". É evidente o erro dos autores ao não contabilizar os milhões de soviéticos mortos no conflito como perdas dos aliados.

O Brasil deve a estes heróis o reconhecimento de combatentes plenos, aos que tombaram e aos que sobreviveram, cujos descendentes são os caboclos e ribeirinhos contemporâneos perseguidos por ONGS internacionais, pelo Ministério Público, pelo Ibama, pela Polícia Federal nos vales perdidos dos rios da Amazônia.

Em conversa com uma antiga defensora pública da Amazônia, ouvi que muitos dos sobreviventes dos soldados da borracha se casaram com mulheres índias e tiveram filhos que nunca visitaram as cidades até que suas terras fossem demarcadas ou como áreas indígenas ou como unidades de conservação, e eles delas expulsos sem qualquer direito material, espiritual ou de memória, deserdados e renegados em sua própria pátria.

Roosevelt estava feliz pela base aérea em Natal e pela borracha da Amazônia para os aliados. Vargas sorria pelos recursos para a usina siderúrgica de Volta Redonda.

A Amazônia assombra John dos Passos

"Quando as pessoas me perguntam por que estou sempre querendo ir ao Brasil, parte da resposta é porque o país é tão vasto, tão virgem e por vezes tão incrivelmente belo, mas, principalmente, porque acho fácil me relacionar com as pessoas."
— **John dos Passos,** O BRASIL EM MOVIMENTO

JOHN DOS PASSOS fez parte de uma geração de escritores norte-americanos consagrados pelas obras notáveis que produziram, pelo engajamento político de alguns, e pelo estilo cosmopolita de vida de todos. Ernest Hemingway, John Steinbeck, Lillian Hellman, Ezra Pound, Gertrud Stein e o próprio John dos Passos viveram entre os Estados Unidos e a Europa quando o destino do mundo era mais discutido pelos intelectuais nos cafés de Paris do que pelos diplomatas. Passos foi voluntário na Primeira Grande Guerra e Hemingway lutou ao lado dos Republicanos na Espanha. Foram amigos e depois romperam por razões políticas.

Em três ocasiões diferentes John dos Passos visitou o Brasil como jornalista: em 1948, 1958 e 1962. Vários de seus livros estão traduzidos para o português, mas um deles, *O Brasil em movimento*[45], traça um perfil ao mesmo tempo ingênuo, crítico e otimista do país que o encantou pela exuberância e generosidade do povo.

Publicado em 1963, o livro e o autor mereceram elogio do *The New York Times* — "John dos Passos é um apaixonado e possui um olhar

---

[45] PASSOS, John dos. *O Brasil em movimento*. São Paulo, Saraiva, 2013.

e um ouvido perfeitos para traduzir os detalhes e os sentimentos que movem o país" — e embora o objetivo fosse apresentar um Brasil desconhecido para a maioria dos norte-americanos, o livro revelou um olhar entusiasmado do estrangeiro aos próprios brasileiros.

Acompanhado da esposa e da filha, Passos iniciou sua viagem à Amazônia por Iquitos, no Peru, onde tomou um hidroavião para Manaus, com tantas escalas em cidades e comunidades perdidas de ribeirinhos e pescadores suficientes para oferecer ao viajante o primeiro grande impacto visual da natureza surpreendente e grandiosa. Enquanto o Catalina[46] sacolejava nas águas e nas nuvens da Amazônia, o escritor colhia as primeiras impressões de sua aventura na selva.

Ficou impressionado com as histórias que ouviu do período de ouro da borracha, quando Manaus era uma das cidades mais ricas do mundo, e colheu essa percepção em uma frase: "Manaus é tão impregnada de século XIX quanto uma história de Julio Verne. Seu ar é denso com exalações verdes da floresta tropical.".

No bar e no pátio do Hotel Amazonas, escutou as conversas animadas sobre o futuro da região. Eram agrônomos, engenheiros, empreendedores, aventureiros e todos os tipos humanos que podem ser encontrados em terras que reúnem mistério, promessa de riqueza e convite à aventura.

Ele ouviu e registrou vozes que falavam sobre "lista de minerais e suas localizações: ouro, níquel, hematita, manganês, estanho, bauxita, tungstênio. As companhias estão promovendo o cultivo da castanha brasileira, das palmeiras e de outras árvores que produzem óleos vegetais. Consta que há 119 variedades que podem ser exploradas"[47].

Ainda sobre as conversas no hotel, ele escreveu: "Os agrônomos estão se inflamando diante dos primeiros rumores de uma revolução técnica na produção de fertilizantes adequados para as condições especiais da floresta tropical.". E pergunta: "Por que não transferir a população excedente do Nordeste árido para o Amazonas? Com o

---

[46] Hidroavião bimotor usado durante a Segunda Guerra em missões de vigilância aérea e depois adotados para uso civil como aviões de passageiros.
[47] PASSOS, John dos. *O Brasil em movimento*. São Paulo, Saraiva, 2013.

cultivo adequado e saúde pública, o menor canto do Amazonas poderia suportar um número de habitantes igual à população atual do país inteiro.".

John dos Passos mergulhou nas lendas da Amazônia, do roubo das seringueiras pelo agente britânico Henry Wickham ao fracasso de Henry Ford em criar um império na selva.

Finalmente, deixou a Amazônia vivamente impressionado pela grandeza do cenário que testemunhou, e que resumiu numa sentença: "Excluindo-se a Antártica, é a maior extensão da terra no mundo que a raça humana deixou desocupada."[48].

John dos Passos era uma celebridade da literatura e do jornalismo norte-americano quando visitou o Brasil.

[48] Ibid.

Araújo Castro e o congelamento do poder mundial

"Nenhum país escapa a seu destino, e, feliz ou infelizmente, o Brasil está condenado à grandeza. A ela condenado por vários motivos, por sua extensão territorial, por sua massa demográfica, por sua composição étnica, pelo seu ordenamento social-econômico e, sobretudo, por sua incontida vontade de progresso e desenvolvimento. As soluções medíocres e pequenas não convêm nem interessam ao Brasil. Temos de pensar isto simplesmente porque o Brasil, ainda que a isso nos conformássemos, não seria viável como país pequeno ou mesmo como país médio. Ou aceitamos nosso destino como um país grande, livre e generoso, sem ressentimentos e sem preconceitos, ou corremos o risco de permanecer à margem da História, como povo e como nacionalidade."

— **Embaixador Araújo Castro,** O CONGELAMENTO DO PODER MUNDIAL, EXPOSIÇÃO PARA ALUNOS DA ESCOLA SUPERIOR DE GUERRA, JUNHO DE 1971

A TRAJETÓRIA DO EMBAIXADOR João Augusto de Araújo Castro realça como um dos capítulos sublimes da diplomacia brasileira ao reunir as qualidades superiores do patriota e do diplomata em circunstâncias sombrias da geopolítica mundial.

No primeiro momento, ele era chanceler do governo João Goulart e em dezembro de 1963 pronunciou o discurso de abertura da Assembleia Geral das Nações Unidas, que passou à história como o "Discurso dos três Ds", propondo a descolonização, o desenvolvimento e o desarmamento como caminho para a paz e "a redenção de toda humanidade", o que seria alcançado com a destinação de um por cento dos gastos militares no mundo para ações de combate à pobreza. O discurso permaneceu como uma plataforma do multilateralismo e de condenação às ambições hegemônicas das superpotências.

O segundo momento foi em 1971, já no governo militar, embaixador do Brasil nos Estados Unidos, em exposição aos estagiários da Escola Superior de Guerra, fala que ficou conhecida como "do congelamento do poder mundial".

"O Brasil tem procurado caracterizar o que agora se delineia claramente como firme e indisfarçada tendência no sentido do congelamento do Poder Mundial. E quando falamos de Poder, não falamos apenas de Poder Militar, mas também de Poder Político, Poder Econômico, Poder Científico e Tecnológico."[49] A frase tem a força de uma profecia, pela atualidade e pelo vigor capaz de expressar a encruzilhada geopolítica e diplomática do Brasil dos nossos dias.

O terceiro momento é na chefia da delegação brasileira à Conferência das Nações Unidas sobre Meio Ambiente Humano, realizada em Estocolmo, Suécia, em 1972, primeira grande reunião de chefes de Estado organizada pelas Nações Unidas para tratar de meio ambiente.

As atividades preparatórias da Conferência abriram uma profunda divisão sobre a agenda a ser cumprida, colocando de um lado os países ricos, liderados pelos Estados Unidos e pela Europa Ocidental, e do outro os países de desenvolvimento médio e pequeno arregimentados pelo Brasil.

O diplomata e historiador João Augusto Costa Vargas, no livro que escreveu sobre Araújo Castro[50], refaz a crônica desse enfrentamento a partir do debate na ONU sobre a adoção do TNP (Tratado de Não Proliferação de Armas Nucleares), passo decisivo, na avaliação de Araújo Castro, para a política de congelamento do poder mundial: "O Tratado é uma limitação à soberania de alguns estados, não uma limitação

---

49 CASTRO, J.A.de Araújo. *O congelamento do poder mundial*. Brasília, Senado Federal.
50 VARGAS, João Augusto Costa. *Um mundo que também é nosso, o pensamento e a trajetória diplomática de Araújo Castro*. Brasília, Fundação Alexandre de Gusmão, 2013.

real às armas. As armas nucleares são tratadas como válidas e inofensivas, desde que permaneçam nas mãos de nações responsáveis, adultas e poderosas."[51].

Vargas anota em seu livro que "em seus telegramas, Castro assinalava as implicações para o Brasil do surgimento de novos regimes internacionais sobre recursos naturais (...). Percebia na promoção de normas sobre proteção ambiental e controle da natalidade uma tentativa de obstacularizar a industrialização e crescimento econômico dos países em desenvolvimento", em antecipações visionárias dos nossos atuais constrangimentos[52].

Sob a liderança de Araújo Castro, o Brasil mobilizou um grupo de diplomatas preparados e aguerridos, entre eles Miguel Ozório de Almeida, um dos fundadores da diplomacia econômica brasileira e quadro histórico do Itamaraty. São antológicas as intervenções de Ozório contra a visão neomalthusiana dos norte-americanos e dos europeus na preparação da Conferência.

O diplomata André Aranha Corrêa do Lago transcreveu trechos dessas falas nas reuniões preparatórias da Conferência no livro *Estocolmo, Rio, Joanesburgo — O Brasil e as três conferências ambientais das Nações Unidas*[53].

Corrêa do Lago destaca a "ironia e coragem" com que Miguel Ozório enfrenta as teses preservacionistas: "Para quem — ou com base em que critério — o meio ambiente deve ser considerado saudável, agradável ou desejável? Se o interessado for uma "anaconda", o mundo deverá ser uma floresta úmida; se for um "dromedário", então a destruição das florestas e a criação de desertos estaria ocorrendo de forma excessivamente lenta; se for a raça humana, então há excesso de desertos e florestas (...). Em resumo, o meio ambiente em consideração terá que ser considerado de um ponto de vista "subjetivo" e o "sujeito" terá de ser "o homem."."

---

[51] Ibid.
[52] Ibidem.
[53] LAGO, André Aranha Corrêa. *Estocolmo, Rio, Joanesburgo — O Brasil e as três conferências ambientais das Nações Unidas*. Brasília. Fundação Alexandre de Gusmão, 2006.

O embaixador Araújo Castro foi protagonista de um momento sublime da diplomacia nacional.

O embaixador e depois senador dos Estados Unidos, Patrick Moynihan, outro importante protagonista na disputa pela agenda do meio ambiente na ONU.

Maurice Strong, o milionário do petróleo convertido ao ambientalismo e nomeado secretário-geral da Conferência diria anos depois: "Quando me tornei secretário-geral da Conferência (...) havia um forte movimento por parte dos países em desenvolvimento, liderado pelo Brasil, de boicotar a Conferência.".[54] A tese de Strong é contestada por Correia do Lago, que defende a ideia de que o Brasil e os países em desenvolvimento apenas desejavam que suas preocupações fossem acolhidas.

O embaixador dos Estados Unidos na preparação do evento, Patrick Moynihan, que manteve um duro enfrentamento com Ozório e viria a ser um influente senador de seu país, e o próprio Strong, aceitaram a tese brasileira de combinar o debate sobre o meio ambiente com o direito ao desenvolvimento como única forma de evitar o isolamento no encontro. O próprio Departamento de Estado reconheceu a vitória

54   Ibid.

diplomática do Brasil: "O que até agora era o sentimento de apatia por parte da maioria dos PMDRS (Países de Menor Desenvolvimento Relativo) em relação à Conferência e ao tema do meio ambiente como um todo está claramente evoluindo em direção a uma sólida oposição ao envolvimento da ONU no meio ambiente, com base na premissa de que é uma distração, por parte dos PDS (Países Desenvolvidos), em relação a que os PMDRS consideram a única atividade válida da ONU na área econômica e social, a saber, a assistência ao desenvolvimento dos PMDRS. Essa posição, que até poucos meses atrás era basicamente limitada ao Brasil e ao Chile, está rapidamente ganhando apoio.".[55]

Araújo escreveu uma das páginas mais luminosas da história de nossa diplomacia. Faleceu precocemente aos 56 anos, em 1975. O telegrama do ministro das Relações Exteriores, Azeredo da Silveira, à sua viúva Myriam de Araújo Castro, traduz, em certa medida, este reconhecimento: "Não foram poucos os momentos críticos em que esta casa dependeu da inteligência, do talento e do patriotismo de João Augusto de Araújo Castro.".

É este um momento crítico para lembrar a atualidade e a relevância do pensamento e da obra de Araújo Castro.

---

[55] VARGAS, João Augusto Costa. *Um mundo que também é nosso, o pensamento e a trajetória diplomática de Araújo Castro.* Brasília, Fundação Alexandre de Gusmão, 2013.

Kamala Harris anuncia a guerra do futuro, a guerra pela água

"The Body of the Nation

But the basin of the Mississippi is the BODY OF THE NATION. All the Other parts are but members, importants themselves, yet more importants in their relations to this. Exclusive of the Lake basin and of tant in their relations to this. Exclusive of the Lake basin and of 300,000 square miles in Texas and New Mexico, which in many aspects form a part of it, this basin contains about 1,250,000 square miles. In extent it is the second great valley of the world, being exceeded only by that of the Amazon. The valley of the frozen Obi approaches it in extent; that a of the la Plata comes next in space, and probably in habilitable capacity, having about eight-ninths of its area; then comes that of the Yenisei, with about seven-ninths; the Lena Amoor, Hoang-ho, Yang-tse-kiang, and Nile, five-ninths; the Ganges less than one-half; the Indus, less than one-third; the Euphrates, one fifth; the Rhine, one-fifteenth. It exceeds in extent the Whole of Europe, exclusive of Russia, Norway, and Sweden. It would contain Austria four times, Germany or Spain five times, France six times, the British Islands or Italy ten times. Conceptions formed from the river-basins of Western Europe are rudely schocked when we consider the extent of the valley of the Mississippi; nor are those formed from the esterile basins of the great rivers of Siberia, the lofty plateaus of Central Asia, or the mighty sweep

of the swampy Amazon more adequate. Latitude, elevation, and the rainfall all combine to render Every part of the Mississippi Valley capable of supporting a dense population. As a dwlling-place for civilized man it is by far the first upon our globe."
— **Editor's Table,** HARPER'S MAGAZINE, FEBRUARY, 1863

"O Corpo da Nação
   Mas a bacia do Mississippi é o CORPO DA NAÇÃO.
Todas as outras partes são apenas membros, importantes por si mesmas, mas mais importantes em suas relações com esta. Excluindo a bacia do lago e cerca de 300.000 milhas quadradas no Texas e Novo México, que em muitos aspectos fazem parte dela, esta bacia contém cerca de 1.250.000 milhas quadradas. Em extensão, é o segundo grande vale do mundo, sendo superado apenas pelo da Amazônia. O vale do congelado Obi se aproxima em extensão; o do Prata vem em seguida em espaço e provavelmente em capacidade habitável, possuindo cerca de oito nonos de sua área; em seguida, vem o do Yenisei, com cerca de sete nonos; o Lena, Amur, Hoang-ho, Yang-tsé-kiang e Nilo, cinco nonos; o Ganges, menos da metade; o Indo, menos de um terço; o Eufrates, um quinto; o Reno, um décimo quinto. Ele ultrapassa em extensão toda a Europa, excluindo Rússia, Noruega e Suécia. Conteria a Áustria quatro vezes, a Alemanha ou a Espanha cinco vezes, a França seis vezes, as Ilhas Britânicas ou Itália dez vezes. As concepções formadas a partir das bacias dos rios da Europa Ocidental são rudemente abaladas quando consideramos a extensão do vale do Mississippi; nem aquelas formadas a partir das bacias estéreis dos grandes rios da Sibéria, dos planaltos elevados da Ásia Central, ou da poderosa extensão do pantanoso Amazonas são mais adequadas. Latitude, elevação e precipitação se combinam para tornar cada parte do Vale do Mississippi

capaz de sustentar uma densa população. Como lugar de residência para o homem civilizado, é de longe o primeiro em nosso globo."
— **Editor,** HARPER'S MAGAZINE, FEVEREIRO DE 1863
APRESENTAÇÃO DO EDITOR DA HARPER'S MAGAZINE PARA O LIVRO
DE MARK TWAIN, VIDA NO MISSISSIPPI, EM 1863

MARK TWAIN é considerado o maior escritor dos Estados Unidos, e William Faulkner o tinha na conta de pai da literatura norte-americana, mas quando escreveu sua obra de exaltação ao Mississippi não imaginava que um dia as águas do grande rio estariam nas fronteiras buliçosas do lucro e da guerra.

EM UM EVENTO NA CIDADE DE OAKLAND, Califórnia, em 2021, a vice-presidente dos Estados Unidos, Kamala Harris, profetizou para a América e para o mundo a guerra do futuro: a guerra pela água. A mandatária norte-americana anunciou que "por anos e por gerações as guerras foram travadas por petróleo. Em muito pouco tempo serão pela água", sentenciou. Um pouco antes, em dezembro de 2020, em operação sem grande alarde, a Bolsa de Nova Iorque listava uma nova mercadoria a ser negociada nos seus pregões, tão valiosa quanto o ouro ou o petróleo: a água.

Em 2023, a ONU realizou em Nova Iorque uma conferência sobre a água, e as previsões foram de que a escassez da água, de fato, poderia desencadear conflitos em todo o mundo, e ainda segundo a organização, quem controla a água controlará parcela importante do poder mundial.

Pelos dados da ONU, do consumo da água no mundo, 73% vão para a agricultura, 21% para a indústria, e apenas 6% para o consumo doméstico. A ONU avalia que se faltar água faltará alimento no mundo. A escassez de água já é considerada grave em áreas críticas para a segurança alimentar, como a planície do norte da China, o Punjab indiano e as grandes planícies dos Estados Unidos.

E qual a solução da ONU? Que a água seja considerada como bem comum da humanidade, assim como a biodiversidade e os recursos naturais que já não existem nas nações desenvolvidas. A tecnologia dos microprocessadores, do 5G, das vacinas, da indústria farmacêutica, das sementes de soja, milho e uva continuaria protegida por segredos industriais exclusivos e pela cobrança de royalties e patentes.

A guerra pelo petróleo foi a guerra dos países consumidores contra os países detentores de reserva de petróleo. Como será a guerra pela água antecipada por Kamala Harris? Quem precisará de água no mundo? Quem detém reservas importantes de água no mundo? O Brasil dispõe das maiores reservas de água doce, de 20% de toda a vazão de água doce do planeta e do maior aquífero, o Alter do Chão, que se estende por uma área de 410 mil quilômetros quadrados nos estados do Amapá, Pará e Amazonas. Na estação chuvosa, a Amazônia acumula 350 quilômetros quadrados de água doce de superfície, maior do que as áreas da Itália, Alemanha ou Inglaterra.

A profecia da vice-presidente dos Estados Unidos e a visão da ONU obrigam o Brasil a elevar a vigilância diplomática e os cuidados na área de defesa, se desejar proteger a Amazônia das ambições do presente e do futuro.

Kamala Harris, a vice-presidente dos Estados Unidos profetizou para o mundo a guerra do futuro: a guerra pela água. Foto de Gage Skidmore.

Amazônia, uma anatomia do crime

"O indivíduo que Deus escolheu para o governo de suas criaturas e de seus servidores está na obrigação de defender os súditos contra seus eventuais inimigos, de rechaçar os perigos que os podem ameaçar e de pôr em execução leis coercitivas que impeçam uns de atacarem os outros. Devem-lhes a proteção de seus bens; prover a segurança dos viajantes e orientar os homens para o que lhes é mais vantajoso."
— **Ibn Khaldun**, 1332-1406, OS PROLEGÔMENOS

APENAS OS CRIMES AMBIENTAIS — desmatamento clandestino e queimadas ilegais — têm colocado a Amazônia no noticiário nacional e internacional. Mas a criminalidade na região já chamou a atenção da Organização das Nações Unidas (ONU) em seu Relatório Mundial sobre Drogas, de 2023, que apontou a expansão das atividades do tráfico de drogas para a grilagem de terras, mineração ilegal, extração de madeira e desmatamento[56].

O secretário de Justiça e Segurança Pública do Amapá, Carlos Souza, coronel da Polícia Militar, anunciou, em 2019, a presença de sete facções criminosas atuando no estado, com ligações nacionais, regionais ou locais.[57] O Amapá apresenta o dobro das mortes violentas em relação à média nacional; 70% de sua população depende de programas de transferência de renda para sobreviver, quase toda a atividade econômica está proibida pela legislação ambiental e pela

---

56 Jornal *O Globo*, 28/06/2023.
57 Jornal *Diário do Amapá*, 07/01/2019.

demarcação de unidades de conservação e terras indígenas e outras restrições que imobilizam mais de 90% do território do estado para qualquer atividade econômica. Não bastasse isso, em ação envolvendo uma ONG financiada pelo exterior, o Ministério Público e o Ibama terminaram por proibir a abertura de um poço experimental para a exploração de petróleo na sua costa.

Os rios da Amazônia transformados em rota para o tráfico de drogas, um desafio à segurança pública e à segurança nacional.

A criminalidade na Amazônia está relacionada a uma série de razões que devem ser removidas ou não haverá solução duradoura para o problema. As razões estão ligadas à ausência, fragilidade e erros do Estado nacional na região, e sua substituição pelo "governo" paralelo das ONGS sob o olhar complacente e, por vezes, cúmplice das agências do Poder Público.

O Estado é impotente para fiscalizar a imensidão das áreas sob sua jurisdição, sejam elas unidades de conservação ou terras indígenas, e desperdiça boa parte dos recursos em perseguir produtores rurais e empreendedores submetidos ao cerco das normas que bloqueiam a atividade econômica.

A ausência da regularização fundiária reduz a propriedade rural na região a uma zona intermediária entre a legalidade e a ilegalidade, pois se a posse é legítima, nem sempre é reconhecida por não ser regular. A regularização sofre a dura oposição das ONGs, pois ela consolida a ocupação demográfica, contrariando a doutrina de desantropização adotada pelos agentes neomalthusianos.

A demarcação de novas unidades de conservação e terras indígenas sobre áreas já ocupadas por ribeirinhos e agricultores fomenta grave problema social para a sobrevivência daqueles condenados a abandonar suas terras e moradias ou a conviver com o anátema de ocupantes ilegais de áreas públicas.

O cerco à atividade econômica empurra parcelas da juventude para o crime a partir do raciocínio segundo o qual já que tudo é "ilegal", não faz diferença a ilegalidade ligada a uma atividade econômica ou ao crime comum. A consequência é o crescente recrutamento de jovens para a atividade dos grupos criminosos na região.

A prova do fracasso do modelo santuarista[58], apoiado na política de comando e controle[59], é a própria situação da Amazônia, cujos indicadores sociais são os piores do País, expondo o contraste inaceitável da maior pobreza nacional vivendo sobre o subsolo mais rico da Nação.

Reduzir a violência, o crime e a ilegalidade na Amazônia só será possível quando o equilíbrio entre preservação e desenvolvimento se tornar referência para o Estado e este funcionar como indutor de investimentos em infraestrutura e de investimentos privados em toda a fronteira de desenvolvimento permitido pelos imensos recursos nela existentes.

---

[58] Santuarismo é a ideia de que a Amazônia é um santuário da natureza a ser protegido da presença humana.
[59] Comando e controle, no jargão ambiental, é a política de defesa das normas ambientais baseada na autuação, multa e embargo das propriedades rurais.

Amazônia, a maior fronteira mineral do mundo

"Tudo o que tem na tabela periódica tem na Amazônia."
— FRASE OUVIDA DE UM GEÓLOGO COM VASTA EXPERIÊNCIA PROFISSIONAL NA AMAZÔNIA

"Mesmo com o massacre de 29 garimpeiros no início do mês e o cerco do Exército, aventureiros permanecem nas imediações da Reserva Roosevelt esperando um dia voltarem ao garimpo com ou sem a permissão dos Cinta Larga. O risco de vida tem um preço: o potencial das minas de diamantes da reserva é de um milhão de quilates por ano, o equivalente a US$ 500 milhões, segundo cálculos extraoficiais de técnicos do Departamento Nacional de Produção Mineral (DNPM), do Ministério das Minas e Energia. Os diamantes da Reserva Roosevelt são de qualidade acima da média. Podem ser vendidos por preços elevados, afirma Deolindo de Carvalho, chefe do DNPM em Rondônia. Segundo o Sindicato dos Garimpeiros de Rondônia, já foram extraídos aproximadamente US$ 8 bilhões em diamantes na reserva e até agora as sete supostas grandes minas da área estão intocadas."
— **Jornal** O GLOBO, 25/04/2004

É PROVÁVEL QUE NA AMAZÔNIA não sejam encontrados os 118 elementos da tabela periódica e a frase do experiente geólogo seja apenas a expressão da própria admiração e surpresa diante da vastidão dos recursos naturais presentes no subsolo da mais promissora província mineral da terra.

Quase a metade da Amazônia está situada no chamado pré-cambriano, período de formação da terra rico em depósitos minerais. Os viajantes e naturalistas do século XIX não manifestaram grande interesse na geologia, dedicando mais atenção aos estudos da fauna e da flora amazônica. O primeiro esforço organizado para um levantamento dos minérios da região foi o projeto Radam (Radar da Amazônia), lançado em 1970 pelo governo militar.

O petróleo na Amazônia se estende da costa do Pará e do Amapá à fronteira com o Peru. O saudoso ex-deputado e presidente da ANP (Agência Nacional de Petróleo, Gás Natural e Biocombustíveis), Haroldo Lima, disse-me muitas vezes da sua decepção pelo veto do Ibama à prospecção do petróleo na fronteira do Acre com o Peru. Mais recentemente, o Ministério Público, o Ibama e as ONGs uniram-se em uma ofensiva para bloquear a abertura de um poço experimental na costa do Amapá, a 500 quilômetros da foz do Amazonas.

Em 2017, o presidente Michel Temer decidiu liberar, por decreto, parte da Reserva Nacional de Cobre e Associados (RENCA) entre o Amapá e o Pará, rica em fosfato, cobre, ouro, titânio, zinco, tungstênio e tântalo. O Brasil importa mais da metade do fósforo que usa na agricultura, e a abertura da RENCA seria uma promessa de redução dessa dependência.

Uma campanha internacional de ONGs e celebridades de Hollywood, com direito a tuíte da modelo brasileira Gisele Bündchen, levou o governo a revogar o decreto e a imensa riqueza adormece no subsolo à espera do momento em que os patrões das ONGs decidam de lá retirá-la.

A escandalosa proibição da exploração da mina de potássio no município de Autazes, no Amazonas, expõe a cooperação entre instituições de Estado como o Ministério Público e o Judiciário na imobilização dos recursos minerais da Amazônia. O Brasil importa 85% do potássio que usa na agricultura ao custo de bilhões de dólares que oneram nossa balança comercial, e teria em Autazes condições de produzir de dois a quatro milhões de toneladas do insumo por ano. Como a mina não estava situada em terra indígena, o Ibama negou-se a avaliar o impacto ambiental da obra afirmando que essa atribuição era do órgão ambiental do estado do Amazonas que havia liberado o empreendimento.

O Judiciário intimou mesmo assim o Ibama a proceder o estudo do impacto ambiental, e o Ministério Público recorreu contra a liberação sob o argumento de que a mina ficava no entorno da terra indígena. O integrante do Ministério Público chegou a dizer que a única forma de impedir a obra era ampliar a área indígena para incluir o espaço da mina. Para maior escândalo, uma ONG passou a usar a expressão terra indígena autodeclarada, ou seja, demarcada pela ONG, à revelia da própria Funai e à margem das normas legais do País. O resultado da campanha das ONGs e da interferência do Judiciário e do Ministério Público foi a paralisação dos investimentos e a perpetuação da dependência da importação de potássio para a agricultura brasileira.

A ordem mundial em disputa entre a China e os Estados Unidos reduziu a confiança no dólar como moeda internacional e fortaleceu o ouro como reserva de valor, desejada por todos os bancos centrais do mundo. É sabido que a Amazônia dispõe de promissoras províncias de ouro em terras indígenas e unidades de conservação com proteção integral. A maior parte desse ouro é extraída ilegalmente e ilegalmente sai da Amazônia e do Brasil, acumulando prejuízos em série para os municípios e estados que deixam de receber a Contribuição Financeira por Extração Mineral (CFEM), e para a União, privada das divisas sonegadas pelo contrabando.

O nióbio é um minério essencial na indústria aeronáutica, espacial, nuclear e em todas as atividades carentes de ligas resistentes a grande variação de temperatura e pressão e dotadas de supercondutividade. A Amazônia guarda grandes reservas de nióbio na região conhecida como Cabeça do Cachorro, no município de São Gabriel da Cachoeira, na fronteira com a Colômbia, mas estamos impedidos de acessá-las, pois se encontram dentro da unidade de conservação Parque Nacional do Pico da Neblina, de proteção integral, e de terras indígenas proibidas para a mineração.

O caso de Roraima é singular porque 70% da área do estado está bloqueada para a mineração, demarcada como terra indígena ou unidade de conservação. O paradoxo é que Roraima foi privilegiada pela natureza como uma das mais ricas províncias minerais de nossa Pátria, sem poder usufruir desses recursos em benefício de sua população.

O potencial oferecido pela fronteira mineral da Amazônia pode ser bem avaliado no único estado que rompeu parcialmente o bloqueio imposto à região por ter de certa forma se antecipado à ofensiva das ONGS e do próprio Estado brasileiro e iniciado a atividade mineral ainda na década de 1970: o estado do Pará. Em 2021, o saldo comercial mineral do Pará foi de US$ 49 bilhões, enquanto todo o saldo da balança comercial brasileira foi de US$ 61 bilhões, e o estado liderou as exportações de minérios com 35% do total nacional. Apenas dois municípios, Parauapebas e Canaã dos Carajás, receberam R$ 4,314 bilhões da Contribuição Federal sobre Mineração, aparecendo como os dois municípios brasileiros líderes nesta receita.

Há um abismo evidente entre as exportações de minério do Pará e do Amazonas, embora este também se constitua em uma grande fronteira mineral, mas deparou-se com o sistema de bloqueio já amplamente articulado quando despertou para o usufruto das riquezas naturais de seu subsolo.

O caso do Pará traduz o potencial dos recursos da Amazônia, pois o estado exporta basicamente minério de ferro. É possível imaginar o dia em que a Amazônia e o Brasil puderem dispor soberanamente de sua geografia, de seus recursos minerais e da possibilidade de processá-los na própria Amazônia, em benefício da população da região e de todo o povo brasileiro.

Organizada, regulamentada, submetida a fiscalização dos órgãos ambientais, recolhendo tributos para os municípios, estados e União, e exercida com responsabilidade social e ambiental, a mineração é uma viva promessa de emancipação nacional e social, possível de elevar o protagonismo e a importância do Brasil no cenário econômico e geopolítico do mundo.

A Agência Internacional de Energia (AIE) estima que a demanda por minerais usados em energia limpa vai dobrar ou quadruplicar até 2040.[60] Minerais nobres, raros, estratégicos, ou qualquer outro nome que se venha a dar a esta matéria-prima são essenciais na fabricação

---

60   Jornal *Valor*, 21/07/2023.

de baterias (alumínio, níquel, cobre), painéis solares e turbinas eólicas (cobre). Segundo a matéria do jornal *Valor*, o Brasil é citado no Relatório da Organização para a Cooperação e Desenvolvimento Econômico (OCDE) divulgado pelo Serviço Geológico dos Estados Unidos, como detentor de importantes reservas mundiais de níquel, manganês e terras raras.

Mas para o geólogo Roberto Perez Xavier, diretor-executivo da Agência para o Desenvolvimento e Inovação do Setor Mineral Brasileiro (Adimb), "o Brasil ainda tem seu potencial mineral subdimensionado, em especial para o grupo dos minerais críticos".[61]

Não há dúvida de que o bloqueio imposto pela ação das ONGs financiadas do exterior e por agências do próprio Estado brasileiro desestimulam o investimento sobre o inventário das riquezas minerais do País, principalmente na Amazônia. No Brasil é incerto qualquer cálculo referente ao tempo necessário para a obtenção de uma licença ambiental, mesmo para pesquisa. Ninguém se arrisca no labirinto da legislação ambiental brasileira sem a proteção de uma rede de escritórios de advocacia especializada na matéria.

Não é pequeno o desafio. Apoiado na Amazônia, o Brasil será rico e forte, quando rico e forte o Brasil não será uma Suíça, uma Bélgica ou uma Holanda no mapa do mundo; o Brasil seria econômica e geopoliticamente uma nova China, e esse horizonte indesejável para a grande superpotência do norte do nosso hemisfério e seus aliados da Europa ocidental talvez explique nossas dificuldades em incorporar a Amazônia ao nosso projeto nacional de desenvolvimento e de futuro.

---

[61] Jornal *Valor*, 21/07/2023.

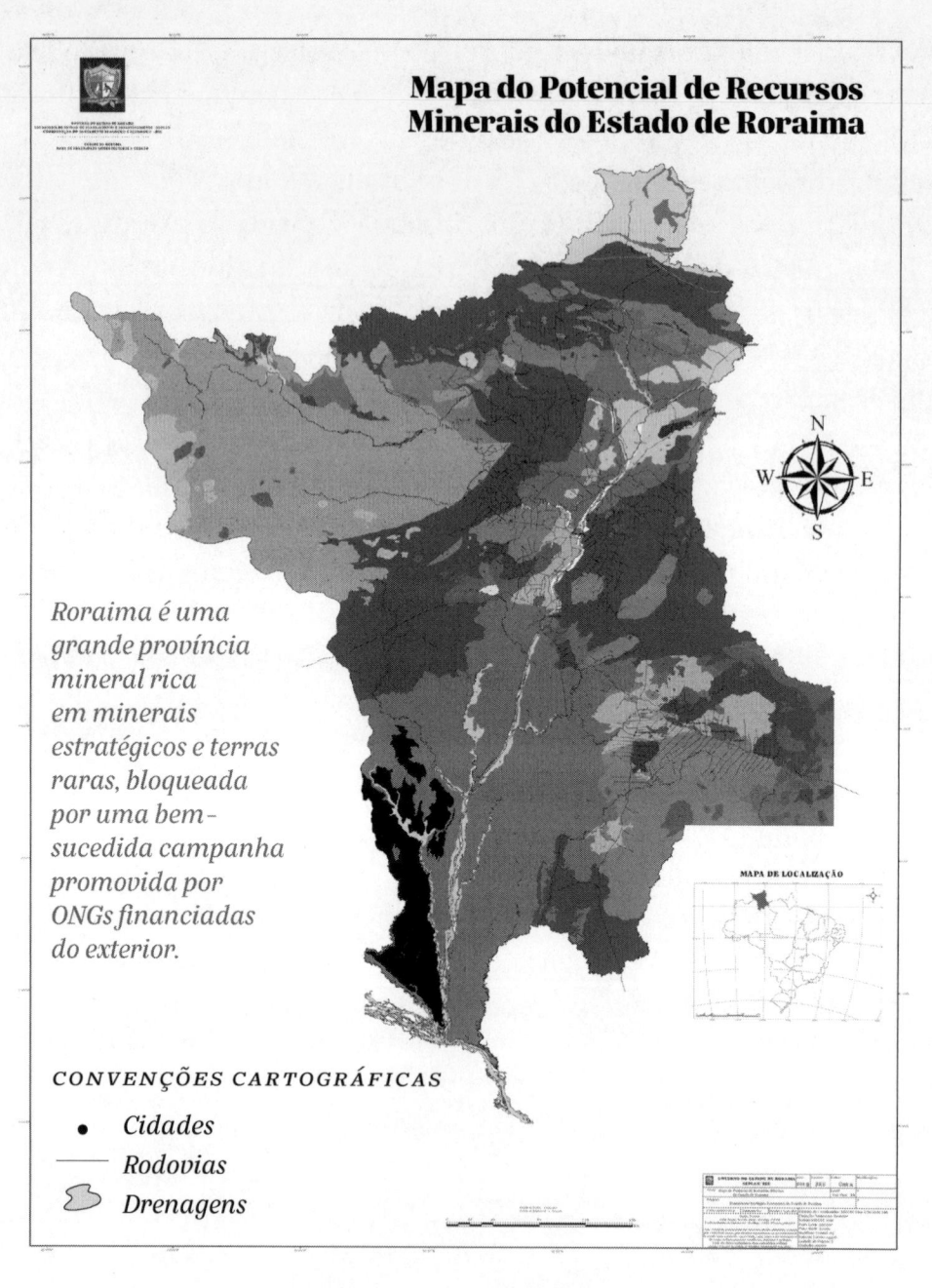

Mapa do Potencial de Recursos Minerais do Estado de Roraima

Roraima é uma grande província mineral rica em minerais estratégicos e terras raras, bloqueada por uma bem-sucedida campanha promovida por ONGs financiadas do exterior.

CONVENÇÕES CARTOGRÁFICAS

- • Cidades
- — Rodovias
- ◌ Drenagens

ÁREAS DE POTENCIAL MINERAL

0 Áreas sem registro de ocorrências minerais.

1 Área com potencial para SN, em função de ocorrências em depósitos aluvionares ao longo de drenagens, resultantes da ação intempérica em rochas graníticas.

2 Área com potencial para Au, devido a ocorrência em aluviões quaternários e em veios de quartzo, relacionados a processos tectônicos.

5 Área com potencial mineral para diamante, em função de conhecida atividade garimpeira no passado em aluviões quaternários. Os leitos das principais drenagens (igarapés Cabo Sobral e Paiva) e os canais de voçorocas no topo da serra do Tepequém foram palco de atividade garimpeira para diamante e ouro desde o final da década de 30 até início dos anos 90.

6 Área com potencial aproveitamento como rochas ornamentais.

8 Áreas correspondentes a planícies aluviais, terraços fluviais e depósitos arenosos, com potencial aproveitamento de seixos, areia e argilas como materiais para construção civil.

11 Áreas com potencial em minaralizações da classe dos fosfatos, com terras raras, Mo e Nb associados, cujas ocorrências estão associadas a produtos resultantes da alteração intempéricas de rochas da suíte Apiaú.

15 Área de exposição de aluviões quaternários resultantes da alteração de rochas do granito Igarapé Azul, contendo ocorrências de minerais da solução sólida tantalita-columbita.

20 Área com potencial previsional em mineralizações metalogenéticas para Fe, Cu, Mo, Zn, Ni, Zr, Nb e Ta, em função das ocorrências de sulfetos disseminados.

23 Área com ocorrência de quartzo ametista associado às rochas da suíte intrusiva Água Branca.

24 Áreas de produção de brita e pó de rocha. A maior parte da produção destina-se a construção cívil, porém há um potencial uso agrícola, no caso de rochas basálticas.

26 Áreas com importante aproveitamento em rochas ornamentais, contudo apresentam potencial metalogenético, especialmente em Cu, Mo, Fe, Zn e Zr.

27 Áreas no grében do Tacutu de potencial em significativas ocorrências de rochas calcárias, bem como de petróleo, visto que nesta região houveram dois furos de sondagens da PETROBRAS.

28 Áreas constituídas por sedimentos quaternários da Formação Içá e de depósitos aluvionares com ocorrências de turfa.

Amazônia, uma fábrica de energia

"Nós, sociedade amazônida, sofremos a dupla pressão — a do mundo que não deseja ver o Brasil como uma grande nação, impedindo sob as mais diversas manobras a criação de uma infraestrutura na Amazônia, seguida da pressão das regiões mais favorecidas do nosso país que insistem em nos ver como uma colônia à mercê de suas 'bondades'.

A Amazônia, o povo amazônida, tem total responsabilidade para manter suas exuberantes florestas e as águas puras de seus rios, bem cuidados. Não aguenta mais ver pessoas que apenas conhecem nossa região por meio de mapas ou imagens, insistirem a dizer o que devemos fazer.

Precisamos de um estadista para nos resgatar desse embaraço. Já tentamos o debate científico, mas os malfeitores da Amazônia não aceitam, distorcem nossos argumentos com narrativas vazias e sem nexo.

Para reflexão, cabe aqui a frase do escritor G. K. Chesterton: 'chegará um dia em que será preciso desembainhar uma espada por afirmar que o pasto é verde.'"

— Manifesto publicado pela Federação das Indústrias do Estado do Pará (Fiepa)

CENTRO DAS INDÚSTRIAS DO PARÁ (CIPE) E POR MAIS 23 ASSOCIAÇÕES DE INDUSTRIAIS E PRODUTORES DO ESTADO DO PARÁ EM PROTESTO CONTRA A RETIRADA DA SONDA DA PETROBRAS NA COSTA DO PARÁ E AMAPÁ E CONTRA AS DIFICULDADES CRIADAS PARA QUALQUER PROJETO DE INFRAESTRUTURA NA AMAZÔNIA

A FORMAÇÃO DO RELEVO BRASILEIRO fez da Amazônia uma fonte inesgotável de energia. A planície amazônica, ao receber os rios do Planalto Central e do Planalto das Guianas dá origem, à medida que é percorrida pelos cursos d'água, a uma sequência de cachoeiras e corredeiras totalmente apropriadas ao aproveitamento para usinas hidrelétricas.

A divisão atual do relevo brasileiro é obra do geógrafo e professor Haroldo de Azevedo, adotada pelos livros de geografia e mantida, com pequenas variações, por outro professor e geógrafo, Aziz Ab'Saber. A planície amazônica é uma imensa bacia cujas bordas são formadas pelo Planalto Central e pelo Planalto das Guianas. O Planalto Central forma tanto os rios que correm na direção da Bacia Amazônica, casos do Madeira, Tapajós, Xingu, Araguaia, Tocantins e muitos de seus afluentes, como os rios que formam as bacias do Pantanal e do Prata, como o Paraguai e seus tributários. O mesmo ocorre com o Planalto das Guianas, cujos rios descem no rumo da Bacia Amazônica, casos do Cotingo, Maú, Surumú e Ailã, ou tomam a direção do Atlântico, casos do Essequibo e do Demerara.

Em 2021, a geração efetiva de energia elétrica da região Norte foi de 136 milhões de MWh, ou seja, 27% do total produzido pelo País. A região Norte, além de autossuficiente em energia elétrica, exportou mais energia (60%) do que consumiu (40%).

O potencial da Amazônia pode ser exemplificado pelo rio Madeira com suas 19 cachoeiras entre a cidade de Porto Velho e a fronteira com a Bolívia, das quais apenas duas, Santo Antônio e Jirau, foram aproveitadas para a geração de energia.

O Tapajós é outra força desaproveitada. O complexo hidrelétrico do Tapajós, planejado pela Eletrobrás, previa a construção, em um primeiro momento, de cinco hidrelétricas — São Luiz, Jatobá, Jamanxim, Cachoeira do Caí e Cachoeira dos Patos, como parte do Plano Nacional de Expansão 2030.

A presidente Dilma Rousseff editou uma medida provisória para desafetar a área do Parque Nacional para a construção da hidrelétrica de São Luiz. A medida provisória foi aprovada pela Câmara dos Deputados em 2012, porém, mais uma vez o consórcio reunindo agências do próprio governo como a Funai, ONGS financiadas pelo exterior, Ministério Público e Judiciário bloqueou o licenciamento da usina e o processo foi arquivado, marcando mais um triunfo das forças de contenção do desenvolvimento e uma capitulação do Estado nacional.

Roraima é o único estado isolado da rede nacional de energia elétrica, situação que levou as autoridades a aproveitar o inventário da Eletrobrás de 1971 e planejar o aproveitamento de um de seus rios, o Cotingo, para a instalação de uma hidrelétrica. O licenciamento foi aprovado em 1995, o que desencadeou a mobilização de ONGS ambientalistas e indigenistas contra o projeto. Os índios Macuxi chegaram a instalar uma nova maloca na área onde a usina seria construída e a proposta foi abandonada, e adotada a solução de importação de energia da Venezuela produzida pela hidrelétrica de Guri. Quando a usina venezuelana interrompeu fornecimento para Roraima, em 2018, o estado retornou para a termelétrica movida a combustíveis fósseis, sem que se ouvisse um lamento ou um protesto dos sabotadores da energia limpa que poderia sair das águas do rio Cotingo.

No caso de Roraima, o estado teve ainda obstruído o chamado Linhão de Tucuruí, rede que, cruzando de Manaus até Boa Vista, ligaria o estado ao sistema nacional de eletricidade via a geração da Usina de Tucuruí. O trajeto de 700 km entre Manaus e Boa Vista foi licitado em 2011 e deveria ter sido entregue em 2015, mas foi bloqueado pelo consórcio de sempre, reunindo ONGS, Funai e Ministério Público.

Mesmo a construção de Belo Monte, no rio Xingu, é o registro da vitória do mesmo movimento de bloqueio promovido por ONGS que muitas vezes se apoiam no Ministério Público. A usina foi concebida a fio d'água, com a redução da área alagada, e como o volume da água do Xingu varia até 25 vezes entre as estações seca e chuvosa, resulta que em uma parte do ano a usina opera até com a metade de uma única turbina, das 18 com capacidade operacional. Além de impor o modelo a fio d'água, as ONGS extorquiram do Estado e do consórcio contratado para a construção da usina a ampliação artificial de unidades de conservação e de áreas indígenas, com a consequente expulsão de ribeirinhos e fazendeiros que lá viviam, muitos deles há várias gerações.

É preciso considerar a estabilidade superior da energia hidráulica sobre a eólica e a solar. A hidráulica, gerada pelo fluxo contínuo da água, pode ser armazenada; a solar está submetida à disponibilidade da luz do Sol, e a eólica varia de acordo com a sazonalidade do vento, que, como se sabe, não pode ser represado como a água.

O protetorado das ONGs, do Ministério Público, do Ibama e da Funai na Amazônia é exercido longe dos olhos dos brasileiros, mas suas consequências não atingem apenas a vida da população da Amazônia, comprometem o futuro e os direitos de todos os brasileiros.

BACIAS HIDROGRÁFICAS DA AMAZÔNIA
– Localização do potencial hidrelétrico por sub-bacia (MW) –

Sub-bacia	Potencial	%
Tapajós	24.626	32,0
Xingu	22.795	29,6
Madeira	14.700	19,1
Trombetas	6.236	8,1
Negro	4.184	5,4
Jarí	1.691	2,2
Branco	1.079	1,4
Paru	938	1,2
Oiapoque	250	0,3
Purus	213	0,3
Maecuru	161	0,2
Nhamundá	110	0,1
Uatumã	75	0,1
Total	77.058	100,0

FONTE: EPE - Plano Nacional de Expansão 2030 (PNE 2030)

Segundo o PNE-2030 (Plano Nacional de Energia), o potencial hídrico na Amazônia a ser explorado é estimado em 106 mil MW. A capacidade instalada no Brasil é de 109,4 mil MW. 77,058 mil MW é a capacidade inventariada na tabela acima, bem abaixo da capacidade potencial apontada pelo PNE.

CAPACIDADE INSTALADA DE HIDRELÉTRICAS A NÍVEL MUNDIAL							
			Quantidade de Usinas por tipo				
País	Potência Instalada (GW)	Total de Usinas	UHE	PCH	CGH	em construção	Planejada
China	391,0						
Brasil	109,4	1.351	215	426	710	32*	82
EUA	101,9						
Canadá	82,3						
Rússia	55,7						
Índia	51,4						
Japão	49,6						
Noruega	33,4	1.467	325	734	408	42	944
Turquia	31,5	628	90	530	8	15	360
França	25,5	1.250	93	1.009	148	1	1.412
Itália	22,6	911	51	717	143	3	839
Espanha	20,4	1.207	138	902	167	1	147
Vietnã	17,3						
Suíça	16,8	795	187	395	213	0	16
Suécia	16,5	894	181	143	570	3	451
Venezuela	15,4						
Áustria	14,7	4.343	83	253	4.007	19	123
México	12,6						
Irã	12,2						
Colombia	11,9						
Alemanha	10,9	4.802	401	2.266	2.135	1	36
Europa*		**21.387**	**2.043**	**9.329**	**10.015**	**278**	**8.507**

* em Construção no Brasil: 01 UHE, 28 PCHs e 03 CGHs
** todo o continente europeu
1 FONTE: 2022 hydropower pressure_on_european_rivers (Hydropower Status Report) - dez/2019
2 FONTE: Dados Brasil – Aneel - SIGA - dados ago/2023

A Noruega, grande financiadora das ONGs que bloqueiam o potencial hidrelétrico da Amazônia, tem mais usinas construídas do que o Brasil e planeja instalar uma quantidade 10 vezes superior ao Brasil. É a velha razão dos colonizadores: faça o que eu mando e não faça o que eu faço.

A Amazônia é nossa, a biodiversidade é deles: os donos da biodiversidade são os donos do mundo

"A Amazônia está destinada a se tornar o celeiro do mundo."
— **Alexandre von Humboldt,**
GEÓGRAFO, FILÓSOFO, HISTORIADOR E NATURALISTA ALEMÃO, 1769-1859

EM AGOSTO DE 2015, a então primeira-ministra alemã Angela Merkel visitou o Brasil com uma comitiva formada de 19 autoridades entre ministros, vice-ministros e secretários do governo. A visita tinha o objetivo estratégico de retomar e fortalecer os laços históricos entre o Brasil e a Alemanha, construídos desde o Império, que mesmo as posições antagônicas na Segunda Guerra Mundial não conseguiram abalar.

D. Pedro II era amigo e admirador da Alemanha, hospedava-se na casa do industrial Alfred Krupp, cujas empresas visitou algumas vezes, foi o único chefe de Estado estrangeiro presente na estreia da ópera de Richard Wagner *O Anel de Nibelungo*, e chegou a oferecer ao compositor um teatro no Rio de Janeiro e o apoio à sua mudança para o Brasil.

O imperador convidou a Siemens, em 1871, para fazer a ligação por telégrafo entre o Rio de Janeiro e o Rio Grande do Sul. As gigantes Basf e Bayer chegaram ao Brasil, respectivamente, em 1896 e 1911. Foi com a Alemanha que o presidente Geisel celebrou o acordo nuclear que tanto contrariou os Estados Unidos, e foi com a tecnologia da Thyssenkrupp que a Marinha do Brasil construiu os submarinos da Classe Tupi.

Em 2014, na condição de ministro do Esporte, acompanhei Angela Merkel na estreia da seleção alemã na Copa do Mundo do Brasil, no Estádio da Fonte Nova, em Salvador. Dias depois, ela estaria de volta para presenciar a seleção de seu país conquistar o mundial diante da Argentina.

A visita de 2015, portanto, revestia-se da maior relevância e compunha a delegação um grupo representativo do setor de ciência, tecnologia e inovação da Alemanha. Eu ocupava o ministério da Ciência, Tecnologia e Inovação (MCTI) e na preparação da agenda com o embaixador alemão ofereci um roteiro de visitas que incluía os centros de tecnologia nuclear e espacial e institutos de pesquisa, como o CNPEM (Centro Nacional de Pesquisa em Energia e Materiais), de Campinas, inspiração do físico e professor Rogério Cézar de Cerqueira Leite. Não me surpreendeu quando o embaixador comunicou que a delegação alemã trocaria todas as opções oferecidas por uma visita à Amazônia. Por coincidência, acabáramos de construir a chamada Torre Alta, uma torre de 325 metros, para observação do clima e da interação entre a biosfera e a atmosfera na Amazônia, doada pelo governo alemão ao MCTI.

Adotei as providências para o deslocamento das delegações até Manaus em avião da FAB, e de lá, de barco, a 150 quilômetros, onde estava situada a Torre Alta. Os alemães confeccionaram camisetas especiais para celebrar o evento e alguns, munidos de equipamentos de segurança, se aventuraram a escalar a Torre.

As conversações bilaterais versavam sobre uma ampla agenda de cooperação, mas foi em torno da biodiversidade da Amazônia que os representantes do governo alemão concentraram a atenção e o interesse. Apresentei a ideia de uma cooperação em grande escala, baseada na confiança e na tradição da relação entre os dois países, envolvendo as instituições alemãs de pesquisa, como o importante Instituto Max Planck, universidades, as gigantes da indústria química e farmacêutica e os institutos, universidades e empresas brasileiras em projetos de biotecnologia a partir da biodiversidade da Amazônia. Senti o entusiasmo esmaecer ante a ideia da presença de institutos, universidades e empresas brasileiras na iniciativa.

Ainda em 2015, Brasil e Estados Unidos realizaram a 4ª Reunião da Comissão Conjunta Brasil e Estados Unidos para a Ciência, Tecnologia e Inovação (Comista), em Washington. Na condição de titular do MCTI, compus a delegação com os secretários do Ministério e representantes dos principais institutos nacionais de pesquisa, entre eles o CNPEM e o Instituto Butantã. O chefe do Escritório da Casa Branca de Política, Ciência e Tecnologia era o renomado especialista em energia John Holdren, que reuniu as principais instituições de pesquisa do país em um evento precursor, na área de ciência e tecnologia, da visita da presidente Dilma Rousseff aos Estados Unidos, com uma passagem pelo Vale do Silício.

O encontro transcorreu em clima cooperativo e até certo ponto fraternal, com os americanos demonstrando boa vontade em trabalhar com os brasileiros. Como especialista em energia, Holdren mantinha interesse especial pelo assunto e pelas potencialidades da biodiversidade da Amazônia. Parte da cooperação esbarrava na teia de exigências de nossa burocracia, mas ficou marcada a grande atenção e curiosidade de meus interlocutores ante as riquezas infinitas e insondáveis da Amazônia brasileira.

Quando visitei Paragominas, no Pará, para uma palestra sobre a Amazônia e seus desafios, fui informado por meus anfitriões de que há poucos dias deixara a cidade um grupo de pesquisadores alemães interessados em investigar uma planta natural da Amazônia com propriedades medicinais para a cura do Alzheimer, a camapu, também conhecida por bucho-de-rã, juá-de-capote e mata-fome.

Em janeiro de 2007, em entrevista ao jornal *Gazeta Mercantil*, o secretário de Biodiversidade e Florestas do Meio Ambiente, Rogério Magalhães, afirmava existirem espaços na Amazônia em que o brasileiro tem o acesso negado. Ele citava o exemplo do instituto norte-americano de pesquisa Smithsonian, que fechara um espaço dentro do terreno do Inpa (Instituto Nacional de Pesquisas da Amazônia), "como se fosse território norte-americano em plena Amazônia. Era impedida a entrada de qualquer brasileiro. Ninguém sabia o que era pesquisado lá", segundo Magalhães.

Percorrer a Amazônia nos dias atuais é ouvir histórias como estas, de estrangeiros misteriosos embrenhados na selva, identificados como pesquisadores, na intimidade da biodiversidade mais rica do planeta, sem qualquer tipo de acompanhamento científico, de controle acadêmico ou fiscalização por parte do Estado brasileiro.

Inauguração da Torre Alta na Amazônia, com a delegação alemã de ciência e tecnologia. Fonte: Ministério da Ciência, Tecnologia e Inovação.

São os recursos naturais indisponíveis no resto do mundo que lançam a Amazônia no centro do palco da geopolítica internacional. Não é pela inegável importância da agenda ambiental. Não é pelo bem do mundo, é pelos bens do mundo, não é pelo bem do Brasil, é pelos bens do Brasil, não é pelo nosso bem, é pelos nossos bens, como diria o padre Antônio Vieira.

A Conferência de Biodiversidade da ONU de 2022, em Montreal, Canadá, exibiu, sem véus, as regras do jogo. A meta de 30% definida para a proteção da biodiversidade não será por país, como queria o Brasil e os países megadiversos, mas uma meta global como decidiram os donos do mundo. Não foi estabelecida a regra de distribuição dos benefícios da biodiversidade como desejavam Brasil, Congo e Indonésia.

Os países ricos estão registrando o sequenciamento genético de animais e plantas em seus bancos com a desculpa de que colocarão esse arquivo a serviço dos pesquisadores de todo o mundo. A mais refinada trapaça, quando se sabe que nada significa o acesso a esse banco genético sem o domínio da tecnologia em poder das empresas gigantes farmacêuticas e químicas da Europa Ocidental e dos Estados Unidos.

O lema do Fundo Amazônia, como está na sua página oficial na Internet é: "O Brasil cuida. O mundo apoia. Todos ganham.".

Na Conferência da Biodiversidade de Montreal decidiu-se pela criação de um fundo de proteção que por coerência deveria ter como lema: "Os pobres cuidam. Os ricos ganham.".

O estado paralelo das ONGS

"Os países industrializados não poderão viver da maneira como existiram até hoje se não tiverem à sua disposição os recursos naturais não renováveis do planeta. Terão que montar um sistema de pressões e constrangimentos garantidores da consecução de seus intentos."
— **Henry Kissinger,** EX-SECRETÁRIO DE ESTADO DOS ESTADOS UNIDOS DA AMÉRICA

TRÊS ESTADOS, um oficial e dois paralelos, disputam poder e influência na Amazônia brasileira. O primeiro é o oficial, representado pelas prefeituras, pelos estados e pela União e suas instituições; o segundo é o do crime organizado, principalmente o do narcotráfico, senhor dos rios usados como rota das drogas e do crime nas cidades; e o terceiro é o constituído pelas organizações não governamentais financiadas com recursos internacionais e em parte escoradas no próprio aparato do Estado e em sua burocracia.

As cidades da Amazônia profunda já contam com forte presença das principais facções criminosas no País: o Primeiro Comando da Capital (PCC), o Comando Vermelho (CV), Família do Norte (FDN), entre outras. Na orla de Altamira, banhada pelo rio Xingu, onde costumava fazer caminhadas em minha estadia na cidade, é possível visualizar a disputa entre as facções nas pixações sobrepostas com as iniciais das siglas das organizações criminosas, ou contabilizar as mortes da juventude empregada na guerra entre elas.

Em Manaus, um amigo ocupando importante função pública no estado do Amazonas ouviu de prefeitos da fronteira com a Colômbia e o Peru que a prefeitura já não era o maior empregador do município.

Perdera o posto para o narcotráfico. Mas são as organizações não governamentais financiadas do exterior que exercem com maior protagonismo a influência sobre os destinos da mais rica e mais desigual região do nosso País. Os tentáculos dessas entidades se estendem por todos os domínios da vida pública e privada, na atividade econômica e nas normas que regem a vida dos brasileiros que habitam aquela região.

É verdade que há organizações não governamentais humanitárias e filantrópicas, ocupando o vazio do Estado e atendendo carências seculares de uma população desassistida. São entidades religiosas ou vinculadas a iniciativas assistenciais de diversas origens. Mas o que realça na Amazônia é a presença de ONGs neomalthusianas[62], abastecidas pelos recursos de potências internacionais e agentes de seus interesses geopolíticos. Tais entidades estão distribuídas em grupos distintos de atuação.

O primeiro grupo é o das ONGs militantes, barulhentas, espalhadoras de versões e notícias falsas sobre a região, conhecidas hoje como *fake news*. Vendem aos seus patrões a ameaça sobre a Amazônia em troca de recursos como uma espécie de máfia vendedora de proteção.

O segundo grupo é o das ONGs que atuam com projetos, interagem com a população da região propondo uma economia santuarista, de perpetuação da pobreza, do baixo consumo, da baixa emissão de carbono para tranquilidade da população rica, dos países ricos, que seguirá no seu consumo conspícuo sem que qualquer ONG a perturbe ou incomode.

Um terceiro grupo é formado pelas ONGs "científicas", que organizam projetos de pesquisas, cooptam acadêmicos nas universidades, estão profundamente ligadas à agenda do clima patrocinada pelas corporações internacionais. Na sua esfera de preocupação não estão os 30 milhões de brasileiros que vivem na Amazônia com os piores indicadores sociais, as maiores taxas de analfabetismo, mortalidade infantil e doenças infecciosas, os piores índices de serviços básicos como água tratada, energia elétrica e saneamento básico. Para as ONGs e seus

---

[62] THOMAS MALTHUS foi um monge inglês criador da teoria segundo a qual o crescimento populacional era uma ameaça para a humanidade. Para Malthus, "não havia lugar para os pobres no banquete da natureza". Para os neomalthusianos e suas ONGs, não há lugar para os pobres e nem para os países pobres na disputa pelos recursos naturais do planeta.

financiadores esses brasileiros são invisíveis, invisíveis seus dramas e padecimentos. Para as ONGS ou a parcela de lideranças locais por elas cooptadas só as castanheiras e seringueiras são eternas. Os indígenas e ribeirinhos que não aderem ao seu dinheiro e às suas teses são excluídos e discriminados.

A presença rarefeita do Estado reduz a Amazônia à condição de um protetorado informal, tutelado por essas ONGS que usam como linha auxiliar agências e corporações do próprio Estado, a exemplo do Ministério do Meio Ambiente, Ministério dos Povos Indígenas, Ibama, Ministério Público da União, Ministério Público dos estados, Polícia Federal, Força Nacional e, vez por outra, as secretarias de meio ambiente dos próprios estados da Amazônia.

O exercício da tutela não se dá apenas pela presença física, mas, principalmente, pela influência nas políticas públicas adotadas para a região, na ocupação de agências e órgãos como Ministério do Meio Ambiente, Funai e Ibama, na formulação de normas como as que criaram o Sistema Nacional de Unidades de Conservação (SNUC), o Conselho Nacional do Meio Ambiente (Conama) ou as que estabelecem critérios para a demarcação de terras indígenas.

Assim, o próprio Estado executa a política das ONGS que nada mais é do que a orientação dos interesses internacionais dos Estados Unidos e da Europa Ocidental, de agências como a Usaid (Agência dos Estados Unidos para o Desenvolvimento Internacional), fundações como a Fundação Ford, o Open Society ou fundos bilionários como o Fundo Amazônia.

A Usaid trabalha sob a orientação do Departamento de Estado e da CIA e tem papel decisivo na formulação da política de meio ambiente dos Estados Unidos para o mundo, no financiamento e na articulação de recursos para as ONGS ambientalistas que atuam no Brasil, como se pode verificar em alguns dos portais dessas organizações disponíveis na Internet.

O sistema operou de tal sorte que as ONGS destacam seus executivos para ocuparem as agências do estado e esvaziá-las de suas funções, que serão repassadas às ONGS, para onde retornarão. E assim funciona o rodízio sinistro da burocracia apátrida: das ONGS para o Estado, do Estado para as ONGS e sempre estarão no controle das políticas públicas e dos recursos públicos e privados, em obediência ao único patrão: o interesse internacional.

Por onde ando e andei na Amazônia as histórias se repetem. Em Belém, Macapá, Manaus, Porto Velho, Boa Vista, Rio Branco, Boca do Acre, Altamira, Santarém, Tabatinga, na Serra do Tepequém, em Roraima, em Uruará, Itaituba, Jacareacanga, Novo Progresso, Castelo dos Sonhos, cidades, vilas e rios, sempre a mesma presença, sempre a mesma aliança, sempre as mesmas vítimas. ONGS, Ministério Público, Ibama, Força Nacional, Polícia Federal de um lado, e de outro, ribeirinhos, garimpeiros, indígenas rebeldes à orientação das ONGS, fazendeiros, comerciantes, amazônidas tentando sobreviver em conflito e confronto com o poder internacional representado pelas ONGS associadas a uma parcela do aparato do Estado brasileiro.

O Fundo Amazônia é a expressão mais refinada da capitulação do Estado brasileiro diante da agenda imposta ao Brasil. Criado por decreto em 2008, o Fundo tem como lema apresentado em sua página oficial na internet "O Brasil cuida. O mundo apoia. Todos ganham", seguido do resumo de seus objetivos: "O Fundo Amazônia tem por finalidade captar doações para investimentos não reembolsáveis em ações de prevenção, monitoramento e combate ao desmatamento, e de promoção da conservação e do uso sustentável da Amazônia legal. Também apoia o desenvolvimento de sistemas de monitoramento e controle e desmatamento no restante do Brasil e em outros países tropicais.". Nenhuma palavra, nenhuma referência, nenhuma preocupação com o drama social dos 30 milhões de amazônidas, com a possibilidade da elevação do padrão de vida material e espiritual desses brasileiros, com a sua aspiração ao desenvolvimento.

A gestão do Fundo é feita formalmente pelo Banco Nacional de Desenvolvimento Econômico e Social (BNDES), que anunciava em março de 2023 a disponibilidade de 5,4 bilhões de reais em sua carteira, que tem a Noruega e a Alemanha como principais financiadores.

Quando integrei o Conselho de Administração do Banco, entre 2015 e 2016, solicitei ao então diretor responsável pela gestão do Fundo que me apresentasse os relatórios dos projetos selecionados para financiamento e obtive como resposta que o Banco não tinha qualquer interferência na seleção, e que um comitê independente se ocupava desse propósito, com o papel decisivo cabendo às ONGS e a um diplomata da Noruega encarregado dessa tarefa.

Certa vez, descendo o rio Purus para uma audiência do Código Florestal, vi um grupo de crianças desembarcando de uma canoa em uma das margens do rio e perguntei ao condutor da voadeira, como são denominados os pequenos barcos a motor que trafegam pela Amazônia, do que se tratava e ele respondeu que eram alunos chegando para as aulas. Pedi que se dirigisse ao local, desembarquei, percorri a pequena distância entre a margem do rio e a escola, e encontrei um jovem que se apresentou como o professor.

Havia um colchão no chão, cercado por tocos de velas e o professor disse que ali ele corrigia os trabalhos à noite, na ausência de iluminação elétrica na escola. Percebi também que não havia água tratada, apesar de a escola se encontrar a menos de 100 metros da profusão de água do rio Purus. A escola estava organizada, limpa, o arranjo de murais de cartolina com indicações de várias disciplinas apontava a presença de um professor dedicado e orgulhoso de sua missão. Ele me disse que morava na escola e que ia à cidade apenas uma vez por mês para receber o seu salário.

Em minha recente viagem à Amazônia, cena parecida ocorreu nas margens do rio Xingu e me dei conta de uma escola em plena selva, onde parei para uma visita. Embora a professora não se encontrasse, pois viajara para a cidade, soube que era uma jovem que ministrava aulas para todas as séries da primeira etapa do ensino fundamental, e que ali ensinava, cozinhava e dormia sozinha. Sim, a jovem professora dormia sozinha em uma escola em plena selva da Amazônia brasileira. Pensei na hora que só a providência divina protegeria criatura portadora de tão elevada missão.

Em outra ocasião, ao chegar à cidade de Novo Progresso, no Pará, a provisória pista de terra estava ocupada por um pequeno rebanho de vaquinhas que corriam assustadas mediante a aproximação do avião monomotor que nos conduzia. Era o rebanho confiscado de pequenos produtores que ocupavam uma área convertida a reserva do Sistema Nacional de Unidades de Conservação por decreto do Ministério do

Meio Ambiente, e eram esses pequenos produtores esbulhados pelo Estado que me esperavam para uma audiência.

A cidade lembrava um país ocupado. Helicópteros da Polícia Federal, viaturas e homens da Força Nacional com presença ostensiva na cidade trazendo uma imagem de minha juventude, quando os telejornais noturnos exibiam cenas da base aérea norte-americana de Da Nang, no Vietnã ocupado. Não tive como não associar aqueles agricultores assustados, aterrorizados, trazendo seus filhos em Novo Progresso, com os camponeses vietnamitas cheios de espanto e medo dos helicópteros militares norte-americanos.

Curiosamente, essa cena que vi em Novo Progresso em 2010 se reproduz mais uniformemente nas principais cidades da Amazônia de hoje pela multiplicação das Unidades de Conservação e pelo esbulho estatal de mais e mais famílias de ribeirinhos e agricultores. Em Altamira, por exemplo, o aparato repressivo do Estado é exibido nas ruas pelo tráfego de viaturas caracterizadas, todas elas destinadas à perseguição de agricultores e ribeirinhos, e nenhuma delas destinada ao combate ao crime organizado que assola a cidade e a região.

A agência americana, ligada ao departamento de estado e à Cia, trabalha para impor ao mundo a agenda do meio ambiente dos Estados Unidos da América.

Está faltando um Bruce Lee na Amazônia

"Na alarmante desproporção entre a desmedida extensão das terras amazônicas e a exiguidade de gente, reside a primeira tragédia geográfica da região.

Região com uma população de tipo homeopático, formada de gotas de gente salpicadas a esmo na imensidade da floresta, numa proporção que atinge em certas zonas à concentração ridícula de um habitante para cada 4 km quadrados de superfície.

Dentro da grandeza impenetrável do meio geográfico, vive este punhado de gente esmagado pelas forças da natureza, sem que possa reagir contra os obstáculos opressores do meio, por falta de recursos técnicos só alcançáveis com a formação de núcleos que pudessem realmente atuar por sua força colonizadora, como verdadeiros fatores geográficos, alterando a paisagem natural, modelando e polindo as suas mais duras arestas, amaciando os seus rigores excessivos a serviço das necessidades biológicas e sociais do elemento humano.

Sem forças suficientes para dominar o meio ambiente, para utilizar as possibilidades da terra, organizando um sistema de economia produtiva, as populações regionais têm vivido até hoje, no Amazonas, quase que exclusivamente num regime de economia destrutiva. Da simples coleta dos produtos nativos, da caça e da pesca. Da colheita de sementes silvestres, de frutos, de raízes e de casca de árvores. Do látex, dos óleos e das resinas vegetais."

— **Josué de Castro** GEOGRAFIA DA FOME

Ficou na minha memória de menino uma história contada por um tio-avô sobre a presença colonial britânica na China. Meu tio me dizia que durante a dominação, no bairro habitado pelos ingleses em Xangai havia uma placa na entrada com a seguinte inscrição em inglês e chinês: *"proibida a entrada de cães e de chineses"*.

A mesma história eu vi muitos anos depois em um filme de 1972, *A Fúria do dragão*[63], em que o personagem interpretado por Bruce Lee na Xangai do início do século passado tenta visitar um parque da cidade e é impedido por um guarda que aponta o aviso em inglês e chinês: *"proibido para cães e chineses"* (*No dogs and chinese allowed*). Bruce Lee destrói o aviso a golpes de artes marciais, vingando assim o orgulho chinês ferido pela ocupação estrangeira.

O isolamento em bairros exclusivos, em clubes exclusivos, era uma marca das administrações coloniais na África, na Índia e na China e lembra hoje a relação de executivos de ONGS financiadas por dinheiro estrangeiro na Amazônia e da alta burocracia do Estado com a população da região.

Os colonizadores europeus em um mundo dominado pelo racismo científico[64] acreditavam na supremacia de sua própria civilização diante dos povos aborígenes que dominavam. Os executivos das ONGS e da elite do Estado estão plenamente convencidos da supremacia de suas ideias neomalthusianas diante dos habitantes da Amazônia, indígenas, caboclos, ribeirinhos, fazendeiros, comerciantes. Fechados em suas relações sociais exclusivas, negam-se a estabelecer qualquer contato com a população local, tratada como invasora do santuário natural do qual deve ser expulsa. Limitam-se à convivência com lideranças cooptadas ao preço dos vastos recursos, públicos ou privados, que abastecem suas atividades.

---

63 *A Fúria do dragão*, filme de 1972, dirigido por Lo Wey e estrelado por Bruce Lee.
64 Pseudociência tida como ciência pelo colonialismo europeu do século XIX para justificar a supremacia e a dominação dos europeus pela hipótese da superioridade racial em relação aos povos dominados.

Em minha recente passagem pela Amazônia, vi casos em que representantes do Ministério Público se negam a receber produtores rurais ou a atender convites das câmaras municipais, enquanto comungam social e politicamente com as ONGs perseguidoras de pequenos produtores que tentam sobreviver em meio a muitas dificuldades.

Para os financiadores estrangeiros das organizações não governamentais que atuam na Amazônia, o espaço amazônico deve ser proibido aos brasileiros, como o era para os chineses na Xangai do século XIX. Na aplicação desse princípio, contam com a colaboração informal de agências e instituições do próprio Estado brasileiro. A interdição da Amazônia para os amazônidas é uma guerra que não está perdida, mas precisa do espírito e da indignação de um Bruce Lee para ser vitoriosa.

Lugares da China proibidos para chineses. Lugares da Amazônia proibidos para brasileiros.

> # *Indígenas, nossos avós mais remotos*
>
> "*Os descendentes dos siberianos povoaram as florestas densas do leste dos Estados Unidos, os pântanos do delta do Mississippi, os desertos do México e as florestas escaldantes da América Central. Alguns se instalaram no mundo fluvial da bacia do rio Amazonas, outros criaram raízes nos vales das montanhas andinas ou nos pampas abertos da Argentina. E tudo isso aconteceu em apenas um ou dois milênios! Em 10000 a.C., os humanos já habitavam o ponto mais meridional da América, a Ilha da Terra do Fogo, no extremo sul do continente.*"
>
> — **Yuval Noah Harari**
> SAPIENS, UMA BREVE HISTÓRIA DA HUMANIDADE

A TEORIA PREDOMINANTE sobre a origem dos primeiros povoadores da América e, portanto, da Amazônia, é que eles teriam saído da África em época remota e, em ondas migratórias sucessivas, alcançado a Sibéria e depois, pelo estreito de Bering, o Alaska, passando a América do Norte, a América Central e finalmente a América do Sul[65].

Há também a ideia de que o homem americano teria chegado da Ásia pelo Pacífico e se estabelecido nas imediações do lago Titicaca. A pressão exercida pela expansão do Império Inca teria obrigado os tupis e os guaranis, inicialmente o único povo, à dispersão em sentidos opostos. Os guaranis, tomando o rio Pilcomayo, desceram no rumo do rio Paraguai e da bacia do Prata. Os tupis embarcaram em suas canoas no rio Beni, adentraram o rio Madeira e desembarcaram na planície amazônica.

---

65   HARARI, Yuval Noah. *Sapiens, uma breve história da Humanidade*. Porto Alegre, LP&M Editores, 2020.

Teodoro Sampaio sustenta que pela semelhança linguística, tupis e guaranis tiveram um idioma comum, separado por destinos migratórios distintos[66]. Para o autor de *Tupi na geografia nacional*[67], a diferença entre as duas línguas se explica pelo tempo que os dois povos permaneceram separados.

Quando tomei algumas aulas de guarani com minha professora paraguaia, foi possível perceber que as diferenças entre o tupi e o guarani podem ser, em parte, resultado das diferenças fonéticas entre o português e o espanhol transportadas para o aportuguesamento e a espanholização do vernáculo indígena[68].

O Paraguai é o único país sul-americano a ter a língua indígena como língua franca e língua oficial. A historiadora paraguaia Mary Monte López Moreira assegura que o guarani é a terceira língua no mundo em nomenclatura de botânica, atrás somente do grego e do latim[69].

A primeira gramática escrita no Brasil não foi em português, mas em tupi, pelo padre José de Anchieta, e criou a língua geral ou nheengatu, língua franca do Brasil até sua proibição pelo marquês de Pombal em meados do século XVIII. O tupi mereceu a atenção dos dicionaristas e intelectuais que se interessaram em organizar o vocabulário dos primeiros habitantes do Brasil e vertê-lo para o português. O Brasil valorizou o idioma, a culinária e a presença indígena na nossa formação social. Tivemos uma corrente literária, o indianismo, para exaltar o anticolonialismo e o nacionalismo e elevar o índio à condição de herói nacional na poesia de Gonçalves Dias e no romance de José de Alencar.

As línguas das populações indígenas da Amazônia não receberam a mesma atenção do tupi do litoral. Os viajantes estavam muito mais interessados na fauna e na flora do que na fala dos habitantes locais. Apenas Henri Condreau, em seu *Viagem ao Tapajós*, conclui com um

---

66 PEREIRA, Moacyr Soares. Índios tupi-guarani na pré-história, *suas invasões do Brasil e do Paraguai, seu destino após o descobrimento*. Maceió, EDUFAL, 2000.
67 SAMPAIO, Teodoro. *O Tupi na geografia nacional*. São Paulo. Nacional.1987.
68 REBELO, Aldo. *O Quinto Movimento, propostas para uma construção inacabada*. Porto Alegre. Jornal Já Editora. 2021.
69 Ibid.

breve vocabulário dos dialetos maué, apiacá e mundurucu recolhido de sua breve viagem.

Os batalhões e os pelotões de fronteira do Exército cultivam os dialetos indígenas em suas fileiras. É possível ouvir o Hino Nacional cantado pelo soldado indígena do seu idioma materno nas longínquas fronteiras do Brasil. É parte da doutrina de defesa na Amazônia proteger a língua indígena, mais difícil de ser criptografada pelo inimigo em situação de conflito.

Recentemente, o Poder Público, via universidades e prefeituras, tem tomado medidas para valorizar a cultura e as tradições indígenas. Elevar o padrão de vida material e espiritual dos índios e integrá-los à sociedade nacional no espírito da doutrina Rondon é tarefa inadiável para evitar a manipulação de seu padecimento e abandono por grupos interessados na fragilização da unidade e da coesão nacionais.

Defesa da Amazônia, desafio permanente da soberania nacional. Conversa com lideranças indígenas Tyrió, fronteira do Brasil com o Suriname, em 26 de novembro de 2015.

A defesa como desafio de uma política nacional para a Amazônia

"La protection de l'environnement est um objectif apparemment partagé par l'ensemble de l'humanité. Mais derrière cette unamimité de façade se cachent de profondes divergences, notamment entre pays du Nord e pays du Sud.

Em pleine guerre du Kosovo, em 1999, um quotidien brésilien publiait une série d'articles dévoilant les craintes des analystes du Centre brésilien d'etudes stratéguques. La mise sous tutelle Internationale de l'Amanonie, "la plus importante forêt tropicale de la Terre, que recèle près de la moitié dees espèces connues et éveille l'intérêt des superpuissances mondiales em raison de son potentiel hyddrique et minier", est-elle souhaitable?

Le gouvernement brésilien a décidé, au début des années 90, de subventionner le défrichement des forêts amazoniennes, menaçant ainsi leur intégrité. L'Amazonie appartient certes pleinement au Brésil. Mais, si les puissances occidentales ont fait exception au sacro-saint principe de souveraineté des États pour fair ela guerre em Yougouslavie et aider les Kosovars (alors que le Kosovo appartient à la Yogoslavie), pourquoi ne le ferait-il pas contre le Brésil pour s'approprier l'Amazonie? Le prételse ne serait plus la protection de la population, mais celle de l' "espèce humaine". L'Amazonie étant le poumon de la Terre, si le Brésilne la protege pas correctment, ce será le devoir des autres États de le faire au nom de l'humanité entière."

— **Pascal Boniface,** LES GUERRES DE DEMAIN

"A proteção do meio ambiente é um objetivo aparentemente compartilhado por toda a humanidade. Por trás dessa unanimidade de fachada se escondem, porém, profundas divergências, especialmente entre os países do Norte e os países do Sul.

Em plena guerra do Kosovo, em 1999, um diário brasileiro publicou uma série de matérias revelando os temores dos analistas do Centro Brasileiro de Estudos Estratégicos. Seria desejável colocar sob tutela internacional a Amazônia, 'a mais importante floresta tropical da Terra, que contém quase metade das espécies conhecidas e desperta o interesse das superpotências mundiais pelo seu potencial hídrico e mineral'?

O governo brasileiro decidiu, no início dos anos 1990, subsidiar o desmatamento das florestas amazônicas, ameaçando assim sua integridade. A Amazônia, com certeza, pertence integralmente ao Brasil. Mas, se as potências ocidentais abriram uma exceção ao sacrossanto princípio da soberania do Estado para guerrear na Iugoslávia e ajudar os Kosovares (enquanto o Kosovo pertencia à Iugoslávia), por que não o fariam contra o Brasil para se apropriar da Amazônia? O pretexto não seria mais a proteção da população, mas a da 'espécie humana'. Sendo a Amazônia o pulmão da Terra, se o Brasil não a proteger adequadamente, os demais Estados terão o dever de fazê-lo em nome de toda a humanidade."

— **Pascal Boniface,** LES GUERRES DE DEMAIN

O FIM DA UNIÃO DAS REPÚBLICAS Socialistas Soviéticas (URSS) encerrou o período histórico conhecido como Guerra Fria, restando os Estados Unidos como única superpotência a exercer a hegemonia econômica, financeira, cultural, diplomática e militar sobre o mundo.

O acadêmico e estudioso francês de geopolítica, Pascal Boniface, vê a nova ordem mundial surgida após o colapso da União Soviética marcada pela substituição das guerras de conquista pelas guerras de secessão, e a multiplicação de estados nacionais como a maior ameaça à estabilidade mundial. Boniface é autor de *Les guerres de demain*,[70] no qual dedica um capítulo sobre as guerras do meio ambiente, tendo como personagem principal o Brasil.

Os militares brasileiros perceberam as implicações estratégicas do acontecimento e a nova ordem mundial que se estabelece. A aliança preferencial com os Estados Unidos na disputa com o bloco liderado pela União Soviética já foi marcada por sobressaltos e conflitos na relação entre os dois países, como no veto norte-americano aos programas nuclear e espacial do Brasil, no reconhecimento, por parte do Brasil, dos governos de esquerda das antigas colônias portuguesas na África (Angola, Moçambique, Guiné-Bissau, Cabo Verde e São Tomé e Príncipe), no rompimento do Acordo de Cooperação Militar Brasil-Estados Unidos pelo presidente Geisel, ou no apoio à Argentina na Guerra das Malvinas, pelo presidente Figueiredo, em oposição aberta ao apoio do presidente Ronald Reagan aos ingleses.

Em 1985, o presidente José Sarney criou o Projeto Calha Norte (Desenvolvimento e segurança na região ao norte das calhas dos rios Solimões e Amazonas), hoje subordinado ao Ministério da Defesa e voltado para a proteção e povoamento das fronteiras do Brasil. Inicialmente destinado à fronteira Norte, durante minha gestão no Ministério da Defesa, a presidente Dilma Rousseff estendeu o projeto até a fronteira Oeste, por minha sugestão, a pedido do então comandante militar do Oeste, general Paulo Humberto.

A estratégia nacional de defesa desloca completamente o seu eixo do Cone Sul (fronteira com a Argentina) para a Amazônia, com a transferência de unidades militares completas do Sul para o Norte do País, a criação do Distrito Naval de Manaus, independente de Belém, e do Comando Militar do Norte com sede em Belém, separado do Comando Militar da Amazônia.

A Marinha planeja a criação da Segunda Esquadra e da Base Naval do Norte do Brasil, próxima ao porto de Itaqui, no Maranhão, com

---

70 BONIFACE, Pascal. *Les guerres de demain*. Paris, Éditions Du Seuil, 2001.

a tarefa de proteger a foz do Amazonas e o litoral norte do Atlântico. Quando ministro da Defesa, visitei a futura base na companhia dos comandantes da Marinha, almirante Leal Ferreira, e do Exército, general Villas Bôas, com a finalidade de concretizar a transferência da área do Exército para a Marinha.

Na Amazônia, o Ministério da Defesa organiza a Operação Ágata, reunindo a Marinha, o Exército, a Aeronáutica, a Polícia Federal, a Receita Federal, o Ibama e as polícias militares na prevenção e combate aos ilícitos transfronteiriços. A operação cumpre a dupla função de repressão ao crime e integração das agências do Estado em atividades conjuntas.

As sucessivas manifestações de autoridades estrangeiras defendendo a limitação da soberania brasileira sobre o espaço amazônico foram sempre motivo de preocupação das lideranças das Forças Armadas.

Episódio recente ampliou essa preocupação da esfera militar para a cúpula do governo, quando em reunião do Conselho de Segurança da ONU, em 2021, a Irlanda e o Níger apresentaram uma moção considerando a questão do clima como de interesse da segurança internacional, ameaçando criar um grave constrangimento para o Brasil.

Ora, se a questão do clima passa a integrar a agenda da segurança internacional, e a Amazônia é considerada essencial na agenda do clima, logo, a Amazônia também estaria submetida à jurisdição do Conselho de Segurança e de suas resoluções obrigatórias para o Brasil, com o consequente risco de sanções em caso de desobediência.

A proposta obteve 12 dos 15 votos do Conselho, entre eles o dos Estados Unidos e os dos países da Europa Ocidental, recebendo o veto da Rússia, o voto contrário da Índia e uma abstenção da China. Posteriormente, o presidente Jair Bolsonaro agradeceu pessoalmente ao presidente Putin o gesto em defesa do Brasil e, naturalmente, a atitude do governante russo pesou na posição da diplomacia brasileira adotada pelo governo Bolsonaro em relação ao conflito Rússia x Ucrânia.

O protagonismo da Amazônia no mundo exigirá cada vez mais da tradição e da eficiência da diplomacia brasileira, mas é na política de defesa que aparecem as ações mais desafiadoras. A presença ostensiva do Exército demanda a ampliação dos Pelotões Especiais de Fronteira em áreas remotas, marcadas pela ausência absoluta do Estado, a multiplicação dos tiros de guerra e a criação de Núcleos de Preparação de Oficiais da Reserva (NPOR) nas áreas indígenas. São formas de integrar esses irmãos brasileiros à sociedade nacional. Aliás, o Ministério da Defesa deve adotar uma política especial de recrutamento de conscritos na Amazônia entre indígenas, ribeirinhos e caboclos.

A defesa como desafio de uma política nacional para a Amazônia

A Marinha do Brasil deverá ampliar a ação de patrulha nas 20 mil milhas navegáveis da Amazônia com a criação de unidades de lanchas leves e a utilização dos pequenos barcos conhecidos como voadeiras, já usadas pelo Exército. O governo deverá iniciar imediatamente a construção da Base Naval da Segunda Esquadra, à qual deverá ser agregada uma base de submarinos.

A Força Aérea Brasileira deverá converter a Base Aérea de Boa Vista em uma Base Aeroespacial por sua posição estratégica próxima do Caribe e do Hemisfério Norte. As atividades da Comara (Comissão de Aeroportos da Região Amazônica) deverão ser redimensionadas para ampliar a infraestrutura aeroportuária de defesa na Amazônia.

As três forças adotarão um programa de construção de suas próprias PCHS (Pequenas Centrais Hidrelétricas), para não depender do óleo diesel transportado por aviões. Lembro que certa vez, ao visitar a Base do Sivam em Tiriós, na fronteira com o Suriname, recebi das lideranças indígenas o pedido para que fosse construída a PCH, cujos equipamentos se encontravam no local, mas que havia sido vetada pelo Ibama. Mais uma vez o Ibama bloqueando o uso da energia limpa em troca do consumo do diesel transportado de Belém por via aérea.

O Brasil, a Amazônia e o futuro

"A mais perigosa consequência da guerra, e a que mais se deve recear nas batalhas, é a opinião. Na perda de uma batalha arrisca-se um exército; na perda da opinião, arrisca-se um reino."
— **Padre Antônio Vieira,**
SERMÃO PELO BOM SUCESSO DE NOSSAS ARMAS, 1645

O BRASIL VIVE DIAS de imensa pressão internacional para proteger a Amazônia do desmatamento. A versão promovida pela diplomacia dos Estados Unidos e da Europa Ocidental é a de que o País tem sido negligente em adotar medidas eficazes para conter a destruição da floresta, difundida pelo aparato midiático das ONGS financiadas do exterior e reproduzida por boa parte da mídia nacional e internacional.

A questão é que tal narrativa, para acolher o vocábulo da moda, teima em não encontrar amparo na realidade, como é possível verificar ao simples exame de fatos, dados e números de pleno domínio público.

A verdade é que há uma escalada de atividades criminosas na Amazônia, e o desmatamento ilegal e a extração clandestina de madeira estão entre elas, que devem ser reprimidas. Mas daí à propaganda de que há um processo quase irreversível de "savanização" e ameaça de "desertificação" da floresta vai uma distância que só pode ser percorrida pela comunhão de interesses financeiros e geopolíticos dos propagadores dessa fantasia.

Tomemos o caso do estado do Amazonas, o maior da região Norte do Brasil, com 1.571.000 km², dos quais 95,46% estão cobertos por vegetação nativa, sendo 93,49% de florestas e 1,97% de campinas e várzeas. Para facilitar, façamos o seguinte raciocínio: se a área total dos seguintes países fosse convertida em floresta, e dela excluída toda a atividade agrícola, todas as cidades, toda a infraestrutura, e tudo virasse floresta, mesmo assim o estado do Amazonas teria sozinho mais florestas do que os territórios somados da França (551.695 km²), Alemanha (357.588 km²), Itália (302.073 km²), Inglaterra (130.272 km²), Dinamarca (42.952 km²), Holanda (41.850 km²), Suíça (41.285km²) e Bélgica (30.688 km²).

A Amazônia está protegida por uma tríplice couraça formada pelo Sistema de Unidades de Conservação (SNUCS), terras indígenas já demarcadas e pelo Código Florestal que destina 80% de cada propriedade para a proteção do meio ambiente. O bioma Amazônia mantém 85,9% de sua vasta área sob cobertura vegetal nativa e de superfícies hídricas, segundo dados da Embrapa.

Vejamos agora o caso de Roraima. O estado de 224.301 km² dispõe de apenas 5,93% para uso direto, segundo apresentação que presenciei do consultor Francisco Pinto, na Assembleia Legislativa de Roraima, em 2013. Sim, 94% de todo o estado está bloqueado por unidades de conservação, terras indígenas, áreas militares, sítios arqueológicos, reserva legal e áreas de preservação permanente. Em que país do mundo seria possível o próprio Estado nacional confiscar de um ente federativo e de sua população 94% da base física de sua sobrevivência? E o mais grave, como simples autarquias federais (Ibama e Funai) estão autorizadas a propor decretos que sequestram território de entes federativos (estados e municípios), sem que governadores, prefeitos, assembleias legislativas, câmaras de vereadores, tribunais de justiça, sindicatos e empresários sejam ouvidos? E torna-se mais constrangedor quando se sabe que tais decisões foram muitas vezes baseadas em orientações propostas por organizações não governamentais financiadas no exterior e lastreadas em laudos muitas vezes viciados.

Mark Twain, o célebre escritor norte-americano, ao comentar certa vez sobre investimento, aconselhou: comprem terra, é coisa que não se fabrica mais. A cada ano a indústria de todo o mundo fabrica bilhões de aparelhos celulares, centenas de milhões de televisores, dezenas de milhões de automóveis. O que a mais sofisticada tecnologia industrial não consegue é produzir um único hectare de terra, um quilate de diamante, uma onça de ouro, um barril de petróleo ou uma tonelada de cobre, níquel, estanho ou nióbio. Essa fábrica a natureza fechou há milhões de anos, e pelo menos por enquanto, para sempre. Mas deixou aos cuidados do Brasil, principalmente na Amazônia, milhões de hectares e toneladas dessas riquezas tão necessárias e tão cobiçadas pelo mundo.

E sob o peso dessa imensa responsabilidade chamada Amazônia, o Brasil decidirá o tamanho do seu futuro.

"Antes que a luz se apague, antes que o sol se ponha, haverá alguém de estar, haverá alguém de ficar, para que outros venham, para que outros fiquem."

Removidas as áreas ocupadas por cidades, infraestrutura e agricultura de todos esses países, e tudo transformado em floresta, ainda assim a vegetação nativa remanescente do estado do Amazonas seria superior à de todos eles reunidos.

DINAMARCA
HOLANDA
BÉLGICA
ALEMANHA
INGLATERRA
FRANÇA
SUÍÇA
ITÁLIA

ESTADO DO AMAZONAS

Fontes consultadas

ABREU, J. Capistrano. *Capítulos de História Colonial.* Brasília, Senado Federal, 1998.

AZEVEDO, João Lúcio. *Os Jesuítas no Grão-Pará, suas missões e a colonização,* Lisboa, Livraria Editora Tavares Cardoso e Irmão, 1901.

BANDEIRA, Luiz Alberto Moniz. *Presença dos Estados Unidos no Brasil.* Rio de Janeiro, Civilização Brasileira, 2007.

BARROS, A.J. *O Conceito Zero, uma trama internacional para a independência da Amazônia.* São Paulo, Edilux Publicações, 2008.

BASTOS, A. C. Tavares. *Cartas ao solitário.* 3ª ed. São Paulo, Companhia Editora Nacional, 1938.

BATES, Henry. *O naturalista no Rio Amazonas.* São Paulo, Brasiliana, 1944.

BATISTELLA, Mateus.; MORAN, Emilio F.; ALVES, Diógenes, S. *Amazônia: natureza e sociedade em transformação.* São Paulo, Edusp, 2008.

BENCHIMOL, Samuel. *Amazônia, quatro visões milenaristas.* Manaus, Bemol, 2013.

BENCHIMOL, Samuel. *Amazônia, um pouco-antes e além-depois.* 2ª ed. Manaus, EDUA, 2010.

BERGAMIN, Maxiely Scaramussa. *Paragominas, a experiência de se tornar um município verde na Amazônia.* 1ª ed. Belém, Marques Editora, 2015.

BERNARDIN, Pascal. *O império ecológico, ou a subversão da ecologia pelo globalismo.* Campinas, Vide Editorial, 2015.

BONIFACE, Pascal. *Les guerres de demain.* Paris, Éditions Du Seuil, 2001.

CAMELY, Nazira. *Imperialismo, ambientalismo e ONGs na Amazônia.* Rio de Janeiro, Editora Consequência, 2018.

CARRASCO, Lorenzo.; LINO, Geraldo Luís.; PALÁCIOS Silvia.; COSTA, Nilder Ribeiro da. *Máfia verde 2, ambientalismo novo colonialismo.* Rio de Janeiro, Capax Dei Editora, 2005.

CARRELHAS, Antônio de Bacelar (coordenador). *Descida do Amazonas, caminho de Pedro Teixeira.* Lisboa, Âncora, 2017.

CARVAJAL, Frei Gaspar de. *Relação do famosíssimo e muito poderoso rio chamado Marañón.* Manaus, Valer, 2021.

CASANOVA, Lourdes.; KASSUN, Julian. *A economia política de uma potência global emergente, em busca do sonho brasileiro.* Rio de Janeiro, Qualitymark Editora, 2015.

CASTRO, Ferreira de. *A selva.* Rio de Janeiro, Civilização Brasileira, 1967.

CASTRO, Josué. *Geografia da fome.* 6ª ed. São Paulo, Brasiliense, 1959.

CONDAMINE, Charles Marie de La. *Viagem pelo Amazonas, 1735-1745.* Rio de Janeiro/São Paulo, Nova Fronteira/Edusp, 1992.

CORTESÃO, Jaime. *Alexandre de Gusmão & o Tratado de Madrid.* São Paulo, Fundação Alexandre de Gusmão/Imprensa Oficial, 2006.

CORTESÃO, Jaime. *Introdução à história das Bandeiras — I.* 2ª ed. Vol. 1. Lisboa, Livros Horizonte.

CORTESÃO, Jaime. *Raposo Tavares e a formação territorial do Brasil.* Brasília, Ministério da Educação e Cultura, 1958.

COSTA, Craveiro. *A conquista do Deserto Ocidental, subsídios para a história do território do Acre.* São Paulo, Companhia Editora Nacional, 1940.

COUDREAU, Henri. *Viagem ao Tapajós.* Belo Horizonte/São Paulo, Itatiaia/Edusp, 1977.

COUTO, Jorge. *A construção do Brasil.* Lisboa, Edições Cosmos, 1998.

CUNHA, Euclides. *Obra completa, À margem da História.* Rio de Janeiro. Nova Aguilar. 1995.

D'AZEVEDO, João Lúcio. *Os jesuítas no Grão-Pará, Suas Missões e a colonização.* Belém, Secult, 1999.

DANIEL, João. *Tesouro descoberto no máximo Rio Amazonas.* Rio de Janeiro, Contraponto, 2004.

DEWAR, Elaine. *Uma demão de verde, os laços entre grupos ambientais, governos e grandes negócios.* Rio de Janeiro, Capax Dei, 2007.

DIAS, Gonçalves. *Viagens pelo rio Amazonas, cartas do mundo alter.* Manaus, Valer, 2020.

DIEGUES, Antônio Carlos. *A ecologia política das grandes ONGs transnacionais conservacionistas.* São Paulo, NUPAUB/USP, 2008.

FERREIRA, Alexandre Rodrigues. *Viagem filosófica ao rio Negro.* São Paulo, Companhia Nacional, 1939.

FERREIRA, Márlia Coelho.; GARCÉS, Claudia López. (Orgs.) *Mebêngôkre Nhõ Pidj'y: remédios tradicionais Mebêngôkre-Kayapó.* Belém, MPEG, 2020.

FERREIRA, Raymundo Luiz. *Roteiro do rio Purus e seus afluentes.* Manaus, Governo do Estado do Amazonas, 2012.

FILHO, Synesio Sampaio Goes. *Alexandre de Gusmão (1695-1753), o estadista que desenhou o mapa do Brasil.* Rio de Janeiro, Record, 2021.

FILHO, Synesio Sampaio Goes. *Navegantes, bandeirantes, diplomatas, um ensaio sobre a formação das fronteiras do Brasil.* São Paulo, Martins Fontes, 1999.

FLORENCE, Hercule. *Viagem fluvial do Tietê ao Amazonas: 1825 a 1829.* Brasília, Senado Federal, 2007.

FONSECA, Roberto Giannetti. *Memórias de um trader, a história vivida do comércio exterior brasileiro nas décadas de 70 e 80.* São Paulo, IOB, 2002.

FREGAPANI, Gelio. *Amazônia, a grande cobiça internacional.* Brasília, Thesaurus, 2000.

FREYRE, Gilberto. *Homens, engenharias e rumos sociais.* Petrópolis, Record, 1987.

FREYRE, Gilberto. *Modos de homem & modas de mulher.* 3ªed. Rio de Janeiro, Record, 1986.

GALÚCIO, Ana Vilacy.; PRUDENTE, Ana Lúcia (Orgs.). *Museu Goeldi: 150 anos de ciência na Amazônia.* Belém, Museu Paraense Emílio Goeldi, 2019.

GARCÉS, Claudia Leonor López. *Tikunas, brasileiros, colombianos e peruanos.* Belém, Museu Paraense Emílio Goeldi, 2014.

GASSET, José Ortega y. *Rebelião das massas.* São Paulo, Martins Fontes, 2002.

GOMES, Robeilton de Souza. *Nem vadios nem vassalos,* Uma Análise da Lei de Liberdade dos Índios de 1755. Manaus, Valer, 2021.

GORE, Al. *A terra em balanço, ecologia e o espírito humano.* São Paulo, Augustus, 1993.

GRANDIN, Greg. *Fordlândia, ascensão e queda da cidade esquecida de Henry Ford na selva.* Rio de Janeiro, Rocco, 2010.

GUELLER, Gilberto Fernando.; GONZALES, Selma Lúcia de Moura.; MELLO, Laerte Peotta de. *Amazônia e Atlântico Sul, desafios e perspectivas para a defesa no Brasil.* Brasília, IPEA:NEP, 2015.

GUSMÃO, Sérgio Buarque de. *Nova história da Cabanagem, seis teses revisam a insurreição que incendiou o Grão-Pará em 1835.* Juiz de Fora, Gráfica Garcia, 2016.

HARARI, Yuval Noah. *Sapiens, uma breve história da Humanidade.* Porto Alegre, LP&M Editores, 2020.

HEMMING, John. *Red Gold, the conquest of the brazilian indians, 1500-1760.* Library of Congress Cataloging in Publication Data, 1978.

HOLANDA, Sergio Buarque et.al. 4ª ed. Vol 2. Tomo II. *O Brasil monárquico.* São Paulo, Difel, 1978.

HORNE, Gerald. *O Sul mais distante.* São Paulo, Companhia das Letras, 2010.

IZARRA, Laura P.Z.; BOLFARINE, Mariana (Orgs.). *Diário da Amazônia de Roger Casement.* São Paulo, Edusp, 2016.

JACINTO, Walter Sales Silva. *Biopirataria, e a apropriação dos conhecimentos tradicionais: um estudo de caso dos índios Wapixana de Roraima.* Brasília, OAB, Conselho Federal, 2015.

JACKSON, Joe. *O ladrão do fim do mundo.* São Paulo, Objetiva, 2013.

JÚNIOR, Caio Prado. *História econômica do Brasil.* 28ªed. São Paulo, Brasiliense, 1983.

KIDDER, Daniel. *Reminiscências de viagens e permanências nas províncias do Norte do Brasil.* Belo Horizonte, Editora Itatiaia, São Paulo, EDUSP, 1980.

LIMA, Claudio de Araújo. *Plácido de Castro, um caudilho contra o Imperialismo.* São Paulo, Editora Nacional, 1952.

LOUREIRO, Violeta. *Amazônia Colônia do Brasil.* Manaus, Editora Valer, 2022.

MATTOS, Carlos de Meira. *Uma geopolítica Pan-Amazônica.* Rio de Janeiro/Brasília, J.Olímpio, INL, 1980.

MAXWELL, Kenneth — *Marquês de Pombal, paradoxo do Iluminismo.* São Paulo. Editora Paz e Terra, 1966.

MENK, José Teodoro M. *A questão do Pirara (1829-1904).* Brasília, Fundação Alexandre de Gusmão, 2009.

MICELI, Paulo. *O ponto onde estamos, viagens e viajantes na história da expansão e da conquista.* São Paulo, Editora Página Aberta, 1994.

MILLARD, Candice. *O Rio da Dúvida, A sombria viagem de Theodore Roosevelt e Rondon pela Amazônia.* São Paulo, Companhia das Letras, 2007.

MIRANDA, Evaristo Eduardo. *Quando o Amazonas corria para o Pacífico.* Editora Vozes, Rio de Janeiro, 2007.

MIRANDA, Bertino de. *A cidade de Manaus, sua história e seus motins políticos.* Manaus, Editora Umberto Calderaro, 1984.

MONTEIRO, Mário Ipiranga. *Fundação de Manaus.* 5ªed. Manaus, Governo do Estado do Amazonas, 2012.

MONTEIRO, Mário Ypiranga. *Histórias facetas de Manaus, anedotas envolvendo figuras amazonenses.* Manaus, Governo do Estado do Amazonas, Secretaria de Cultura, 2012.

MORAIS, Raimundo. *À margem do livro de Agassiz*. São Paulo, Melhoramentos, 1939.

MORAIS, Raimundo. *Na Planície Amazônica*. Belo Horizonte, São Paulo, Editora da Universidade de São Paulo, 1987.

MORAIS, Raimundo. *O meu dicionário de cousas da Amazônia*. Vol. 175. Brasília, Senado Federal, 2018.

NEELEMAN, Gary.; NEELEMAN, Rose. *A migração confederada ao Brasil, estrelas e barras sob o Cruzeiro do Sul*. Porto Alegre, EDUFRGS, 2016.

NEELEMAN, Gary.; NEELEMAN, Rose. *Soldados da borracha, o exército esquecido que salvou a Segunda Guerra Mundial*. Porto Alegre, Epicuro, 2015.

NEELEMAN, Gary.; NEELEMAN, Rose. *Trilhos na selva, O dia dos trabalhadores da ferrovia Madeira-Mamoré*. São Paulo, Bei Comunicação, 2011.

NOVINSKY, Anita. *Os judeus que construíram o Brasil*. São Paulo, Editora Planeta, 2015.

PÁDUA, José Augusto. *Um sopro de destruição, pensamento político e crítica ambiental no Brasil (1786-1888)*. 2ª ed. Rio de Janeiro, Jorge Zahar, 2004.

PAIM, Gilberto. *Amazônia ameaçada, da Amazônia de Pombal à soberania sob ameaça*. Vol. 116. Brasília, Senado Federal, 2009.

PASSOS, John dos. *O Brasil em movimento*. São Paulo, Saraiva, 2013.

PAULA, Hermes de. *Curraleiro pé-duro, o gado que criou o Brasil*. São Paulo, Paco Editorial, 2023.

PEDROSA, José Fernando de Maya. *A Amazônia brasileira no mundo globalizado, uma consciência nacional de soberania*. Maceió, Editora Cesmac, 2018.

PEREIRA, Moacyr Soares. *Índios tupi-guarani na pré-história, suas invasões do Brasil e do Paraguai, seu destino após o Descobrimento*. Maceió, EDUFAL, 2000.

PINTO, Lúcio Flávio. *A Amazônia em questão, Belo Monte, Vale e outros temas*. São Paulo, B4 Editores, 2012.

RAIOL, Domingos Antônio. *Motins políticos*. Vol.1, 2 e 3. Manaus, Valer, 2021.

REBELO, Aldo. *O Quinto Movimento, propostas para uma construção inacabada*. Porto Alegre, Jornal Já Editora, 2021.

REIS, Arthur Cesar Ferreira. *Paulistas na Amazônia e outros ensaios*. Rio de Janeiro, Imprensa Nacional, 1941.

REIS, Arthur Cezar Ferreira Reis. *A Amazônia e a cobiça internacional*. 4ª ed. Rio de Janeiro, Companhia Editora Americana, 1972.

REIS, Arthur Cézar Ferreira. *A Amazônia e a integridade do Brasil*. Brasília, Senado Federal, 2001.

REIS, Arthur Cezar Ferreira. *História do Amazonas*. Belo Horizonte, Itatiaia, 1998.

REIS, Arthur Cezar Ferreira. *Santarém: seu desenvolvimento histórico*. 2ª ed. Belém, Civilização Brasileira, 1979.

REIS, Arthur Cezar Ferreira. *Tempo e vida na Amazônia*. Manaus, Governo do Estado do Amazonas, 1965.

RIO BRANCO, Barão do. *Obras do Barão do Rio Branco II, questões de limites Guiana Inglesa, primeira memória*. Brasília, Ministério das Relações Exteriores/Fundação Alexandre de Gusmão, 2012.

RIO BRANCO, Barão do. *Obras do Barão do Rio Branco III, Questões de limites Guiana Francesa, primeira memória*. Brasília, Ministério das Relações Exteriores/Fundação Alexandre de Gusmão, 2012.

RIO BRANCO, Barão do. *Obras do Barão do Rio Branco IV, questões de Limites Guiana Francesa, primeira memória*. Brasília, Ministério das Relações Exteriores/Fundação Alexandre de Gusmão, 2012.

ROHTER, Larry. *Rondon, uma biografia*. Rio de Janeiro, Objetiva, 2019.

ROOSEVELT, Theodore. *Nas selvas do Brasil*. 2ª ed. Serviço de Informação Agrícola do ministério da Agricultura, Rio de Janeiro, 1948.

RUGENDAS, João Maurício. *Viagem pitoresca através do Brasil*. Vol.2. Belo Horizonte/ São Paulo. Itatiaia, EDUSP, 1979.

SAMPAIO, Teodoro. *O Tupi na geografia nacional*. São Paulo, Nacional,1987.

SANTOS, Milton.; SILVEIRA, Maria Laura. *O Brasil, território e sociedade no início do século XXI*. Rio de Janeiro, Record, 2001.

SCHAMA, Simon. *Paisagem e memória*. São Paulo, Companhia das Letras, 2009.

SIFFERT, Nelson.; CARDOSO, Marcus.; MAGALHÃES, Wasley de Assis.; LASTRES, Helena Maria Martins (Orgs.). *Um olhar para o desenvolvimento Amazônia*. Rio de Janeiro, BNDES, 2014.

SOARES, Teixeira. *História da formação das fronteiras do Brasil*. Rio de Janeiro, Conquista, 1975.

SOUZA, Márcio de. *História da Amazônia, do período pré-colombiano aos desafios do século XXI*. Rio de Janeiro, Record, 2019.

SOUZA, Márcio. *Ajuricaba, O Caudilho das Selvas*. São Paulo, Atma, 2021.

SOUZA, Marcio. *Galvez, o imperador do Acre*. 6ªed. Rio de Janeiro, Editora Brasília/Rio, 1978.

TOCANTINS, Leandro. *Euclides da Cunha e o paraíso perdido*. Vol.8. Manaus, Edições Governo do Estado do Amazonas, 1966.

TOCANTINS, Leandro. *Formação histórica do Acre*. 3ª ed. Vol.1. Rio de Janeiro, Civilização Brasileira, 1979.

TOCANTINS, Leandro. *Formação histórica do Acre*. 3ª ed. Vol.2. Rio de Janeiro, Civilização Brasileira, 1979.

TOCANTINS, Leandro. *Santa Maria de Belém do Grão Pará*. 2ªed. Rio de Janeiro, Civilização Brasileira, 1976.

TOCANTINS, *O rio comanda a vida, uma interpretação da Amazônia*. 4ªed. Rio de Janeiro, Companhia Editora Americana, 1972.

VENTRI, Gustavo.; BOKANY, Vilma (Orgs.). *Indígenas no Brasil*. São Paulo, Editora Fundação Perseu Abramo, 2013.

VERÍSIMO, José. *Cenas da vida amazônica*. São Paulo, Editora WMF Martins Fontes, 2011.

ENGLISH VERSION

Amazônia
THE CURSE FROM TORDESILLAS
500 years of International greed

Foreword
The Amazon and the centrality of the national issue

"Brazil is lost, gentlemen, because some of his majesty's ministers don't come here to seek our good, they rather come here to seek our goods."
— **Padre Antônio Vieira**, SERMÕES

"Put an Englishman on the Moon and in the arid lunar landscape he will remain more English than ever. His first step will be to annex the Moon itself to the British Empire. But the underdeveloped practice a reverse imperialism. They go abroad and, instead of conquering it, they surrender and declare themselves a colony."
— **Nelson Rodrigues**, A PÁTRIA DE CHUTEIRAS

Politics and academy have rediscovered the importance and relevance of nationalism. Around the world, a growing number of political and social parties and movements claim nationalism in its varied manifestations as a solution to the governments that failed to achieve adequate solutions to challenges such as the resumption of economic development and the reduction of social inequalities.

The academic and publishing world resumed research and publication efforts aimed at debating the vigorous return of nationalism to the people's agenda. The March/April 2019 edition of *Foreign Affairs* magazine, the most important foreign policy publication in the United States, was dedicated to discussing what it called "new nationalism", bringing together renowned American historians and foreign policy experts. The magazine, published since 1922, had among its collaborators George Kennan and Samuel P. Huntington, and warned that emerging nationalism is the result of the search for real solutions to real problems.

Defenders of nationalism attribute to this ideology (i) the disarticulation of the British, Spanish and Portuguese colonial empires in 19th century America; (ii) the African anti-colonial resistance and its national liberation movements in the second half of the 20th century; and (iii) the heroic epic of Vietnamese guerrillas against French and North American colonialism in the 1960s and 1970s. This vision presents a libertarian nationalism, full of virtues, without which democracy and human rights would be unattainable utopias.

Those that disapprove nationalism associate it with intolerant and totalitarian systems such as Fascism and Nazism, with contemporary xenophobic movements and with an agenda hostile to liberal values in politics and economics.

The truth is that nationalism has been, for the last 200 years, the expression of contradictory and even antagonistic national goals. The nationalism of dominant nations is aggressive, expansionist, imperialist, willing to use economic, scientific, technological, diplomatic, cultural and military force to achieve its goals.

The nationalism of emerging nationalities is defensive, greed for wealth or territory owned by their neighbors is not on their agenda, it only seeks the protection of their economic and social interests against the pretensions of others. It does not seek to dominate, but rather not to be dominated.

The presence of the Brazilian Amazon in the main hall of world geopolitics is neither ornamental nor decorative, much less is it due to its relevance to the fair human concerns with the environment, climate, global warming and emission of greenhouse gases.

The Amazon shelters the most promising mineral frontier in the world, the most coveted biodiversity reserve and the most suitable land for agriculture still available on the planet. Brazilians must be concerned about the real interests of the most powerful nations in that particular region. And these interests are much more related to our goods and not to our good.

It is worrying that there are Brazilians defending the internationalization of the Amazon as a world heritage site and the low level of indignation generated by this type of demonstration. This book is an attempt to update the importance of the Amazon for Brazil and offer Brazilians a chronicle of international greed looming over the region. The book also highlights the inexhaustible possibilities found in the Amazon for the full development of the 30 million Brazilians who live there and for the other 180 million Brazilians spread throughout the national territory.

The protection and preservation of the Amazon is a non-negotiable responsibility Brazilians must assume. The Amazon will never be a heritage of humanity. Either it will be sovereignly Brazilian or it will be a protectorate governed by the interests of powerful nations. "If you think you are a citizen of the world, you are not a citizen of anywhere", as one of the writers of a *Foreign Affairs* edition mentioned here warned.

Presentation

It is easy to talk about the Amazon from a penthouse in the South Zone of Rio de Janeiro, from a mansion in the neighborhood of Jardins or from some other large city in Brazil, and we have become accustomed to hearing and reading the most diverse opinions on the subject from well-intentioned people, but who often do not know the region in depth.

That is why a book like this is so welcome: its author is not only a scholar of the subject, but has also been closely involved with the strategies and public policies that have guided the actions of different governments towards the Amazon over the last few decades, as congressman and member of the Foreign Relations and National Defense Commission and as Minister of Sport, Defense, and Science, Technology and Innovation. Aldo Rebelo was also the rapporteur of the New Brazilian Forest Code, and I am sure that he still has a lot to contribute to the country's development.

Therefore, I was very excited when Aldo presented the project for this book to me. I really admire his trajectory and I know that few Brazilians know the Amazon so deeply. Aldo has been interested in the subject since his youth and has made numerous trips to the region since his student days, in the late 1970s, and later as a congressman and minister. At a time when all eyes in the world are focused on the Amazon, it is important that we learn from someone who is truly prepared to help us understand in a comprehensive way all the issues that affect it – from the forest, environment and biodiversity to the impacts on climate and global warming. Not to mention that the Amazon is also the largest mineral frontier on the planet.

For this work, Aldo traveled to Altamira in January 2023 and stayed until June driving around the most diverse places. He traveled the entire

Transamazônica, went to cities such as Belém, Manaus and Boa Vista, visited universities and museums, passed through several riverside cities in Tapajós and Xingu and collected data and figures to support and complement his readings and research.

From a personal vision, from the basic geography he learned in primary school to his first contacts as a student at UNE, and then sharing his experiences in the different governments in which he took part, Aldo Rebelo presents us with an Amazon rich in stories and possibilities. To tell the story of the conquests and exploration of the region, he uses real characters and episodes, such as Orelana, a Spaniard who left Peru and was the first European to travel down the Amazon River, and Ajuricaba, an indigenous man who resisted the Portuguese occupation and preferred to jump into the river in chains rather than be enslaved. He also tells about the expedition of Pedro Teixeira, who went up the Amazon River to Ecuador with 1,200 indigenous people armed with bows and arrows, and also about the theft of rubber and the attempt by the English, French and Dutch crowns to occupy the Amazon Valley. In the final chapters, Aldo talks about the riches of the Amazon – it is no surprise that the region has always aroused the greed of other countries and that we must pay attention to national sovereignty in an area of such relevance

I am very proud to participate in this project together with FSB Comunicação and to be able to present the results of this work to readers. I thank my dear friend Aldo Rebelo for bringing so much information and for expanding our knowledge about the Amazon region in such a tasty and fascinating read, and I also thank everyone who helped to bring this edition to fruition. I am sure that this beautiful book will become a reference work for studies on the Amazon, and that it will help to encourage not only other Brazilians, but also all people and the entire international community to deepen their views on an area of importance strategy so vital both for our country and for the world.

— FRANCISCO SOARES BRANDÃO

The Amazon I met

"This is the danger that threatens today the Amazonian space that, as part of the biosocial complex formed by the Brazilian nation, would be subject to being ripped out from this complex. Under denationalizing pressures, supported by a reason, in appearance, only humanitarian; and not also, as some of us seem to be, politically Brazilian. Antinational in relation to a Brazil with possibilities, still at the beginning of the 21st century, to begin to assert itself, as an already powerful nation."
— **Gilberto Freyre**, HOMENS, ENGENHARIAS E RUMOS SOCIAIS

The Amazon was presented to me for the first time when I was preparing for the entrance exam to Floriano Peixoto Agricultural High School. I had learned to read in a rural school and had completed primary school – corresponding to what is now the first part of elementary school – in my hometown of Viçosa de Alagoas. The second stage of elementary school, from sixth to ninth grade, was the old gymnasium whose access required the entrance exam. The agricultural high schools of the time welcomed students from the gymnasium on a boarding school regime, a model that allowed the technical training of many boys whose families did not have the necessary resources to pay for their studies.

Preparation for the entrance exam was rigorous in all subjects, including Geography. The Amazon with its plain, its gigantic basin with rivers and tributaries resembling the shape of a giant fishbone was a mandatory subject, which led us to easily record the names of the tributaries of the right bank and the left bank of the great river in the exact sequence from west to east. It was in the Amazon that the extreme northern point of Brazil was located – at the spring of the Ailã River in the Caburaí Ridge, in the current state of Roraima, on the border with British Guiana –, the extreme western point – at the Contamana Ridge, spring of the Moa River, on the border of Acre with Peru –, and the uppermost point of Brazil – at Pico da Neblina, on the border with Venezuela.

In gymnasium, I was lucky enough to meet the Geography teacher who consolidated my vision of the Amazon as a symbol of Brazil's greatness. Miss Delba Correia brought to the classroom a geographic school atlas that we copied in sketchbooks used as teaching material.

The second Amazon I met as a university student, around 1979, campaigning for the elections of the National Union of Students (UNE), when I was tasked with visiting the northern states of Brazil. On board a Vasp plane, on the way to Rio Branco, in Acre, I carried with me a copy of *Galvez, the Emperor of Acre*, by the Amazonian writer Márcio Souza, and in my pocket a paper with some phones to contact at my destination. The flight from Rio Branco to Manaus has the impact capable of changing the vision of Brazil. Between the Purus and Madeira rivers, which run parallel towards the Amazon River, prevails the absolute exuberance of the forest, infinite, inscrutable, mysterious.

Elected federal deputy for São Paulo in 1990, I devoted special attention to the Amazon for six consecutive terms with frequent trips, when I often had the company of parliamentarians of heterogeneous spectra, such as Jair Bolsonaro and José Genoíno, at a time that allowed civilized coexistence between differences in politics and ideology. President of the Chamber of Deputies between 2005 and 2007, I visited every state in the region, a journey I repeated in the discussion of the Forest Code for which I was rapporteur, listening to rural producers, riverside dwellers, public managers and farmers in the region.

At the Ministry of Sports, I took to São Gabriel da Cachoeira the *Force in Sport* program, also conducted by the Ministry of Defense, to offer public school students the sports equipment in the barracks with the support of the then Ministry of Social Development.

When I chaired the Committee on Foreign Affairs and National Defense (2002), I lived one of the most revealing episodes of the fragility of the national State in the Amazon. The *New York Times* had published a story denouncing alleged abuses committed by members of the Army against indigenous women on the northern border of Brazil. The Army Command consulted the Commission's presidency on the possibility of a demonstration in response to the complaint, which it considered false and slanderous, against the military institution.

I agreed to respond to the American newspaper's claim on the condition that I could visit the place where the alleged abuses would have occurred. The trip was organized by the head of the Army's parliamentary advisory, at the time Colonel Eduardo Villas Bôas, who would later command the Amazon and the Army itself.

We stayed overnight at the modest Army transit hotel in Boa Vista and the next morning took a helicopter to the Surucucus Border Platoon, in the Yanomami Indigenous Land, in the company of the commander of the Jungle Infantry Brigade, General Claudimar Magalhães, as well as officers and some civilians from the local administration.

As we approached the maloca closest to the Border Platoon, we came across a young woman who identified herself as a member of the non-governmental organization Urihi, whose physical traits demonstrated that she did not belong to the local community and who presented herself with the mission of allowing me to enter the maloca, because I was a legislator, but denying entrance to the delegation, including Army officers. I argued that she was not even a public servant and that the Army officers were in an area under control of the Union. The young woman behaved resolutely as if following an order. The Army officers chose to avoid any incident and distributed some gifts they brought to the indigenous leaders. I finally entered the maloca and came across the indigenous people who lived there amid a thick layer of soot and smoke from the small fires used to roast food.

The Indians were in a state of severe malnutrition and the maloca did not have treated water or electricity. I asked the young woman from the NGO why not extend the water and electricity from the Border Platoon to the maloca and she replied that it would change the culture of the Indians. Then, when bidding farewell, I kicked a ball with which Yanomami children were playing and I commented to the NGO girl that at least we were all rooting for the same national soccer team and I pointed out to the indigenous children, in which I was challenged by her: "No, sir, you are rooting for your team and they are rooting for their team". I invited the officers present to leave before the situation became even more unpleasant.

Our delegation was intrigued by the fact that the NGO representative anticipated our arrival in the very remote region of the state of Roraima, which indicated the presence of an intelligence and logistics service operating with high efficiency, competing with relative success *vis-à-vis* the same responsibilities of the national State.

The visit to the area revealed the existence of relationships that, based on indigenous traditions and customs, did not constitute abuses between the young soldiers and the women of the villages, all indigenous, were mobilized by the NGOs to claim part of the young military's salary, and were convinced to use the argument of abuses as a form of pressure to achieve their objectives. I drafted a note on behalf of the Commission and asked our embassy in Washington to pass it on to the editors of the *New York Times*.

At the Ministry of Science, Technology and Innovation (MCTI), I returned to Manaus to inaugurate the first stretch of the fluvial data highway, a program conducted by the Ministry of Defense with the support of the MCTI. The goal was to take advantage of the riverbed as a way to bring the internet to Amazonian communities.

The passage through the Ministry of Defense was of full integration with the challenges of the Amazon and of perception of the immense void left there by the Brazilian State, which forces the military institutions to a double mission in the region: the defense of the country, the border, the inland waters and the airspace, and the subsidiary mission of assistance to the indigenous people and the riverside dwellers with hospitals and hospital ships, vaccination campaigns and disease prevention.

Not long ago, walking through the Trans-Amazonian Highway, I came across an old pioneer, already over 90 years old, who asked me: "Do you know why I am here?". I said no, and he said: "Because of Juscelino and Belém-Brasília Highway".

The Belém–Brasília Highway is the continuity of Belém-Brasília Highway, and the march of the bandeirantes to the West. From the Belém–Brasília Highway I went down BR-163 Highway towards Mato Grosso, meeting of the Amazon with the Cerrado, promising a future of progress and peace with social balance and environmental responsibility for our country.

Tordesilhas and the Adam's will

"Let us hear no more then of the Greek and the Trojan sage
And their long journeying;
No more of Alexander and Trajan
And their famous victories;
My theme is the daring and renown of the Portuguese,
To whom Neptune and Mars alike give homage:
The heroes and the poets of old have had their day,
Another and loftier conception of valour has arisen."
— **Luís de Camões,** THE LUSIADS

Portugal and Spain dominated the knowledge and achievements in the oceans, and not by chance led the world in the era known as that of the great navigations, in the transition between the fourteenth and fifteenth centuries.

The Portuguese Bartolomeu Dias had managed to circumvent the Cape of Storms, renamed the Cape of Good Hope, solving the passage from the Atlantic to the Indian Ocean; and Spain revealed to the world the discoveries of Christopher Columbus's voyage.

In 1494, therefore, when the representatives of the Iberian kingdoms met in Tordesilhas village, bathed by the Douro River, which runs between the two countries, it was a matter of settling the division of the world between the influence of the colonial empires. Everything was in dispute: Asia, the Indian Ocean and the Pacific with their spices, Africa and its trading posts for the support and supply of navigators and these new lands revealed by the navigator Christopher Columbus.

The Treaty defined that an imaginary meridian would be drawn 370 leagues west of the Cape Verde archipelago, to the east of which the existing lands would belong to Portugal, leaving the space to the west under the possession of Spain. The imaginary meridian became known as the Tordesilhas Meridian and drew a north-south line in the current Brazilian lands, starting from what is now the city of Belém, in Pará, and going down to the current city of Laguna, in the state of Santa Catarina.

Upon learning of the agreement between his cousins John and Ferdinand, kings of Portugal and Spain, to divide the world between them, Francis I of France asked his diplomats where to find the Testament of Adam that excluded him from sharing the world.

The complaint of the French sovereign did not proceed. The Portuguese success was supported by the country's high investment in nautical science and technology, as was the case of the Sagres School, founded by Prince Henry the Navigator, a combination of research center and shipyard where vessels adapted to the challenge of great navigations were designed and built.

Tordesilhas would go through more than 250 years, succumbing to the boldness of the bandeirantes and their indigenous allies and the talent of Alexandre de Gusmão in the 1750 Treaty of Madrid.

The effort of the bandeirantes and the Portuguese statesmen did not find equal value in the contemporary heirs of the precious treasure. A kind of historical curse weighs on Tordesilhas, which condemns us to never actually incorporate into Brazil the lands that our ancestors rightfully bequeathed to us at the expense of lives, sufferings, sacrifices and renunciations.

Orellana sees the amazons

"Female warriors commanded by a matriarch is a myth common to the peoples of the Negro, middle Amazon and Orinoco rivers. Hence perhaps the constant presence of history over the centuries, as a force capable of convincing La Condamine, Spruce and the historian Robert Southey, not to mention Alexander von Rumbolt's ambiguity on the subject."
— **Márcio Souza,** história da amazônia

"Glory of the planet."
— **Élisée Reclus,** french geographer, 1830-1905, on the amazon river

Francisco Orellana was the first European to cross the Amazon River from Peru, in 1542. He was accompanied by a Dominican, Spanish like him, Friar Gaspar de Carvajal, who left a memory of the expedition: *Relação do famosíssimo e muito poderoso rio chamado Marañón*, whose complete edition was recently published by the publishing house Valor, from Manaus, with translation and comments by Auxiliomar Silva Ugarte, from the Federal University of Amazonas.

The expansion of the Spanish colonial empire faced an almost insurmountable geographical challenge: the Andes. From Lima, Guayaquil or Quito, the crossing of the Cordillera was the only condition for access to the Marañón Basin, as the Spanish called the Amazon River.

The expedition organized by Gonzalo Pizarro, brother of Francisco Pizarro, the conqueror of Peru, aimed to search for cinnamon and other spices that they believed existed in the forests beyond the Andes. The crossing took a year and Pizarro and his men were slaughtered by wars with the hostile Indians and fevers. Orellana was assigned to go down the Napo River in search of food, but decided to continue the adventure downstream, completely disengaging from the expedition and sailing the Amazon to its mouth.

It is Carvajal who describes the vision of the Amazons, indigenous warrior women who bravely faced the Spanish soldiers. It is likely that these women replaced their husbands who fell in combat and that Carvajal and Orellana, under the influence of the myth of the Amazons of antiquity, built the story of the warrior women of the Amazon who gave rise to the name of the great river.

The failure of Pizarro's and Orellana's expedition prophesied the difficulties of all colonial empires in conquering the river valley, whose entrance was under Portugal's control. Orellana returned to Spain and on his return to Amazon he mysteriously and forever disappeared somewhere near the mouth of the river he tried to conquer. Friar Gaspar de Carvajal survived and fulfilled the trajectory of a dedicated religious in several cities in Peru.

Pedro Teixeira

"A few months ago, carrying my solitude through the streets of Paris, I discovered that I didn't really know anyone in the big city except the statues. Some of these, on the other hand, are old friendships, old incitements, or perennial masters of my intimacy. And since I had no one to talk to, I talked to them about big human topics."
— **José Ortega y Gasset,** THE REVOLT OF THE MASSES

The conservation of the Amazon as part of the Portuguese colonial empire is a feat of its competent diplomacy and the bravery of its soldier. This is where the figure of Pedro Teixeira stands out, a decisive presence in decisive moments, when rival colonial empires – Spanish, Dutch, English or French – threatened Portuguese supremacy in the great basin.

Pedro Teixeira was with Jerônimo de Albuquerque on the journey to expel of the French from Maranhão in 1615. Then he met Francisco Caldeira Castelo Branco on a mission at the mouth of the Amazon River at the foundation of the Presépio Fort, the origin of the city of Belém, to then fight the Dutch and English who were trying to settle on the banks of the Xingu River.

But the sublime moment of the trajectory of the great tug of war was the expedition that bears his name, starting from Cametá, in 1637, and returning in 1639. Destined for Quito, Ecuador, then the viceroyalty of Peru, the expedition included approximately 2,000 expeditionaries aboard 47 large canoes carrying 70 soldiers, 1,200 rowing and archer Indians with their women and children. Pedro Teixeira startled the Spanish administrators taken by surprise and astonishment by such audacity. The task force also included the chronicler Maurício Heriarte and a group of religious people, led by the Franciscan chaplain Agostinho das Chagas.

The mission guided by the governor of Grão-Pará, Jácome Raimundo Noronha, preceded by one year the restoration of Portugal's independence from Spain (1640), and by ten years the Bandeira dos Limites, an epic directed by Raposo Tavares.

Pedro Teixeira fixed in the journey the fundamental milestones to guarantee to Portugal, and then, by inheritance, to Brazil, the incorporation of the entire Amazon valley, from Marajó to Tabatinga, in the Treaty of Madrid, which would be negotiated in 1750.

The city of Cantanhede, in Portugal, where Pedro Teixeira was born, honors its illustrious son with a statue; Cametá, the city from which he left, dedicates an obelisk to him. Belém erected another statue to celebrate his feat; the Navy names the River Patrol Ship Pedro Teixeira after him, and the Army has in Belém the Jungle Infantry Battalion Pedro Teixeira. By tradition, it is also called Military Command Captain-Major Pedro Teixeira the current Northern Military Command, in Pará.

Raposo Tavares and the Bandeira dos Limites: the biggest bandeira of the biggest bandeirante

"At the end of this work, we have the feeling of having lifted, with heavy effort, the granite lid of the tomb where a giant slept."
— Jaime Cortesão,
RAPOSO TAVARES E A FORMAÇÃO TERRITORIAL DO BRASIL

"Antônio Raposo has an admirable prominence among all South American conquerors. His heroism is brutal, massive, without fractures, without folds, without disguises. It advances intelligently, mechanically, inflexibly, like the unleashed natural form. The diagonal of fifteen hundred leagues, which traced from São Paulo to the Pacific, cutting all of South America, over rivers, plateaus, wetlands, stagnant watercourses, deserts, mountain ranges, snowy páramos and rugged coastlines, between the astonishment and ruin of a hundred supplanted tribes, is a terrifying epic move. But it feels good in that individual boldness the wonderful concentration of all the boldness of an era."
— **Euclides da Cunha,** À MARGEM DA HISTÓRIA

"And if extraordinary adventure demanded of these survivors an unsurpassed physical temper and human quality, the heroic consciousness of the feat to be accomplished, far exceeded in Raposo Tavares. Exceptional type of man. To him, to overcome all in unwavering resistance; to him, he sets an example when the most would collapse; to him, to swallow hard, the afflictions of uncertainty or defeat, so as not to plunge the wave of discouragement into some fainting companion; to him, the terrible responsibilities of command, of throwing lives to death, of faith, to all test."
— **Jaime Cortesão,** RAPOSO TAVARES E A FORMAÇÃO TERRITORIAL DO BRASIL

Of the 120 Caboclos and Portuguese and 1,000 Indians who left São Paulo in 1648 for the Amazon and Peru, few returned in 1651, after three years of marching and 12,000 kilometers traveled. Among the survivors was Antônio Raposo Tavares, the head of the Bandeira dos Limites, disfigured by the mistreatment of the journey to such an extent that he was not even recognized by his family upon arriving home.

The bandeira of Raposo Tavares was a plan of the Portuguese State, which had regained its independence from Spain (1640) and wished to know and incorporate lands located west of Tordesilhas. Shortly before leaving São Paulo for the mission, Raposo had been in Lisbon, where, it is believed, he had received specific instructions for the task of seeking for Portugal the gold and silver that he might find and incorporating the new lands into the kingdom. There is no doubt that Raposo Tavares was fulfilling the mission of the Portuguese kingdom, as he had done before, between 1639 and 1642, when he recruited and financed a troop to fight the Dutch who occupied the Northeast of Brazil.

The figure of Raposo Tavares and his deeds remained underestimated until historians examined the available documentation on the saga of the bandeirantes. The Portuguese historian Jaime Cortesão wrote the biography to the likeness of the biographed: *Raposo Tavares e a formação territorial do Brasil*. More recently, the historian Anita Novinsky, in her book *Os judeus que construíram o Brasil*, defends the bandeirantes, composes a profile of Raposo Tavares and justifies the influence of its Judaizing traits in its animosity against the Jesuits.

Departing from Tietê, the expedition reached the lands of present-day Paraguay, ascended the Paraguay River, descended the Guaporé and Mamoré to Madeira, from there to the Amazon, making the route towards Peru. The feat astonished the authorities of Lima, who wrote to the king of Spain reporting the feat of the "Paulistas", how were identified the expeditionaries not recognized as Portuguese, but as pre-Brazilians from São Paulo.

The journey back went down the Amazon to Gurupá, near Belém, Pará, with the delegation already decimated by fevers and fighting offered by the hostile Indians, and from there went towards São Paulo.

Raposo Tavares failed in part because it couldn't find the silver and gold from the royal order. However, beyond the fleeting glow of precious metals, the Portuguese objective of expanding the limits of their domains to the west survived in the wake of the recent feat of the river bandeira led by Pedro Teixeira.

The great adventurer died poor and forgotten in life. The Amazon that he helped to incorporate into Brazil also does not honor his memory and his achievements, except for the solitary presence of the River Patrol Vessel Raposo Tavares, of the Brazilian Navy, navigating rivers that Raposo Tavares contributed to define that they were Brazilian waters.

São Paulo honors him with the name on an important highway and the Army gave him the name of the centennial 4th Infantry Battalion, in the city of Osasco, known as Regimento Raposo Tavares.

The sword, the arrow and the cross

"In this way, if the relations of the Indians with civilization constitute the essential element of the history of this part of America, the intervention of the Jesuits was of such an order that it can well be said that the history of the company is, by itself, a complete history of colonization.

As far as Grão-Pará in particular is concerned, the history of this part of this Brazilian land can in no way be written without that of the Jesuits."
— **João Lúcio de Azevedo,**
OS JESUÍTAS NO GRÃO-PARÁ, SUAS MISSÕES E A COLONIZAÇÃO

Portugal would not have triumphed over its antagonists for the dominance in the valley of the Amazon without the concurrence of two very valuable allies: the indigenous people and the religious missions. Without the support of the Indian, the guide, the scout, the connoisseur of each river, each plant, each animal, the Portuguese would have no way of settling in the Amazon. The Indian's oar, bow and arrow carried the colonizer's sword, protected it from the enemy Indian, the Spanish, the French and the Dutch in every unknown span of the new land. To ward off the ambition of the other colonial empires, Portugal relied on indigenous infantry, indigenous logistics, the indigenous hunter, the indigenous gatherer, without which it would not survive the painful journey.

Likewise, without the cross of religious missions it would have been much more difficult to remain in an environment of a hostile nature, at such great distances and in such remote lands. The importance of missionaries can be assessed by the number of cities – the oldest in the Amazon – that had their origin in the villages of the missions of so many priests who ventured into the inhospitable valleys of the great basin as soul conquerors, in the expression of Raimundo Morais[1].

Visitors to the city of Belém will notice the imposing Mercedarian convent[2], built in the 1640s, used as a public office after the expulsion of the religious and the scene of the Cabanagem Revolt in the 19th century. The building and its architecture are testimony that the Mercedarians came to the Amazon with the goal of remaining and becoming part of its history. Architecture translated the grandeur and boldness of the presence: we are here to stay.

The crown distributed the religious orders in such a way as to occupy the entire length of the Amazon valley, from the Atlantic to the border with Peru. Jesuits, Franciscans, Mercedarians, Carmelites, all the royal charters instructed and assigned location and rights. Religious orders had authority over the Indians and the permission to build farms and trade the so-called sertão drugs and spices, collecting a part of the profits for the crown.

Father João Daniel, a Jesuit who lived in the Amazon, and whose book *Tesouro descoberto do máximo Rio Amazonas*[3] is the main source on life in the region in the 18th century, reported on customs, indigenous life, agriculture, clay and ceramic activity, the economy of sugar mills, brandy and even the proper management of cattle during the floods.

---

1   Paraense (1872-1941), commander of boats in the rivers of the Amazon, novelist, journalist and chronicler, left a vast work on the Amazonian world.
2   Order of Our Lady of Mercy, founded in 1228, whose members are known as Mercedarians, present in the Amazon since the beginning of colonization.
3   DANIEL, João. *Tesouro descoberto no máximo Rio Amazonas*. Rio de Janeiro, Contraponto, 2004.

When the Marquis of Pombal confiscated the Jesuits' assets, 25 cattle ranches from Marajó to Tabatinga and three sugar mills were listed. Marajó farm had 134,475 cattle and 1,409 horses[4]. The other religious orders also owned goods, farms and a lot of cattle.

The presence of Father Antônio Vieira in Maranhão and Pará highlights the importance that the Society of Jesus gave to evangelization in the region. Vieira was the greatest orator of the Church of the 17th century, chosen by the Pope as preacher of the conversion of Queen Christina of Sweden, immortalized by the sermons delivered in the churches of Brazil and Lisbon.

The expropriation of the Jesuits and the rupture of Pombal with the religious reoriented the alliance with the indigenous people and the publication of the Indigenous Directory legislation, with the granting of rights and privileges to the foresters and their descendants.

The Indians allied with the Portuguese acted for practical interests – sometimes the acquisition of the knowledge and instruments of the colonizers, sometimes the protection against stronger and more aggressive enemy tribes. There was resistance and struggle, as in the war led by the Tuxaua Ajuricaba, but also the decisive presence, as in the expedition of Pedro Teixeira. But between unity and struggle, Portuguese would not have remained in the Amazon without the help of the Indian's bow and arrow and the missionary's cross.

Ajuricaba, the king of the forest

"I owed this book to that green, superb, enigmatic majesty that is the Amazon jungle."
— **Ferreira de Castro,** A SELVA

Ajuricaba was a Tuxaua of the Manaós tribe and along with two brothers and other warrior leaders of the Negro River valley organized the resistance against Portuguese colonialism between 1723 and 1728, when he was defeated by the troop organized by the governor of Grão-Pará, João Maia da Gama.

4   PAIM, Gilberto. *Amazônia ameaçada, da Amazônia de Pombal à soberania sob ameaça.* Vol. 116. Brasília, Senado Federal, 2009.

The Tuxaua leader reacted to the expeditions to enslave his people by attacking the tribes loyal to the Portuguese and, taking them prisoners, offered them as slaves to the Dutch of Suriname. The Portuguese feared exactly the alliance between the Indians and the Dutch, which motivated Maia da Gama's letter to King John V reporting the rebellion of Ajuricaba and asking for authorization to make the so-called "just war"[5] against the Indians led by him.

Ajuricaba managed to gather thousands of archery combatants, but was eventually defeated in 1728 and taken prisoner to Belém. On his way, he organized a mutiny on the boat that was taking him. Subdued, he crawled with another companion to the edge of the vessel and threw himself into the waters of the river, preferring death to the judgment of the colonizer.

The Indians for whom he fought and the Portuguese themselves, his executioners, recognized the heroic act of the chief of the Manaós. His portrait painted in oil by the Amazonian artist Oscar Ramos appears in the gallery of the builders of Brazil of the Chamber of Deputies. In 2010, Senator Arthur Virgílio, from Amazonas state, presented a bill to inscribe Ajuricaba's name in the gallery of the Heroes of the Homeland. The Brazilian Army called the 54th Jungle Infantry Battalion, in the city of Humaitá, in Amazonas, the Battalion Cacique Ajuricaba and the Military Police of Amazonas has in its ranks the Ajuricaba Grouping.

The Amazonian writer Márcio Souza wrote the biography *Ajuricaba, o caudilho das selvas*[6], and Rio Grande do Sul has the city of Ajuricaba. São Paulo baptizes one of its streets with his name, his history was the subject of a film directed by Oswaldo Caldeira, and in 2019 Rede Amazônica promoted a vote to choose the personality "that is the face of Manaus": Ajuricaba was elected with 46% of the votes.

Alexandre de Gusmão, the Treaty of Madrid and the creation of Brazil

[5] Just war was the name given to the campaigns authorized by the Portuguese government against the Indians who rebelled against the norms of colonial authority.

[6] SOUZA, Márcio. *Ajuricaba, o caudilho das selvas*.

"Precursor of American geopolitics; definer of new legal principles; unsurpassed master of science and diplomatic art, Alexandre de Gusmão has the right to appear in history as a genius builder of the Brazilian nation, for the clairvoyance and firmness of a policy of geographical unity and defense of sovereignty, which anticipated, prepared and equaled that of the Baron of Rio Branco."
— **Jaime Cortesão,** ALEXANDRE DE GUSMÃO E O TRATADO DE MADRI

Under the Treaty of Tordesilhas, Brazil would have only one-third of its current territory and the remaining two-thirds would naturally be provinces or departments of our neighbors, which would include all of Rio Grande do Sul, Mato Grosso do Sul, Mato Grosso, Rondônia, Amazonas Roraima, Amapá, almost all of Pará, Paraná, Santa Catarina and parts of Goiás, São Paulo, Tocantins and Minas Gerais.

And if Portugal managed to multiply by three what Tordesilhas granted it, it owes the victory to the indomitable spirit of the bandeirantes in Brazil and the talent and patriotism of its diplomats in Portugal and Europe. But if among his diplomats one deserves to be raised to the highest point of Portuguese diplomacy, he is the Brazilian Alexandre de Gusmão.

Born in Santos, in 1695, educated in Bahia, graduated in Law in Coimbra, Alexandre de Gusmão already at the age of 19 entered the diplomatic service assuming a post in Paris, where he expanded his knowledge in Law and History. In 1730 he was appointed "secretário d'el-rei" (secretary of the king) of John V and began to exercise increasing influence in the foreign policy affairs of the kingdom. He became a member of the Academy of History, created by the king, prepared the document that justified the possession of the Sacramento Colony on the La Plata River and in 1743 began to conduct negotiations with Spain in what would result in the Treaty of Madrid.

The Treaty of Madrid demarcated the boundaries between the two most important colonial empires of the 18th century, comprising an approximate extension of 16,000 kilometers that, with few changes, persist to the present day.

Almost three hundred years of stability in such a long border has passed, which is a unique phenomenon in history when one observes the scenario of the last centuries marked by disputes and conflicts. Starting with Europe, with intermittent wars marking and remarking fluid boundaries, making and remaking national states like the recent Yugoslavia, made country by an agreement and then remade into six countries, or defining and redefining nationalities of provinces, such as Alsace and Lorraine, between bellicose neighbors France and Germany.

And so lives the world, amid shocks and distrust of neighbors: Russia and Ukraine, China and India, Mexico and the United States, young African states redrawing their geographies, Israel and Palestine; while our soldier guards borders pacified for how many centuries by Alexandre de Gusmão's unparalleled talent.

The originality of the Treaty of Madrid lies in concluding the negotiation of thousands of kilometers of borders without the concurrence of armies to measure the correlation of forces, and in anticipating the limits of a country before the proclamation of its independence because, in fact, when becoming a country, Brazil has already found its territory recognized by the work of Lisbon diplomacy, records diplomat and historian Synésio Sampaio[7].

In addition to Gusmão's talent and great preparation to deal with the Spanish negotiators, a decisive factor for the victory of Portuguese diplomacy was inside the Royal Palace of Madrid: the queen of Spain, Bárbara de Bragança, wife of King Ferdinand VI, was the daughter of the king of Portugal, John V, which, of course, as a Portuguese, made her sympathetic to the cause of her homeland when mediating the negotiations between her husband and her father.

When the Treaty was signed, on January 13, 1750, Portugal lost the Sacramento Colony, in present-day Uruguay, claimed by Spain, but conquered the entire Amazon River valley, from Marajó to Tabatinga, and the entire vast west between the Tocantins River and the Upper Paraguay. Spanish and South American historiography has never forgiven the Spanish negotiator, Secretary of State José de Carvajal y Lancaster. Paraguayan historian Bernardo Capdeville made a bitter assessment of the episode: "Ashamed of Spanish diplomacy".

Regarding the historical assessment of the Treaty, Jaime Cortesão wrote in his very valuable work *Alexandre de Gusmão & O Tratado de Madri*: "Brazilian historians rightly consider this agreement as the historical-legal basis of the territorial formation of Brazil, the first and main statute that broadly defined the natural and legitimate borders of the nation; and historians Argentines

---

[7] FILHO, Synesio Sampaio Goes. *Alexandre de Gusmão (1695-1753) o estadista que desenhou o mapa do Brasil.* Rio de Janeiro, Record, 2021.

and some Uruguayans, Colombians etc., in general, as a Treaty extorted from the Spanish government, either by the nefarious influence of Queen Bárbara de Bragança, daughter of Dom João V of Portugal and wife of Ferdinand VI of Spain, whose weak mood would have dominated, either by defection of Minister Dom José de Carvajal, evil patriot and interested flatter."[8].

For the Amazon, Pombal takes on the world

"On one occasion, when talking to Goethe about the nature of tragedy, Napoleon mentioned that the new tragedy differed from the old one by the fact that the destiny to which men would be subject no longer existed and that politics had emerged in its place."
— **Hegel,** PHILOSOPHY OF HISTORY

With the death of John V (1750), Dom Joseph I ascended the throne, appointing Sebastião José de Carvalho e Melo, the future Marquis of Pombal, Minister of Foreign Affairs and War. In 1755, the king promoted Pombal to Secretary of State for Internal Affairs of the Kingdom, corresponding to the post of Prime Minister.

Pombal had made a long diplomatic career, had served in London and Vienna and was aware of the greed of the European colonial empires over the Amazon River valley and the difficulties of the Portuguese government in protecting such a large area. His first action, in 1751, was to appoint his brother, Francisco Xavier de Mendonça Furtado, governor of Pará and captain-general of the captaincies of Grão-Pará and Maranhão. Marcos Carneiro de Mendonça in *A Amazônia na era Pombalina*[9] examines Mendonça Furtado's correspondence and draws a bleak panorama of the situation encountered by the new governor in 1751: there were 232 soldiers to defend the entire area under his jurisdiction in Pará and in Maranhão the number was 178 men. It was undoubtedly a state of penury and Mendonça Furtado was up to the challenge.

---

8   CORTESÃO, Jaime. *Alexandre de Gusmão & O Tratado de Madrid.* São Paulo, Fundação Alexandre de Gusmão/Imprensa Oficial, 2006.
9   MENDONÇA, Marcos Carneiro. *A Amazônia na era Pombalina.* Brasília, Senado Federal, 2005.

Pombal's brother mobilized the necessary resources to renew and enlarge the troop at his disposal, organized an expedition down the tributaries of the Negro River and the Branco River, concerned with the incursions of the Dutch from Suriname and with old British pretensions dating from Sir Valter Raleigh's[10] adventures in the region.

Pombal and Mendonça Furtado conceived a system of fortifications with the dual purpose of securing possession of the territory and protecting it against ambitions of hostile colonial powers. The São José do Macapá Fort against French claims at the mouth of the Amazon, the São Joaquim Fort, in the current state of Roraima, to deter Dutch ambitions, and the Príncipe da Beira Fort, in the current state of Rondônia, São Francisco Xavier de Tabatinga Fort, in Amazonas, border with Colombia, and the São José do Rio Negro Fort, origin of the city of Manaus.

But the great innovative action of the Marquis and his brother for the Amazon was the document "Directory of the Indians", whose purpose was to build the alliance of the Portuguese with the indigenous populations of the Amazon through concessions to the Tuxauas and their subordinates, without which it was impossible to face the superiority in men and weapons of the competing colonial empires.

By decision of Lisbon, the villages received two schools: one for indigenous boys and another for indigenous girls in which they would learn to read, write and the crafts of the time. In case there were no teachers for girls, they could attend boys' schools until the age of 10. Indigenous slavery was prohibited in Grão-Pará and Maranhão and mixed marriages between Indians and non-Indians were encouraged, with full right of inheritance and attribution of titles of nobility to descendants.

The Indians should have priority in occupying state functions in the villages as justices of the peace, councilmembers and bailiffs. It came from the bandeirante tradition to assign military functions to indigenous chiefs with their respective ranks. To this day, it is common for indigenous leaders to informally assign themselves the rank of captain. The Portuguese crown appointed the Poti Indian, Filipe Camarão, captain-major of all the Indians of Brazil, with the title of Dom and Knight of the Order of Christ, with title of nobleman and coat of arms.

---

10 Sir Walter Raleigh, a British adventurer and explorer, with a significant presence in the Amazon in the 16th century, believed he had discovered El Dorado in the region.

Pombal was convinced that without the indigenous infantry and the alliance with their bosses, the Amazon was lost. He remembered the journey of Pedro Teixeira with his 1,200 indigenous warriors to Ecuador; the war of the bandeirantes and their Tupi allies against the Guarani on lands coveted by Spain and the so recent epic of Raposo Tavares and his Guaianá infantry armed with bow and arrow.

Pombal belonged to a category of authoritarian and modernizing men who went down in history as enlightened despots. He had the virtue of anticipating the importance of the Amazon to the world, and spared no effort for this treasure to remain Portuguese and therefore Brazilian a few decades later. The English historian Kenneth Maxwell left him the definitive biographical profile: *Pombal – paradox of the Enlightenment*[11].

The Pirara Question – a story of colonial trickery and ambition

"At the time, the publication of the arbitration award generated a general wave of national indignation. The collective conscience was that Brazil had been harmed in its most legitimate rights. The newspapers were unanimous in describing the arbitration award as, at the very least, unfair. The Brazilian lawyer – Joaquim Nabuco – not only felt betrayed but even declared that the award 'will be the cause of my death'. However, the award was accepted, obeyed and complied with, even if, again, under widespread indignation."
— **José Theodoro Mascarenhas Menck,**
OBRAS DO BARÃO DO RIO BRANCO, INTRODUCTION NOTES TO THE READING OF *MÉMOIRE SUR LA QUESTION DES LIMITES ENTRE LES ÉTATS-UNIS DU BRÉSIL ET LA GUYANE BRITANNIQUE*

In 1835, Brazil had already consolidated its Independence, Dom Pedro I had abdicated in 1831, Father Diogo Antônio Feijó had been elected regent in a country plunged into the instability of three revolts in the same year: the Cabanagem, in Pará, the Malês one, in Bahia and the Farrapos one, in

---

11 MAXWELL, Kenneth – *Marquês de Pombal, paradoxo do Iluminismo*. São Paulo, Editora Paz e Terra, 1966.

the province of Rio Grande. Feijó would not finish his term and would resign when he concluded that the country was ungovernable in the midst of chaos.

The northern border of Brazil was until then considered pacified, with no relevant territorial claims on the part of the neighbors, except for France's dissatisfaction with the limits demarcated by the Treaty of Utrecht of 1713, which had also drawn the border of Brazil with the British Empire, accepting the Essequibo and Amazon basins as the limits between Portugal and the British Empire, inherited by Brazil in 1822.

The problem was that the British Empire wanted an exit to the Amazon basin, denied by the Essequibo River, which heads to the Atlantic. The way out would be to bring down the limits of English Guiana to the Brazilian river tributary of the Branco River, from there to the Negro River and finally to Amazon River. Once the objective was established, the sinister plan began with the hiring of the services of the German mercenary Robert Hermann Schomburgk, geographer and naturalist, dispatched to Guiana, commissioned by the Royal Geographical Society with the objective of promoting studies in the Amazon and Essequibo basins. The unofficial nature of the mission was conferred by the request of Prime Minister Lord Palmerston to the Brazilian representation in London for the granting of the passport to Schomburgk. Later, already naturalized British, Schomburgk would be named a knight of the empire by Queen Victoria.

After the mission was completed, Schomburgk reported to London the area that should be occupied and the second step of the plot was to dispatch a religious mission headed by Thomas Yound. The religious agent raised the flag of the British Empire on the spot, in full Brazilian territory, catechized and taught English to the Indians and upon being expelled led his Indians to Georgetown, and these asked for her majesty's protection against the "threats" of the Brazilian government.

The third and decisive movement was a military incursion into the Brazilian territory and the occupation of the space indicated by Schomburgk and inhabited by the Indians catechized by Yound. The Brazilian government, in view of the willingness of the English to declare the new limits with the inclusion of the usurped area as part of their territory, appealed for the claimed space to be considered in litigation pending a later decision. And so it remained until the beginning of the 20th century, when finally the English government suggested as arbiter of the dispute the king of Italy Victor Emmanuel.

The dispute went down in history as *The Pirara Question* because of the homonymous river that bathes the region and is exhaustively described and explained in José Theodoro Mascarenhas Menck's book, *A Questão do Rio Pirara, 1828-1904*, published by the Alexandre de Gusmão Foundation of the Ministry of Foreign Affairs[12].

The Italian monarch was a gratuitous disaffection of Brazil and ploughed his side in two measly pages, handing over to the English 16,630 square kilometers and returning to Brazil 13,570 square kilometers of the territory in dispute. The effort and talent of Joaquim Nabuco, the Brazilian lawyer, was of little value in the matter. It was the year 1904 and the ruse of the British Empire and its oldest NGOs (one geographical and one religious) imposed on Brazil one of its most serious diplomatic setbacks. Joaquim Nabuco, after the defeat, died in the United States without ever returning to Brazil.

Cabanagem – the burning plain

"Among the mistakes of my life, which are many, is not getting to know the Amazon.

The trip would be short, but we prefer, as a rule, to see the Rhine, making a longer trip."

— **Costa Rego,** JOURNALIST, FORMER GOVERNOR OF ALAGOAS, IN 1931, IN *CORREIO DA MANHÃ*

In times of politically correct historiography, it is impossible to appreciate past facts without involving them in the disorientation that attempts to describe the past through the blurred lens of the present.

The Cabanagem was indeed the most popular and violent rebellion of the Empire, but before that it was a movement on the part of the Pará elite in search of political, economic and social influence, and which was based on the resentment of the masses of excluded people represented by Indians, Caboclos, Tapuios[13] and peasants.

---

12   MENK, José Teodoro M. *A Questão do Rio Pirara (1829-1904)*. Brasília, Fundação Alexandre de Gusmão, 2009.

13   Tapuios obey more than one definition, from Indians not belonging to the Tupi linguistic trunk, Indians integrated into white society or Indians mixed with non-Indians.

Independence dismantled the foreign trade network that maintained the main economic activity of Grão-Pará and its supporters thought they were wronged in the distribution of power shares in the province, whose adhesion to the Empire had counted on their commitment and sacrifice.

Among the rebels were members of the clergy, such as Canon Batista Campos, from a traditional Pará family, and the militia colonel, plantation owner and farmer Félix Malcher. Batista Campos was the intellectual of the insurrection, the propagandist and the agitator; Malcher was the organizer and leader and first president of the victorious revolt. The movement galvanized the dissatisfaction against centuries of oppression, as Domingos Raiol observed in the main work on Cabanagem, *Motins políticos, ou história dos principais acontecimentos políticos da Província do Pará desde o ano de 1821 até 1835*[14], written in the heat of events in the 19th century.

As for Malcher, he is far from receiving any judgment exempt from a contemporary historiography concerned much more with serving causes than history. The journalist from Pará Sérgio Buarque de Gusmão sought to portray Malcher with the distancing of the historian and the objectivity of the journalist in his precious work *Nova história da Cabanagem, seis teses revisam a insurreição que incendiou o Grão-Pará em 1835*[15].

The Cabanagem mixed the contrariety of the elites and the revolt of the Caboclos, Indians and Tapuios and translated the contradictions into the broad alliance formed. Malcher was deposed and murdered, succeeded by ephemeral governments, of ephemeral leaders, sometimes the Vinagre brothers (Francisco, Manuel and Antônio), sometimes Eduardo Angelim.

The Regency had great difficulty in quelling the revolt. Ernesto Cruz, in his book *Nos bastidores da Cabanagem*, assures that Eduardo Angelim received and rejected an offer of military support from the US government to proclaim the independence of the Amazon. Angelim left a memoir recounting the heroic episodes of the Cabanagem, which could clarify Ernesto Cruz's hypothesis, but the book was lost without his testimony being known.

Historians point to mismatched figures on the accounting of those killed in the revolt. Sergio Buarque maintains that the figure of 30 to 40 thousand

---

14 RAIOL, Domingos Antônio. M*otins políticos ou história dos principais acontecimentos políticos da Província do Pará desde o ano de 1821 até 1835*. Vol.1, 2 e 3. Manaus, Valer, 2021.

15 GUSMÃO, Sérgio Buarque de. *Nova história da Cabanagem, seis teses revisam a insurreição que incendiou o Grão-Pará em 1835*. Juiz de Fora, Gráfica Garcia, 2016.

dead "is the result of exercises in divinatory art", but without denying the slaughter that shed blood throughout the valley of the great river, and cites a letter from the president of Grão-Pará, Bernardo de Souza Franco, from 1839, estimating at 2,500 the cabanos deceased in prisons and in fighting.

The dissatisfaction that brought together the elite of political farmers and merchants to the poor and dispossessed of Grão-Pará against the indifference of the Empire in the 19th century is the same that plows throughout today's Amazon.

The project of an informal government submissive to international interests in the Amazon exercised by non-governmental organizations and agencies of the Brazilian State itself will face increasing resistance conducted for the same reasons that aroused cabana rebellion in the 19th century.

Travelers and naturalists, the best science in the world is the colonialist one

"The oppressed will always believe the worst about themselves."
— **Frantz Fanon,**
THE WRETCHED OF THE EARTH

In the 18th and 19th centuries, the best science in the world was in the scientific museums and academies of the European colonial empires with their botanists, zoologists, geologists, naturalists, and anthropologists. They were the scientific look of colonialism, which financed their research and travels, and from them they gathered the information that allowed the best economic use of the colonies and the best way to exercise domination over the colonized populations.

The English were pioneers in the creation of these institutions – the geographical society, the anthropological society, the religious associations, all of them arms in the service of the empire in which the sun never set.

It is necessary to clarify that these scientific expeditions truly produced advances for science in their time, although the scope of these advances was limited to the colonizing centers, since the colonies did not even have academic institutions capable of sharing or absorbing the knowledge gained.

Some of these naturalists had the Amazon as destination and Charles-Marie de La Condamine is the pioneer among them, the first scientist to descend the Amazon River in 1743, when he was returning from Peru on a mission to determine the exact degree of the meridian arc. Condamine was a mathematician, astronomer, and was the first European to bring scientific information about the Cinchona, the rubber tree and the curare to the old continent. He also included in the memories of his trip a map of the Amazon River and the description of the Cassiquiare Channel, which connects the Orinoco basin to the Amazon by the Negro River.

In 1783, Portugal financed the Brazilian Alexandre Rodrigues Ferreira. The trip lasted nine years and Ferreira recorded precious information about the fauna, flora, agriculture and life of the population in the Amazon. His *Diário da viagem filosófica*[16] reports the collection of scientific material still used today in institutions in Lisbon, Rio de Janeiro, and also Paris, as part of the collection was taken to France in the Napoleonic Wars.

Between 1817 and 1820, the zoologist Johann Baptist von Spix and the botanist Karl Friedrich von Martius traveled Brazil in the service of the Munich Academy of Sciences on an official mission of the King of Bavaria, integrating the entourage of the Austrian archduchess Leopoldina on a trip to marry Prince Dom Pedro I. The final stage of the expedition was the Amazon, and they gathered, classified and cataloged for the first time three thousand species of the fauna and flora of Brazil, remaining one of the most successful scientific expeditions of the 19th century.

The Baron of Langsdorff was a German diplomat and doctor naturalized Russian, ambassador of Russia in Rio de Janeiro at the time of the Independence of Brazil, friend of Dom Pedro I. After Independence, between 1824 and 1829, Langsdorff led the most ambitious scientific expedition in Brazil of the 19th century, financed by Tsar Alexander I and supported by Dom Pedro I and José Bonifácio, who offered all the facilities for the success of the initiative. The expedition left São Paulo, traveled through Mato Grosso, entered the Amazon by the Madeira and Tapajós rivers until the city of Belém. Langsdorff himself, and one of his illustrators, Hercule Florence, left valuable accounts, references to this day for researchers and the curious[17].

---

16   FERREIRA, Alexandre Rodrigues. *Viagem filosófica ao Rio Negro.* SP, Companhia Nacional, 1939.
17   FLORENCE, Hercule. *Viagem fluvial do Tietê ao Amazonas: 1825 a 1829.* Brasília, Senado Federal, 2007.

The British Alfred Wallace and Henry Bates landed in Belém in 1848. Walace returned to England four years later and wrote the book *A Narrative of Travels on the Amazon and Rio Negro*, while Bates remained in the Amazon until 1889 and published *A Naturalist in the Amazon*[18], considered by Charles Darwin the best book on natural history published in England.

Walace sent Darwin a paper that dealt with natural selection of the fittest, and both presented the idea at a scientific meeting in London in 1858. Darwin then published *On The Origin of Species*, leaving Walace on the sidelines.

In the same period as Walace and Bates, Richard Spruce, a renowned British naturalist and agent, Walace and Bates' companion in researches in Europe, traveled through the Amazon. Spruce was a precursor in the attempted piracy of rubber tree seeds for England at the request of the British authorities, a feat that would be achieved by his compatriot Henry Wickham a few years later.

Daniel Parish Kidder was not a scientist, but an agent of the American Bible Society with the mission of spreading the gospel and Protestantism in Brazilian lands. He traveled the Northeast and the Amazon between 1840 and 1842, an experience that he left recorded in a book[19] telling the history, customs, geography and curiosities of the places where he went. The religious mission was a failure, but Kidder provided an important service to the record of Brazilian memory from the first half of the 19th century.

Louis Agassiz was a Swiss naturalist, professor at the University of Neuchâtel, who lived as a researcher in France and the United States and reviewed Spix and von Martius' researches on the Amazon. Already living in the United States, Agassiz was sent on a scientific mission to Brazil, the Thayer Expedition, in 1865. Although he built a respectable scientific biography, Agassiz at the end of his life was possessed by the ideas of scientific racism and interested in proving that miscegenation was a factor in the degeneration of humanity, which compromised the credibility of his trip and his work.

---

18   BATES, Henry. *A Naturalist in the Amazon*. São Paulo, Brasiliana, 1944.
19   KIDDER, Daniel. *Reminiscências de viagens e permanências nas províncias do Norte do Brasil*. Belo Horizonte, Editora Itatiaia, São Paulo, Edusp, 1980.

A slave enclave in the Amazon, an American dream

"Maury vehemently advocated the deportation of enslaved black Americans to the Amazon in order to develop the region; he was also part of a group of conspirators who intended to take the Amazon from Brazil."
— **Gerald Horne,** THE DEEPEST SOUTH: THE UNITED STATES, BRAZIL, AND THE AFRICAN SLAVE TRADE

In the mid-nineteenth century, a part of the enslaver elite of the United States conceived the miraculous plan to take the Amazon from Brazil to establish a slave enclave there. In the view of one of the conspirators, the goal was to prevent "the most beautiful portion of the world created by God from rotting in the hands of a decrepit race, unable to harness its resources"[20].

Some of the characters in the plot were quite familiar to Brazil. Henry Wise, a former governor of Virginia, had served as the United States ambassador to Brazil between 1844 and 1847, and had already thought of the idea of bringing North American slaves into Brazil and thus escaping abolitionist pressure in his own country and the British Navy's increasing vigilance against human trafficking. Wise would go on to stand out as a Confederate brigadier general in the American Civil War from 1861 to 1865.

Another character is Matthew Fontaine Maury, author of a famous campaign for the opening of the Amazon River to international navigation as director of the Hydrographic Service of the United States Naval Observatory. Maury is a street name in Richmond and his oil-painted portrait is placed at the Virginia State Library. A Tennessee county bears his name, which also names a wing of the Annapolis Naval Academy. The most important of his extensive biography was to have commanded the Confederate States Navy in the civil war.

Maury argued for the transfer of slaves from the Mississippi Valley to the Amazon Valley on the grounds that "it is easier and quicker for Amazon ships to go to New York than to Rio; and the ship can make the crossing from New York to Rio in less time than from Amazonas to Rio"[21]. When the Brazilian government asked the United States government for explanations about

---

20 HORNE, Gerald. *O Sul mais distante*. São Paulo, Companhia das Letras, 2010.
21 HORNE, Gerald. *O Sul mais distante*. São Paulo, Companhia das Letras, 2010.

the very serious opinion of a naval official in the country, Secretary of State William Marcy simply changed the subject.

Professor Gerald Horne of the University of Houston, Texas, has written a revealing and thought-provoking work on the subject, *The Deepest South: The United States, Brazil, and the African Slave Trade*, detailing the entire plot from the beginning to the failed end.

Emperor Dom Pedro II resisted the opening of the Amazon River to foreign navigation and the Brazilian authorities did not allow the ambition of the slaveholders of North America over the valley of the great river to prosper.

After the Civil War, thousands of families from the Confederate South took refuge in Brazil and took root here. The Lee, the Corral, the Whitakers, are some of those families whose story is told in Rose Neeleman and Gary Neeleman's excellent book, *The Confederate Migration to Brazil: Stars and Bars Beneath the Southern Cross*[22]. The precursors who guided the places for migration of families from the United States chose as their destination mainly São Paulo, where the cities of Americana and Santa Bárbara are today. The defeat in the Civil War ended the plan of an Amazon converted into a slave enclave.

The navigation of the Amazon – Dom Pedro II against the American empire

"And therefore to the United States, more than to any other people, belongs the wealth of the Amazon."
— **Union Newspaper,** WASHINGTON, DECEMBER 1852, QUOTED BY TAVARES BASTOS IN *CARTAS DO SOLITÁRIO*

"In the debates of the foreign press and in the councils of the great powers, the Amazon has occupied a distinct place."
— **Tavares Bastos,** *CARTAS DO SOLITÁRIO*, 1862

---

[22] NEELEMAN, Gary.; NEELEMAN, Rose. *The Confederate Migration to Brazil, Stars and Bars Beneath the Southern Cross.* Porto Alegre, EDUFRGS, 2016.

Between 1849 and 1855, Lieutenant Matthew Maury of the United States Navy published a series of articles in the most widely circulated magazine in the country defending the benefits of free navigation of the Amazon River. Maury was the superintendent of the Hydrographic Service of the Washington Naval Observatory, which gave him authority over the matter, although he had never sailed the Amazon.

The articles published under the title *Letters of the Amazon and Atlantic Slopes of South America* achieved great repercussion in the United States and in Brazil. His book *Exploration of the Valley of the Amazon* was challenged by the Brazilian officer, Colonel José Baptista de Castro Moraes Antas, who refuted, one by one, Maury's theses, in his book *O Amazonas: breve resposta à memória do tenente da armada americana-inglesa F. Maury sobre as vantagens da livre navegação no Amazonas*.

The world debated the opening of the Amazon to international navigation. A French periodical, the *Journal du Havre*, preached the annexation of the entire Brazilian territory of the Guianas to the shores of the Amazon, converting the island of Marajó into a protectorate administered by the colonial powers.

The brilliant Alagoas deputy Aureliano Cândido Tavares Bastos led a noisy campaign from the Chamber's tribune and through the press in favor of the thesis of opening the Amazon Basin to foreign navigation. Tavares Bastos was cultured, well-informed, influential. His father had been governor of São Paulo, appointed by Dom Pedro II, of liberal convictions, and in his singular patriotism he thought that the prosperity of Brazil would occur when we adopted the economic theses of free trade, the Protestant religion and opened the Amazon to foreign navigation.

But this was not the thought of Dom Pedro II. The Brazilian emperor was also cultured and well-informed and knew the risks of opening the deep veins of the great rivers of Brazil to the free movement and greed of international powers. In a letter to his friend Countess of Barral, who was in Paris, Dom Pedro II explained the reasons for his resistance to the theses of Tavares Bastos and international pretensions, and used the Chinese example with its ports occupied by different colonial empires after the Opium War. He feared that in the depopulated immensity of the Amazon coveted by the foreigner, a colonial enclave would be implanted in each port without Brazil having sufficient forces to avoid it. In fact, Tavares Bastos himself warned in articles he signed as *Cartas do Solitário* that "if future prosperity is to snatch

Pará from our weak hands and our fragile ties, believe me that there will be nothing that has the strength to prevent it"[23].

The government of the United States already publicly assumed the thesis of the opening in public demonstrations of Secretary of State John Clayton and sought, with the governments of Bolivia and Peru, navigation agreements that would force the opening of the Amazon from the rivers of these countries.

The representative of Brazil in Washington, José Inácio Carvalho Moreira, the Baron of Penedo, guarded "his fears of Yankee expansionism". Diplomat Renato Mendonça says that the Alagoas baron supported his foundations in the precedent of the American war against Mexico, "which made him sleep with one eye open"[24].

The importance that the United States gave to the theme of the opening of the Amazon can be seen in the choice of the minister assigned to Rio de Janeiro, William Trousdale, with clear instructions on the subject: *"The most important object of your mission – an object which you will devote your early and earnest efforts is to secure the citizens of the virtual state of the free use of the Amazon".*

Trousdale was a politician of great prestige, a hero of the war against Mexico and the Indians, and had governed Tennessee. In his meeting with Dom Pedro II in Petrópolis, he was taken by surprise by the emperor's argument to deny foreigners the waters of the Amazon: the state was uncultivated and depopulated on the banks. It was the form found by the emperor for refusal without affronting the arrogance of the great neighbor to the north[25].

The world's biggest robbery

"Long before OPEC, Wickham's biopiracy gave Britain the world's first monopoly on a strategic resource in human history."
— **Joe Jackson,** THE THIEF AT THE END OF THE WORLD

23   BASTOS, A. C. Tavares. *Cartas ao solitário.* 3ª ed. São Paulo, Companhia Editora Nacional, 1938.
24   MENDONÇA, Renato. *Um diplomata na Corte de Inglaterra.* Vol.74. Brasília, Senado Federal, 2006.
25   MENDONÇA, Renato. *Um diplomata na Corte de Inglaterra.* Vol.74. Brasília, Senado Federal, 2006.

"Later, when his plans were in ruins, all lives lost and loves broken, he sat in an armchair in his London club along with all the old imperialists, exaggerated the account of his only victory and considered it justified. At this time, the legend of Henry Wickham becomes iconic, and his fraud in the service of the queen and the country was part of the history of the Empire."
— **Joe Jackson,** THE THIEF AT THE END OF THE WORLD

At the beginning of the 20th century, Manaus was one of the richest cities in the world. Inaugurated in 1896 the Amazon Theatre, a jewel of world architecture built with Italian Carrara marble, enamelled ceramics imported from Alsace, Murano chandeliers and English metal structure, considered the third largest tourist attraction and one of the seven wonders of Brazil.

Legend had it that the rubber magnates lit their cigars with hundred-dollar bills, their women sent their clothes to wash and iron in Europe and their horses quenched their thirst with French champagne, a luxury allowed by the money from the rubber used in the world and 95% of it coming from the Brazilian Amazon.

This cycle, however, lasted only a few decades, and as early as 1920, Brazil produced only 3% of the world's latex, plunging the production of rubber into a crisis that experienced an ephemeral recovery during World War II, but which lasts to this day.

The decline of the rubber in Brazil is linked to the biggest biopiracy scandal in history: the theft of rubber tree seeds, promoted by England, in order to transfer to the British Empire the valuable monopoly dominated by Brazil. The episode brought together the interests of British industry, Her Majesty's government and its institutions and English scientists, and featured the special participation of an adventurer, Henry Wickham, mobilized for the execution of the plot.

Wickham was the agent in charge of collecting from the Amazon and bringing to London seventy thousand rubber tree seeds that would be planted in *The Royal Botanical Gardens*, London's botanical garden, and later transplanted to the British colonies of Asia.

Although the story has been known for a long time, it is masterfully told in the book *The Thief at the End of the World: Rubber, Power, and the Seeds of Empire*, by American journalist and writer Joe Jackson. Jackson's book was rated by *Time* magazine as "one of the greatest fables of the modern era" and received praise from the *Washington Post* and the *Los Angeles Times*. Shortly after Joe Jackson's work, Oxford historian Emma Reisz published in England *The Political Economy of Imperialism in the Tropics: Rubber in the British Empire*, demonstrating that the subject remains important and current.

Henry Wickham's feat was no improvisation. It required planning, the concourse of such characters as Thomas Hancock, founder of the modern rubber industry in England, the famous botanist William Hooker, director of the London Botanical Garden, the diplomatic support and funding of the English government.

In 1871, Wickham arrived in Santarém and thoroughly prepared the theft, consummated in 1876, when the seventy thousand seeds were shipped to London packed in appropriate baskets ordered by Wickham from the local skilled Indians. It is likely that he bribed the customs of Santarém to pass his precious cargo.

The father of biopiracy was named Sir Henry Wickham, Knight of the British Empire, and his death deserved an obituary in the *Times* of London.

The question that is made is: how many Henry Wickham today work in the Amazon, no longer as simple adventurers, but camouflaged in activities of various non-governmental organizations, financed by different empires, but with the same objectives of his illustrious ancestor?

Wilmington, the American gunboat in the waters of the Amazon River

"Circunstancias excepcionales, verdaderamente providenciales, me pusieron em contacto com um grupo de capitalistas norte-americanos que habian tenido ocasión de informarse sobre las riquezas naturales que encierra nuestro solo, y ayudado del prestigioso explorador Sir Martin Conway, ventajosamente conocido ya em nuestro país, logre interesarlos á tal punto com mis informes, que uno de ellos, el dintinguido abogado de la casa Vanderbilt, Mr. Willingford Whitridge, fué delegado para tratar commigo em Londres."

— **Felix Aramayo,** DIPLOMAT, BOLIVIAN AMBASSADOR IN LONDON, QUOTED BY LEANDRO TOCANTINS IN *FORMAÇÃO HISTÓRICA DO ACRE*

The year was 1889, March 11, and the newspaper *Província do Pará* recorded on the front page the presence of the gunboat Wilmington, of the United States Navy, in the port of Belém. The governor of Pará, Pais de Carvalho, visited the ship being received with due military honors and returned the courtesy with a palace banquet offered to Commander Chapman Todd.

The situation seemed strange when Commander Todd decided to sail the Amazon River, even in the face of the refusal of the governor of the state of Amazonas, Ramalho Júnior, to grant authorization. And when the authorization was finally issued by the Ministry of Foreign Affairs, the warship was already sailing the Amazon towards Tabatinga and Iquitos, in Peru.

The gunboat left the port of Manaus with the lights off and carrying on board two Brazilian harbor pilots to whom Captain Todd granted American citizenship and the place of pilots of the boat, since he did not know the waters of the Amazon Basin.

The darkest aspect of the plot involved the Spanish diplomat refugee in Belém due to a love affair in Buenos Aires, Luiz Galvez, hired as a journalist for a daily newspaper in Pará and invited to a post at the Bolivian Consulate in Belém. Because of his role, Galvez attended a lunch with Don José Paravicini, Bolivia's ambassador to Rio de Janeiro, passing through Belém, who was accompanied by Guilherme Uhthoff, Bolivian commander at the border with Brazil, and Ladislao Ibarra, head of Bolivian customs at Acre. During the lunch, Galvez witnessed Ibarra accuse Uhthoff and Paravicini of negotiating "to the foreigner, a part of their homeland, Bolivia"[26].

Galvez realized the seriousness of what he had heard, questioned Uhthoff, and he confessed that in fact the Bolivian government had negotiated with the United States to transfer Acre to a trading company owned by American shareholders, based on the conviction that Bolivia felt powerless to conserve this part of the territory that could have the same fate as the Pacific coast lost to Chile.

Minister Paravicini was in charge of drafting the proposal for the concession of Acre, which was to be taken to the United States, in a top-secret manner, aboard the Wilmington gunboat, which for this mission was anchored in Belém, and thus explained the mission of Commander Todd in the Amazon.

---

26 TOCANTINS, Leandro. *Formação histórica do Acre*. Rio de Janeiro. Editora Conquista. 1952.

"In possession of such a revelation that so affected Brazil, my adoptive homeland, which I always sought to honor, I did not hesitate to denounce them to whom it rightfully belonged," Luiz Galvez would later write[27].

Uhthoff showed Galvez the copy of the document on official paper from the Bolivian government. Among the clauses noted by Galvez were the predictions of diplomatic pressure on Brazil for recognition of Acre as Bolivian territory and military assistance with weapons and equipment by the United States in the event of war between Bolivia and Brazil.

Once the conspiracy was revealed, the gunboat Wilmington stealthily withdrew from Belém, probably taking on board the draft agreement, and through the diplomatic action of the Brazilian government, the United States tried to reduce the damage that the episode could cause to the relationship with Brazil.

It is likely that the case of the gunboat Wilmington warned Brazilian diplomacy of the seriousness of the involvement of the United States in the upcoming events, with the empire's plans to install an enclave in the heart of the Amazon.

The Question of Acre: An American enclave in western Amazon

"At 5 am, Plácido de Castro disembarked in front of the sleeping village and, after conveniently arranging his people, simply went to arrest the intendant.

At the Intendency's door he calls for Barrientos, who solemnly replied, bored:

– Caramba! És temprano para la fiesta.

– It's not a party, Mr. Intendant, it's revolution, replied the caudillo energetically."

— **Craveiro Costa,** A CONQUISTA DO DESERTO OCIDENTAL, DESCRIBING THE TAKING OF THE BOLIVIAN INTENDANCY BY THE TROOPS OF PLÁCIDO DE CASTRO AND THE ARREST OF INTENDANT DON JUAN DE DIOS BARRIENTOS. IT WAS BOLIVIA'S INDEPENDENCE DAY HOLIDAY AND BARRIENTOS IMAGINED HE WAS BEING AWAKENED BY HIS MEN TO THE CELEBRATION OF THE DATE.

---

27 TOCANTINS, Leandro. *Formação histórica do Acre.* Rio de Janeiro. Editora Conquista. 1952.

The conquest of Acre composes a script worthy of the best suspense and espionage films, bringing together diplomatic plots, military action and unpredictable outcome.

Bolivia had experienced a recent tragedy in the War of the Pacific (1879-1883), when it lost to Chile the exit to the sea and the strategic port of Antofagasta. Chile had the ostensible English support and the Bolivians resented the absence of a strong ally to support them in the dispute with their neighbor.

At the end of the 19th century, the Bolivian territory of Acre was economically and demographically occupied by Brazilian settlers who explored rubber there with the large presence of rubber tappers from Ceará. Although Acre was formally Bolivian, the government of Amazonas coveted the wealth produced there and considered it legitimate for the Brazilians to have a Brazilian customs and not a Bolivian one to collect taxes for the export of goods.

The Brazilian government judged the matter settled, Acre was Bolivian and there was no discussion. The last thing Brazil wanted was a conflict with the neighbor with whom it shared a border more than two thousand kilometers long. When the Spanish adventurer Luiz Galvez, stimulated and financed by the government of Amazonas, proclaimed a republic in Acre, the federal government provided a force of the Navy to depose the adventurer and reestablish Bolivian sovereignty.

But one fact changed the Brazilian view on the issue. Bolivian elites held the conviction that they had lost their coastline to Chile due to the absence of Bolivians in that territory, and that the same would happen in Acre, already heavily populated by Brazilians. The solution designed to address the situation was a diplomatic and then military disaster. The Bolivian government proposed and Congress approved handing over Acre to the administration of an Anglo-American trading company, the Bolivian Syndicate, with almost absolute powers, including that of constituting the Army and Navy and deciding on freedom of navigation on rivers. It was the creation of a classic colonial enclave in the heart of the Brazilian Amazon administered by a power, the United States, which already demonstrated to be arrogant and violent in expanding its interests around the world.

Brazilian diplomacy made use of all experience to deter Bolivians, Americans and English from provocation. It was in vain. The least desired and most radical solution remained: the military one. The revolution knocked on the door waiting for a leader, and he appeared in the figure of the gaucho military Plácido de Castro, great grandson, grandson and son of military men, and himself a veteran of the Federalist Revolution and with formal military education acquired in the best schools in the country.

Converted into a rubber baron in the Amazon, it was up to Plácido de Castro to gather an infantry of people from Ceará and a larger state of northeastern sertanejos and fight against the Bolivian army. On August 6, Bolivia's national date, Intendant Don Juan de Dios Barrientes was deposed and arrested. It was the year 1902.

Adopting the guerrilla tactic, the rubber tapper army defeated the Bolivian regular troops and, at the end of October 1902, Colonel Rosendo Rojas accepted the conditions for the surrender that ended the military chapter. Then, the diplomacy of the Baron of Rio Branco agreed with the Bolivian government the Treaty of Petrópolis, an indemnity of two million pounds for Acre and the construction of a railway linking the Bolivian border to the city of Porto Velho, the Madeira-Mamoré.

Regarding the episode, there is a vast bibliography, in which *Formação histórica do Acre*[28], by Leandro Tocantins from Pará stands out with a presentation by Abguar Bastos, the most complete interpretation of the social formation of the Amazon and Acre, *A conquista do Deserto Ocidental*[29], by Craveiro Costa, from Coleção Brasiliana, from Companhia Editora Nacional, and *Plácido de Castro, a um caudilho contra o imperialismo*, by Claudio de Araújo Lima.

Plácido de Castro's name was inscribed in the Book of the Heroes of the Homeland, on the initiative of then Senator Tião Viana, names a professional soccer team in Acre and baptizes the headquarters palace of the City Hall of São Gabriel, in Rio Grande do Sul, his homeland.

Amazon, an overseas French department

[28] TOCANTINS, Leandro. *Formação histórica do Acre.* 3ª ed. Vol.1. Rio de Janeiro, Civilização brasileira, 1979.
[29] COSTA, Craveiro. *A conquista do Deserto Ocidental, subsídios para a história do Território do Acre.* São Paulo, Companhia Editora Nacional, 1940.

"The Baron's reasons fully convinced the Swiss arbitrator who, a century ago, by the report of December 1, 1900, ruled in favor of Brazil, fixing the maritime border by the thalweg of the Oiapoque River and the interior border by the water divide of the Amazon Basin, which was, finally, the essence of the Brazilian postulation.

His triumph was perpetuated, geographically, with the definitive integration of Amapá into the national territory and, historically, a few years later, with his appointment as head of the Ministry of Foreign Affairs, as head for life."

— **Geraldo de Barros Carvalho and Mello Mourão,**
OBRAS DO BARÃO DO RIO BRANCO, *A VERTIGINOSA ESPIRAL DA RACIONALIDADE*

The Treaty of Utrecht, of 1713, ended the War of the Spanish Succession fought between the main European powers with important repercussions for Portugal and Brazil. By the treaty, Spain returned to Portugal the Colony of Sacramento, on the banks of the La Plata River, and France recognized Portuguese sovereignty over the lands located between the Amazon and Oiapoque rivers.

The dispute between Portugal and Spain on the northern border was an ancient history, marked by military episodes that culminated in the expulsion of the French to beyond the Oiapoque River in the 17th century.

The interpretation of the Utrecht clause was never a consensus, and France claimed an area of approximately five hundred thousand square kilometers that advanced from the state of Pará to Amazonas to the eastern part of the current state of Roraima, while Portugal admitted only French sovereignty over the northern coastal strip of the Amazon River.

In the 18th century, France occupied an area of the current state of Amapá and part of Pará that was declared in dispute by Emperor Dom Pedro II, waiting for an arbitration to decide the issue. In a letter to Joaquim Nabuco, the Baron of Rio Branco even ironized that France wanted in South America another continental France in territory[30].

Events precipitated at the end of the 19th century with the discovery of gold in the Calçoene River by prospectors from Pará, and the village of Espírito Santo do Amapá, today's municipality of Amapá, was the scene of a bloody battle between Brazilians and the French in 1895. The direction of the village

---

[30] RIO BRANCO, Barão do. *Obras do Barão do Rio Branco II, questões de limites Guiana Inglesa Primeira Memória.* Brasília, Ministério das Relações Exteriores/Fundação Alexandre de Gusmão, 2012.

was assumed by Francisco Xavier da Veiga Cabral, known as Cabralzinho, a descendant of cabanos and a spirit endowed with great energy and courage for the fight. The French government assigned a troop commanded by Lieutenant Lunier, of the French Foreign Legion, to retake the village, but the resistance organized by Cabralzinho defeated the French, leaving a hundred dead on the battlefield, including Lieutenant Lunier.

The Brazilian government feared that France would listen to those proposing a military solution to the conflict, as was the case with the former governor of Guiana. Brazilian diplomacy considered appealing to the United States and England to dissuade the French from an extreme measure, until, finally, the two parties agreed to submit the issue to arbitration by the Swiss government.

The diplomat A. G. Araújo Jorge, who wrote the presentation of the works of the Baron of Rio Branco, states that the baron considered the dispute with France more complicated and difficult than the previous one with Argentina[31].

In the report he handed over to the Swiss government, Rio Branco resorted to the works of the naturalist Emílio Goeldi, hired at the end of the 19th century as a researcher by Governor Lauro Sodré, of Pará. Goeldi's knowledge – who was a Swiss citizen – in botany, zoology and geology was important in the argumentation of the Brazilian side. The researches of another Frenchman were also used by the Brazilian lawyer. It was Henri Coudreau, deeply knowledgeable about the geography of the region, a teacher in Cayenne and an explorer hired by Lauro Sodré to study the Tapajós and Xingu rivers. In December 1900, the Swiss president, Walter Hauser, announced the 800-page verdict written in German, fully endorsing the Brazilian claims, making France retreat thousands of kilometers in its pretensions.

The victory of Brazil achieved worldwide repercussion. In Rio de Janeiro, Ruy Barbosa wrote: "Today literally from the Amazon to Plata there is a name that seems to radiate throughout the circle of the horizon the infinity of scintillation; that of the son of the emancipator of slaves (the viscount of Rio Branco) doubling the paternal glory with that of reintegrator of the national territory".

It thus fell before the competence of national diplomacy, heritage of Portuguese diplomacy, the French dream of a large overseas department in the northern valley of the Amazon River.

---

31   RIO BRANCO, Barão do. *Obras do Barão do Rio Branco II, Questões de Limites Guiana Inglesa Primeira Memória*. Brasília, Ministério das Relações Exteriores/Fundação Alexandre de Gusmão, 2012.

The Amazon in the view of Euclides da Cunha

"Euclides da Cunha concerned with the Brazilian future of the Amazon was the same Euclides da Cunha in whom the drama of Canudos had awakened the most intense of Brazilianisms, claiming from it a constitutionally naturalistic effort in which the "Caboclo spirit" was joined by the training of an engineer and the concern of a sociologist."
— **Gilberto Freyre,**
EUCLIDES DA CUNHA, REVELADOR DA REALIDADE BRASILEIRA

On one of my trips to the Amazon as Minister of Defense, I visited the Special Border Platoon of Santa Rosa do Purus, on the remote border of Brazil with Peru, in the state of Acre, and there I learned that within a short distance the boundary between Brazil and Peru fixed by Euclides da Cunha in 1905, as head of the Brazilian and Peruvian Joint Reconnaissance Commission of the Upper Purus, still remained. I walked the small distance to closely revere the memory of the work of the great Brazilian.

Euclides' appointment had been an initiative of the Baron of Rio Branco, Minister of Foreign Affairs, under the effect of reading *Rebellion in the Backlands*, published in 1902, and hopeful that the author's genius would produce a book about the Amazon as revealing as the one he had written about the drama of Canudos. The Baron imagined that Euclides would be able to offer Brazil a portrait of the Amazon and its civilization with the same density and impact with which he described the sertanejo and the sertão.

But Euclides did not experience in the Amazon the concentrated tragedy he witnessed in Canudos. In the sertão of Bahia, the drama unfolded in a space of a few square kilometers and offered itself whole to the attentive eyes of the writer. In the Amazon, the human factor was distributed in continental geographic space and hidden in the anonymity of the jungle.

The author of *Os sertões* perceived the brutal exploitation of the rubber tappers and made in one of his essays in *À margem da História*[32] an eloquent denunciation of the enslavement of the sertanejos, echoing the complaint

---

32 CUNHA, Euclides. *Obra completa, à margem da História*. Rio de Janeiro. Nova Aguilar. 1995.

of Roger Casement, the Irish diplomat, poet and revolutionary who exposed to the world the crimes committed by an English company against the Indians of Peru[33].

The essays he wrote as a result of his trip shine with patriotism and search for understanding of the contrast between the unlimited possibilities allowed by the exuberant nature and the difficulties imposed by the hostility of the same nature to the presence and action of man.

In one of his essays, entitled *A Transacreana*, he traces an itinerary of the railway that would cross the current state of Acre to the city of Cruzeiro do Sul on the border with Peru. He designed, from the Bandeirantes Route, the connection between Tabatinga, on the border with Colombia, and Vila Bela da Santíssima Trindade in Mato Grosso, bordering Bolivia, integrating the Plata and Amazon basins in a route of 1500 kilometers. Euclides considered that the rivers of the Amazon were natural railways that lacked only complementary works connecting their basins. His observations on the Amazon are gathered in the book of essays *À margem da História*[34] and in the report of the High Purus Recognition Brazilian Commission. The prophetic vision about the possibilities of the Amazon arises when he states that the construction of the railroad network in the region would not require the resources of the federal government, since the means for the enterprise were in the Amazon itself.

It is also Gilberto Freyre who honors "his nationalism, or rather, Brazilianism: a Brazilianism difficult to be separated from his indigenism. It was in the "admirable Caboclos of the north", for example, that he saw as the future of the Brazilian Amazon: the Caboclos capable of overcoming "by the number, by the robustness, by the better organic balance of the acclimation and in the grace, they do not take care of the dangers"[35]. Euclides' vision and Gilberto Freyre's words about it are current.

[33] IZARRA, Laura P.Z.; BOLFARINE, Mariana (Orgs.). *Diário da Amazônia de Roger Casement*. São Paulo, Edusp, 2016.
[34] CUNHA, Euclides. *Obra Completa, À margem da História*. Rio de Janeiro. Nova Aguilar. 1995.
[35] IZARRA, Laura P.Z.; BOLFARINE, Mariana (Orgs.). *Diário da Amazônia de Roger Casement*. São Paulo, Edusp, 2016.

Madeira-Mamoré, the impossible railroad

"I should have chosen rubber."
— **Andrew Carnegie,** STEEL MAGNATE, QUOTED BY
ROSE NEELEMAN AND GARY NEELEMAN IN *TRILHOS NA SELVA*

Reserve Colonel George Earl Church, a Confederate veteran of the Civil War in the United States, imagined breaking the blockade of 19 waterfalls on the Madeira River that prevented navigability between Bolivia and Brazil by building a 366-kilometer railway along the river between Guajará Mirim, on the Bolivian border, and Porto Velho.

Colonel Church aroused the admiration and sympathy of Dom Pedro II in a meeting with the Brazilian emperor in Rio de Janeiro, but ended up hired for the endeavor by the Bolivian government. The effort of the stubborn military man lasted from 1867 to 1879, when after the deaths of thousands of workers and engineers, Church managed to build a measly 7.5 kilometers of the railway, and then, abandoned by investors, renounced the venture.

After Church's failure, rubber and its value only grew, and alongside oil and steel it became an essential raw material for the modern industry that was emerging in the world. Ships, locomotives, machines of all kinds, nothing could be done without rubber, and the project of railway connection with Bolivia resurfaced at the beginning of the 20th century.

The epic of Madeira-Mamoré has already been novelized in a book by the Amazonian writer Márcio Souza, *Mad Maria*, but it received its most complete account in *Tracks in the Amazon: The Day-To-Day Life of the Workers on the Madeira-Mamoré Railroad*[36], by the American journalist Gary Neeleman and his wife Rose Neeleman, whom we will talk about later, in the approach to the War of Rubber.

When the golden spike[37] was brought to Guajará Mirim in 1912, Madeira-Mamoré was the only railroad outside the United States completely built

---

[36] NEELEMAN, Gary.; NEELEMAN, Rose. *Trilhos na selva, o dia dos trabalhadores da Ferrovia Madeira-Mamoré.* São Paulo, Bei Comunicação, 2011.

[37] Golden spike is the last spike installed to mark the completion of a railway line, and the expression was marked at the completion of the transcontinental railroad, which crossed the United States, inaugurated in 1869.

by American engineers, technicians and material. During the construction of the railway, Porto Velho met two newspapers published in English, *The Porto Velho Times* and *The Porto Velho Marconigran*, of which Rose and Gary found several editions that allowed them to recover the daily lives of the railway workers.

Madeira-Mamoré experienced its heyday for a brief period after the inauguration. Percival Farquhar, the construction entrepreneur, was plagued by events that made the railroad unfeasible, such as the low cost of rubber from the British colonies in Asia and the inauguration of the Panama Canal. The venture had an extra survival in World War II, when the rubber of Brazil helped the allies, but resumed the decline until it was permanently deactivated in 1966. Thousands of workers, technicians, and engineers from the United States and other nationalities lost their lives in the challenge of building an impossible railroad in an impossible place. It remained alive in the memory that nothing is greater than the perseverance and tenacity of human effort in the pursuit of their dreams, even if in the end they turn out to be only nightmares.

River of Doubt – Roosevelt goes to the jungle

"Lying under the makeshift tent, Roosevelt rose over his trembling arms to witness his own rescue. What he saw before him were two flags clipped against the vividly blue sky. First in green, gold and blue of the beloved Republic of Brazil of Rondon. And then fluttering beside it, the stars and stripes that had so long led the life of Roosevelt himself, and whose promises still animated him."
— **Candice Millard,** THE RIVER OF DOUBT: THEODORE ROOSEVELT'S DARKEST JOURNEY

After presiding over the United States for two terms, Theodore Roosevelt was defeated in 1913 in his third attempt to govern the country. Roosevelt's adventurous soul chose to heal the pain of electoral defeat a challenge equal to his pride: an expedition into the heart of the jungle of the Brazilian Amazon with the purpose of exploring the River of Doubt and defining whether it was a tributary of the Madeira River or the Amazon River.

The expedition, sponsored by the American Museum of Natural History and the Brazilian government, was led by then Brazilian Army Colonel Cândido Mariano da Silva Rondon and named the Rondon-Roosevelt Scientific Expedition. The son of a Bororo Indian from Mato Grosso and a descendant of bandeirantes from São Paulo, Rondon knew the Amazon as an officer in charge of installing the telegraph network in the inner regions of Brazil.

Roosevelt was accompanied by his son Kermit, his personal secretary, and a small team of naturalists. The group left Cáceres, Mato Grosso, in December 1913 and reached the River of Doubt at the end of February 1914. Kermit, a 24-year-old Harvard-educated engineer, was in Brazil working on railroad construction when he joined his father's delegation.

About the expedition, Roosevelt left a memoir, *Nas selvas do Brazil* (*Through the brazilian wilderness*), a diary of his adventure. Published by the Agricultural Information Service of the Ministry of Agriculture, the book is dedicated by Roosevelt to Brazil's Foreign Relations Minister Lauro Muller, Colonel Rondon and is illustrated by photographs by Kermit and a complete map of the expedition.

Larry Rother, an American journalist who was a *New York Times* correspondent in Brazil, wrote a definitive biography of Marshal Rondon in which he describes the misadventures of Roosevelt's expedition, but the most complete account of the former American president's plunge into the Brazilian Amazon is the book from Candice Millard's, former editor of the *National Geographic* magazine, *The River of Doubt: Theodore Roosevelt's Darkest Journey*[38].

Candice gathered documents and letters in the possession of Roosevelt's family members to paint the dramatic picture of the journey. Attacked by malaria, Roosevelt agonized for days and he himself was convinced that he would not survive the sufferings of the trip. Miraculously, he managed to survive. The River of Doubt was named Roosevelt River in his honor, and the Indigenous Land of the Cinta Larga, in the municipality of Espigão do Oeste, in Rondônia is also called Roosevelt Reserve. Kermit, in turn, also had another Amazon River named after him. After all, the mystery was solved: the River of Doubt was a tributary of the Madeira and not of the Amazon.

---

[38] MILLARD, Candice. *The River of Doubt: Theodore Roosevelt's Darkest Journey*. São Paulo. Companhia das Letras. 2007.

Fordlandia, American dream and nightmare in the jungle

"When Rogge heard a group of drunken workers singing 'Brazil for the Brazilians. Kill all Americans' he decided it was time to leave. He ordered his men to the tugboat, but David Riker, who had just returned from Acre, and Archie Weeks were cut off from the escape route. Running into the jungle, they hid for two days while the turmoil continued."
— **Greg Grandin,** FORDLANDIA, THE RISE AND FALL OF HENRY FORD'S FORGOTTEN JUNGLE CITY

In July 1925, Henry Ford, owner of the Ford Motors Company, and Harvey Firestone, founder of the Firestone Tire Rubber Company, met at a lunch at Ford's Michigan home when they discussed how to confront the British rubber cartel proposed by Winston Churchill[39].

Ford occupied 50% of the promising automobile market in America and its popular Model T brand had reached a staggering two million units sold in 1921. Firestone was part of the select group of tire manufacturers and was outraged by Churchill who, as secretary of state for the colonies, had directed the reduction of rubber production in the British colonies to hold the price of the product on the market. Churchill, of course, was accused in the United States of being an imperialist and protectionist arch-enemy, and his plan qualified as an "assault" by Congressman Cordell Hull, future secretary of state to President Franklin Delano Roosevelt.

In 1926, Ford and Firestone had lunch together again, this time in Washington. After lunch, Ford confided in his personal secretary, Ernest Liebold, to seek information about "the best place to grow rubber"[40] in the world.

Liebold read everything he could find about rubber and its possibilities in Africa and Brazil, including reports from commercial attachés in Brazil, but he was particularly impressed by a passage from former President Theodore

---

[39] GRANDIN, Greg. *Fordlândia, ascensão e queda da cidade esquecida de Henry Ford na selva.* Rio de Janeiro, Rocco, 2010.
[40] GRANDIN, Greg. *Fordlândia, ascensão e queda da cidade esquecida de Henry Ford na selva.* Rio de Janeiro, Rocco, 2010.

Roosevelt's book, *Through the Brazilian Wilderness*, translated as *Nas selvas do Brasil*,[41] about his adventure in the forests of the Brazilian Amazon.

Although Roosevelt dealt superficially with the economics of rubber, he noted that the series of waterfalls he encountered up to the Tapajós's springs constituted "an almost limitless driving force to populous manufacturing communities". And he prophesied a "great industrial civilization" supported by shrewd entrepreneurs and a network of telegraphs and railways that would colonize the region. Roosevelt's testimony must have impressed Liebold and he sharpened in Ford the adventurous vision of the entrepreneur.

This entire account is in Henry Ford's precious book *Fordlandia: The Rise and Fall of Henry Ford's Forgotten Jungle City*, by New York University professor Greg Grandin, an essay on the ambition and ingenuity of the American dream destroyed by the relentless hostility of the forces of nature[42].

In 1927, the government of Pará granted Henry Ford one million hectares for the implementation of his rubber tree plantation project in the vicinity of Santarém, on the banks of the Tapajós River. Fordlandia was conceived and organized as an American city, with treated water, electricity, schools, hospital and residential villages, but the administrators denied the bishop of Pará the construction of a Catholic church on the site, allowing only the occasional celebration of masses.

Grandin did meticulous work, visited Pará more than once, interviewed survivors of the experience, lending to his account the rigor of academic research and the lightness of news reporting.

Ford was a name admired throughout the world and in Brazil, translated by Monteiro Lobato and a defender of the thesis that the remuneration of his workers should allow them to acquire the cars they manufactured. He promoted salary adjustments that shocked the *Wall Street Journal*, which called him a "traitor to the (corporate) class".

But in Fordlandia, managers adopted a diet that brought together oats, peaches, whole grain bread, hamburgers and other eccentricities of the American taste incompatible with the diet of the Northeasterners and Caboclos who worked in the enterprise. To this circumstance was added the rude

---

41   ROOSEVELT, Theodore. *Nas selvas do Brasil*. 2ª ed. Serviço de Informação Agrícola do ministério da Agricultura. Rio de Janeiro, 1948.
42   GRANDIN, Greg. *Fordlândia, ascensão e queda da cidade esquecida de Henry Ford na selva*. Rio de Janeiro, Rocco, 2010.

Yankee discipline and the precariousness of the dormitories and restaurants. The result was an uprising. In December 1930, workers destroyed the facility to the cry of "Brazil for the Brazilians and kill all Americans," according to Grandin's account.

Grandin relates the workers' mutiny to the victorious revolution led by Getúlio Vargas in 1930, and when he visited Fordlandia, some time later, the workers asked that the car's engine be turned off so that the gaucho caudillo could be driven with his car pushed by the workers along the 16-kilometer route.

Vargas liked what he saw and praised the hospital, dental office, and schools that provided free books, pencils, and uniforms for the children. At the end of the war, and with the death of Henry Ford, his heirs decided to sell Fordlandia to the Brazilian government for a symbolic indemnity and the nationalization of labor debts.

To this day the visitor can witness the ruins of American daring surrounded by the triumphant, proud and lush forest.

The war of the rubber

"In fact, in this research we had to believe that thousands of rubber soldiers who died in the forest during those four years of yellow fever, malaria, dengue, beriberi, and dozens of other jungle problems may have been the greatest sacrifice of any country other than the United States, Britain, and France to the victory of the Allies in World War II.

This unexpected group of 55,000 men was solely responsible for extracting thousands of tons of rubber, rubber desperately needed for the efforts of the Allies, who paid a heavy price without just compensation. Although Brazil lost 457 soldiers, of the 25,000 who were sent to Italy by the Brazilian Expeditionary Force (FEB) to fight with the Allies, but thousands died in the forests of the Amazon in an effort to extract the necessary amount of latex."

— **Gary Neeleman and Rose Neeleman,** RUBBER SOLDIERS: THE FORGOTTEN ARMY THAT SAVED THE ALLIES IN WWII

After Hitler's rise to power in Germany (1933), the United States government was assured that the world would march to war.

The action of the pacifist movement in the United States and Europe slowed the preparation of future allies for confrontation while stimulating Nazi aggressiveness in Europe.

Franklin Delano Roosevelt, the statesman who ruled the United States for four terms, anticipated the initiatives and the projection of alliances for the coming confrontation, among them a visit to Brazil and Argentina in November 1936. The talks between Brazilian President Getúlio Vargas and Roosevelt dealt with the world conjuncture already troubled by the winds of the approaching war.

Roosevelt disembarked from the ship that brought him to Rio de Janeiro welcomed by a group of schoolchildren who sang the anthem of the United States and was greeted by a crowd in the streets of Rio de Janeiro.

The second move was the mission of United States Air Force Commander Major Delos C. Emmons to Brazil. The war had already begun in Europe and American strategists knew that European airspace would be blocked by German aviation, leaving the allies as their only alternative an air base in the Northeast of Brazil to support operations in Africa and Asia, and against an eventual German invasion of South America.

Major Delos flew over the entire northeastern coast and chose Natal as the most strategic point for what became "the busiest air base in the world during the war, with American and British aircraft taking off and landing every three minutes[43]," as journalists and historians Gary Neeleman and Rose Neeleman report in the beautiful book *Rubber Soldiers: The Forgotten Army that Saved the Allies in WWII*.

Gary Neeleman was 20 years old when he first came to Brazil as a missionary for The Church of Jesus Christ of Latter-day Saints. He returned to the United States in 1957, married his college classmate Rose Neeleman, graduated in Fine Arts from the University of Utah, and returned to Brazil as a correspondent for United Press International (UPI). Here, remaining until 1965, he covered the civil-military coup of 1964 and was honored by Brazilian journalists for his independent account of the episode. Rose Neeleman also studied Fine Arts and wrote *A taste of Brazil*, a book of Brazilian cuisine, and together with Gary is the author of *Rubber Soldiers*; *Tracks in the Amazon* and *Stars and Bars Beneath the Southern Cross - The Confederate Migration to Brazil*.

---

[43] NEELEMAN, Gary.; NEELEMAN, Rose. *Rubber Soldiers, The Forgotten Army that Saved the Allies in WWII*. Porto Alegre, Epicuro, 2015.

Roosevelt's third move with Vargas involved a decisive theme for the Allies: the supply of rubber for the war effort. There was no war without oil, without steel, and without rubber.

The Neelemans offer in their book details of the importance of rubber. "Sherman tanks have 20 tons of steel and half a ton of rubber. In a Dodge truck, there are approximately 225 kilos of rubber. There's almost a ton of rubber in a heavy bomber. Each battleship sunken at Pearl Harbor had more than 20,000 pieces of rubber. Every ship, every valve and seal, every tire on every truck and plane had rubber. Every inch of wire in every factory, home, and office in the United States is wrapped in rubber. Conveyor belts, hydraulic parts, inflatable boats, gas masks, everything is made of rubber."[44].

Approximately 95% of the world's rubber came from the British colonies in Asia, taken by Japan at the beginning of the war. Only one country in the world met the conditions to replace Asia in supplying rubber to the allies, and that country was Brazil.

Vargas valued the strategic position of Brazil and negotiated, in exchange for rubber and the Natal air base, a fund of 100 million dollars, approximately 1.5 billion dollars in today's values, for the creation of the Volta Redonda Steel Plant and another five million dollars to fund the army of 55,000 rubber soldiers sent to the Amazon. And the United States did with Brazil what it had never done before with any other country: financing the industrialization of another nation, contrary to the entire geopolitics of the great nation of North America.

The 55,000 rubber soldiers were recruited among the northeastern sertanejos with the same status as combatants of the 25,000 soldiers (the "pracinhas") that were part of the Brazilian Expeditionary Force (FEB). What fundamentally distinguishes the two contingents is that while FEB lost 457 combatants, the casualties among the sertanejos were approximately 25,000 men, which, in the Neelemans' assessment, would have been "the greatest sacrifice of any country other than the United States, Britain and France for the victory of the allies in World War II". The authors' mistake in not counting the millions of Soviets killed in the conflict as losses of the allies is evident.

Brazil owes to these heroes the recognition of full combatants, those who fell and those who survived, whose descendants are the contemporary Caboclos and riverside dwellers persecuted by international NGOs, the

---

44   NEELEMAN, Gary.; NEELEMAN, Rose. *Rubber Soldiers, The Forgotten Army that Saved the Allies in WWII.* Porto Alegre, Epicuro, 2015.

Public Prosecutor's Office, Ibama, the Federal Police in the lost valleys of the Amazon rivers.

In conversation with a former public defender of the Amazon, I heard that many of the survivors of the rubber soldiers married Indian women and had children who never visited the cities until their lands were demarcated either as indigenous areas or as conservation units, and they were expelled from them without any material, spiritual or memory rights, disinherited and renegades in their own homeland.

The Amazon haunts John dos Passos

"When people ask me why I'm always wanting to go to Brazil, part of the answer is because the country is so vast, so virgin, and sometimes so incredibly beautiful, but mostly because I find it easy to relate to people."
— **John dos Passos,** BRAZIL ON THE MOVE

John dos Passos was part of a generation of American writers consecrated by the remarkable works they produced, the political engagement of some, and the cosmopolitan lifestyle of all. Ernest Hemingway, John Steinbeck, Lillian Hellman, Ezra Pound, Gertrud Stein and John Dos Passos himself lived between the United States and Europe when the fate of the world was more discussed by intellectuals in the cafés of Paris than by diplomats. Passos volunteered in the First World War and Hemingway fought on the side of the Republicans in Spain. They were friends and then grew apart for political reasons.

On three different occasions John dos Passos visited Brazil as a journalist: in 1948, 1958 and 1962. Several of his books are translated into Portuguese, but one of them, *Brazil on the Move*[45], draws a profile that is at the same time naive, critical and optimistic of the country that enchanted him for the exuberance and generosity of the people.

Published in 1963, the book and the author earned praise from *The New York Times* – "John dos Passos is passionate and has a perfect look and ear

---

45 PASSOS, John dos. *Brazil on the Move*. São Paulo, Saraiva, 2013.

to translate the details and feelings that move the country" – and although the goal was to present a Brazil unknown to most Americans, the book revealed an enthusiastic look from the foreigner to the Brazilians themselves.

Accompanied by his wife and daughter, Passos began his trip to the Amazon through Iquitos, Peru, where he took a seaplane to Manaus, with so many stopovers in lost cities and communities of riverside dwellers and fishermen enough to offer the traveler the first great visual impact of the surprising and grandiose nature. As Catalina[46] shook in the waters and clouds of the Amazon, the writer took his first impressions of his jungle adventure.

He was impressed by the stories he heard of the golden period of the rubber, when Manaus was one of the richest cities in the world, and he gathered this insight in a sentence: "Manaus is as impregnated with the 19th century as a story by Jules Verne. Its air is dense with green exhalations from the rainforest".

In the bar and courtyard of the Hotel Amazonas, he listened to lively conversations about the future of the region. They were agronomists, engineers, entrepreneurs, adventurers and all kinds of humans who can be found in lands that gather mystery, promise of wealth and invitation to adventure.

He heard and recorded voices that spoke about "list of minerals and their locations: gold, nickel, hematite, manganese, tin, bauxite, tungsten. The companies are promoting the cultivation of Brazil nuts, palm trees and other trees that produce vegetable oils. It is said that there are 119 varieties that can be explored"[47].

Still on the conversations at the hotel, he wrote: "Agronomists are flaring up in the face of the first rumors of a technical revolution in the production of fertilizers suitable for the special conditions of the rainforest". And he asks: "Why not transfer the surplus population of the arid Northeast to Amazonas? With proper cultivation and public health, the smallest corner of Amazonas could support a number of inhabitants equal to the current population of the entire country".

John dos Passos delved into the legends of the Amazon, from the theft of rubber trees by British agent Henry Wickham to Henry Ford's failure to create an empire in the jungle.

---

46   A twin-engine seaplane used during World War II in aerial surveillance missions and later adopted for civilian use as passenger aircraft.

47   PASSOS, John dos. *Brazil on the Move*. São Paulo, Saraiva, 2013.

Finally, he left the Amazon deeply impressed by the greatness of the scenario he witnessed, which he summarized in a sentence: "Excluding Antarctica, it is the largest expanse of land in the world that the human race has left unoccupied"[48].

Araújo Castro and the freezing of world power

"No country escapes its fate, and, fortunately or unfortunately, Brazil is doomed to greatness. It is condemned to it for various reasons, for its territorial extension, for its demographic mass, for its ethnic composition, for its social-economic order and, above all, for its uncontained will for progress and development. Mediocre and small solutions do not suit or interest Brazil. We have to think about this simply because Brazil, even if we conformed to it, would not be viable as a small country or even as a medium country. Either we accept our destiny as a large, free and generous country, without resentment and without prejudice, or we risk remaining on the margins of history, as a people and as a nationality."
— **Ambassador Araújo Castro,** O CONGELAMENTO DO PODER MUNDIAL, EXHIBITION FOR STUDENTS OF THE SUPERIOR WAR COLLEGE, JUNE 1971

The trajectory of Ambassador João Augusto de Araújo Castro highlights as one of the sublime chapters of Brazilian diplomacy by bringing together the superior qualities of the patriot and the diplomat in dark circumstances of world geopolitics.

At first, he was chancellor of the João Goulart government and in December 1963 he delivered the opening speech of the United Nations General Assembly, which went down in history as the "Speech of the Three Ds", proposing decolonization, development and disarmament as a path to peace and "the redemption of all humanity", which would be achieved by allocating one percent of military spending in the world to actions to fight poverty. The speech remained a platform for multilateralism and condemnation of the hegemonic ambitions of the superpowers.

---

48   Ibid.

The second moment was in 1971, already in the military government, ambassador of Brazil in the United States, in lecture to the interns of the Superior War College, speech that became known as "the freezing of world power".

"Brazil has sought to characterize what is now clearly delineated as a firm and undisguised trend towards the freezing of World Power. And when we talk about Power, we are not only talking about Military Power, but also Political Power, Economic Power, Scientific and Technological Power."[49] The phrase has the force of a prophecy, due to the topicality and vigor capable of expressing the geopolitical and diplomatic crossroads of Brazil today.

The third moment is at the head of the Brazilian delegation to the United Nations Conference on the Human Environment, held in Stockholm, Sweden, in 1972, the first major meeting of heads of State organized by the United Nations to deal with the environment.

The preparatory activities of the Conference opened a deep division on the agenda to be fulfilled, putting on one side the rich countries, led by the United States and Western Europe, and on the other the medium and small countries in development regimented by Brazil.

The diplomat and historian João Augusto Costa Vargas, in the book he wrote about Araújo Castro[50], retraces the chronicle of this confrontation from the debate at the UN on the adoption of the NPT (Treaty on the Non-Proliferation of Nuclear Weapons), a decisive step, in Araújo Castro's assessment, for the policy of freezing world power: "The Treaty is a limitation on the sovereignty of some states, not a real limitation on weapons. Nuclear weapons are treated as valid and harmless, as long as they remain in the hands of responsible, adult and powerful nations."[51].

Vargas notes in his book that "in his telegrams, Castro pointed out the implications for Brazil of the emergence of new international regimes on natural resources (...). He perceived in the promotion of norms on environmental protection and birth control an attempt to hinder the industrialization and economic growth of developing countries", in visionary anticipations of our current constraints[52].

---

49 CASTRO, J.A.de Araújo. *O congelamento do poder mundial.* Brasília, Senado Federal.
50 VARGAS, João Augusto Costa. *Um mundo que também é nosso, o pensamento e a trajetória diplomática de Araújo Castro.* Brasília, Fundação Alexandre de Gusmão, 2013.
51 Ibid.
52 Ibidem.

Under the leadership of Araújo Castro, Brazil mobilized a group of prepared and fierce diplomats, among them Miguel Ozório de Almeida, one of the founders of Brazilian economic diplomacy and a historical figure of Itamaraty. Ozório's interventions against the neo-Malthusian vision of the North Americans and Europeans in the preparation of the Conference are anthological.

Diplomat André Aranha Corrêa do Lago transcribed excerpts from these speeches at the preparatory meetings of the Conference in the book *Stockholm, Rio, Johannesburg – Brazil and Three United Nations´ Conferences on the Environment*[53].

Corrêa do Lago highlights the "irony and courage" with which Miguel Ozório confronts the preservationist theses: "For whom – or on the basis of what criterion – should the environment be considered healthy, pleasant or desirable? If the interested party is an "anaconda", the world must be a humid forest; if it is a "dromedary", then the destruction of forests and the creation of deserts would be taking place excessively slowly; if it is the human race, then there is an excess of deserts and forests (...). In short, the environment under consideration will have to be considered from a "subjective" point of view and the "subject" will have to be "the man".

Maurice Strong, the oil millionaire converted to environmentalism and appointed secretary general of the Conference would say years later, "When I became secretary general of the Conference (...) there was a strong movement by developing countries, led by Brazil, to boycott the Conference".[54] Strong's thesis is disputed by Correia do Lago, who argues that Brazil and the developing countries only wanted their concerns to be welcomed.

The ambassador of the United States in the preparation of the event, Patrick Moynihan, who maintained a hard confrontation with Ozório and would become an influential senator of his country, and Strong himself, accepted the Brazilian thesis of combining the debate on the environment with the right to development as the only way to avoid isolation at the meeting. The Department of State itself acknowledged the diplomatic victory of Brazil: "What has hitherto been the feeling of apathy on the part of the majority of LDCs (Least Developed Countries) towards the Conference and the environment issue as a whole is clearly evolving towards a solid opposition to UN involvement in

---

[53] LAGO, André Aranha Corrêa. *Estocolmo, Rio, Joanesburgo – O Brasil e as três conferências ambientais das Nações Unidas.* Brasília. Fundação Alexandre de Gusmão, 2006.
[54] Ibid.

the environment, based on the premise that it is a distraction, on the part of MDCS (Developed Countries), from what LDCS consider the only valid UN activity in the economic and social area, namely development assistance to the LDCS. This position, which until a few months ago was basically limited to Brazil and Chile, is rapidly gaining support".[55]

Araújo wrote one of the most luminous pages in the history of our diplomacy. He died early at the age of 56, in 1975. The telegram from the Minister of Foreign Affairs, Azeredo da Silveira, to his widow Myriam de Araújo Castro, translates, to a certain extent, this recognition: "There were many critical moments when this house depended on the intelligence, talent and patriotism of João Augusto de Araújo Castro".

This is a critical moment to remember the topicality and relevance of Araújo Castro's thought and work.

Kamala Harris announces the war of the future, the war for water

"The Body of the Nation
But the basin of the Mississippi is the BODY OF THE NATION. All the Other parts are but members, importants themselves, yet more importants in their relations to this. Exclusive of the Lake basin and of tant in their relations to this. Exclusive of the Lake basin and of 300,000 square miles in Texas and New Mexico, which in many aspects form a part of it, this basin contains about 1,250,000 square miles. In extent it is the second great valley of the world, being exceeded only by that of the Amazon. The valley of the frozen Obi approaches it in extent; that a of the la Plata comes next in space, and probably in habilitable capacity, having about eight-ninths of its area; then comes that of the Yenisei, with about seven-ninths; the Lena Amoor, Hoang-ho, Yang-tse-kiang, and Nile, five-ninths; the Ganges less than one-half; the Indus, less than one-third; the Euphrates, one fifth; the Rhine, one-fifteenth.

---

55 VARGAS, João Augusto Costa. *Um mundo que também é nosso, o pensamento e a trajetória diplomática de Araújo Castro.* Brasília, Fundação Alexandre de Gusmão, 2013.

It exceeds in extent the Whole of Europe, exclusive of Russia, Norway, and Sweden. It would contain Austria four times, Germany or Spain five times, France six times, the British Islands or Italy ten times. Conceptions formed from the river-basins of Western Europe are rudely schocked when we consider the extent of the valley of the Mississippi; nor are those formed from the esterile basins of the great rivers of Siberia, the lofty plateaus of Central Asia, or the mighty sweep of the swampy Amazon more adequate. Latitude, elevation, and the rainfall all combine to render Every part of the Mississippi Valley capable of supporting a dense population. As a dwlling-place for civilized man it is by far the first upon our globe.
— **Editor's Table,** HARPER'S MAGAZINE, FEBRUARY, 1863.

"O Corpo da Nação

Mas a bacia do Mississippi é o CORPO DA NAÇÃO. Todas as outras partes são apenas membros, importantes por si mesmas, mas mais importantes em suas relações com esta. Excluindo a bacia do lago e cerca de 300.000 milhas quadradas no Texas e Novo México, que em muitos aspectos fazem parte dela, esta bacia contém cerca de 1.250.000 milhas quadradas. Em extensão, é o segundo grande vale do mundo, sendo superado apenas pelo da Amazônia. O vale do congelado Obi se aproxima em extensão; o do Prata vem em seguida em espaço e provavelmente em capacidade habitável, possuindo cerca de oito nonos de sua área; em seguida, vem o do Yenisei, com cerca de sete nonos; o Lena, Amur, Hoang-ho, Yang-tsé-kiang e Nilo, cinco nonos; o Ganges, menos da metade; o Indo, menos de um terço; o Eufrates, um quinto; o Reno, um décimo quinto. Ele ultrapassa em extensão toda a Europa, excluindo Rússia, Noruega e Suécia. Conteria a Áustria quatro vezes, a Alemanha ou a Espanha cinco vezes, a França seis vezes, as Ilhas Britânicas ou Itália dez vezes. As concepções formadas a partir das bacias dos rios da Europa Ocidental são rudemente abaladas quando consideramos a extensão do vale do Mississippi; nem aquelas formadas a partir das bacias estéreis dos grandes rios da Sibéria, dos planaltos elevados da Ásia Central, ou da poderosa extensão do pantanoso Amazonas são mais adequadas. Latitude, elevação e precipitação se combinam para tornar cada parte do Vale do Mississippi capaz de sustentar uma densa população. Como lugar de residência para o homem civilizado, é de longe o primeiro em nosso globo.
Editor, Harper's Magazine, Fevereiro de 1863".

— PRESENTATION BY THE EDITOR OF *HARPER'S MAGAZINE* FOR MARK TWAIN'S BOOK *LIFE ON THE MISSISSIPPI*, IN 1863

MARK TWAIN is considered the greatest writer in the United States, and William Faulkner regarded him as the father of American literature, but when he wrote his work praising the Mississippi, he couldn't have imagined that one day the waters of the great river would be on the tumultuous borders of profit and war.

At an event in the city of Oakland, California, in 2021, the Vice President of the United States, Kamala Harris, prophesied to America and the world the war of the future: the war for water. The US mandatary announced that "for years and generations wars have been fought for oil. In a very short time it will be for water", she sentenced. A little earlier, in December 2020, in operation without much fanfare, the New York Stock Exchange listed a new commodity to be traded on its exchange floors, as valuable as gold or oil: water.

In 2023, the UN held a conference on water in New York, and the predictions were that water scarcity, in fact, could trigger conflicts around the world, and according to the organization, who controls water will control a major portion of world power.

According to UN data, 73% of the world's water consumption goes to agriculture, 21% to industry, and only 6% to domestic consumption. The UN estimates that if there is a lack of water, there will be a lack of food in the world. Water scarcity is already considered severe in areas critical to food security, such as the North China Plain, the Indian Punjab, and the Great Plains of the United States.

And what is the UN's solution? That water be considered as a common good of humanity, as well as biodiversity and natural resources that no longer exist in developed nations. The technology of microprocessors, 5G, vaccines, the pharmaceutical industry, soybean, corn and grape seeds would continue to be protected by exclusive industrial secrets and the collection of royalties and patents.

The war for oil was the war of the consuming countries against the countries holding oil reserves. What will the war for water anticipated by Kamala Harris look like? Who will need water in the world? Who holds important water reserves in the world? Brazil has the largest freshwater reserves, 20% of all freshwater flow on the planet and the largest aquifer, Alter do Chão, which extends over an area of 410,000 square kilometers in the states of Amapá, Pará and Amazonas. In the rainy season, the Amazon accumulates 350 square kilometers of surface freshwater, larger than the areas of Italy, Germany, or England.

The prophecy of the Vice President of the United States and the vision of the UN compel Brazil to increase diplomatic vigilance and care in the area of defense if it wishes to protect the Amazon from the ambitions of the present and the future.

Amazon, an anatomy of the crime

"The individual whom God has chosen for the government of His creatures and His servants is under obligation to defend His subjects against their eventual enemies, to repel the dangers that may threaten them, and to enforce coercive laws that prevent them from attacking each other. They are owed the protection of their goods; to provide for the safety of travelers, and to direct men to what is most advantageous to them."
— **Ibn Khaldun,** 1332-1406, THE PROLEGOMENA

Only environmental crimes – clandestine deforestation and illegal fires – have put the Amazon in the national and international news. But crime in the region has already caught the attention of the United Nations (UN) in its 2023 World Drug Report, which pointed to the expansion of drug trafficking activities for land grabbing, illegal mining, logging and deforestation[56].

The Secretary of Justice and Public Security of Amapá, Carlos Souza, colonel of the Military Police, announced in 2019 the presence of seven criminal factions operating in the state, with national, regional or local links.[57] Amapá has twice as many violent deaths as the national average; 70% of its population depends on income transfer programs to survive, almost all economic activity is prohibited by environmental legislation and by the demarcation of conservation units and indigenous lands and other restrictions that immobilize more than 90% of the state's territory for any economic activity. As if that were not enough, in a lawsuit involving an NGO financed from abroad, the Public Prosecutor's Office and Ibama ended up prohibiting the opening of an experimental well for oil exploration off its coast.

---

56 *O Globo* newspaper, 06/28/2023.
57 *Diário do Amapá* newspaper, 01/07/2019.

Crime in the Amazon is related to a number of reasons that must be removed or there will be no lasting solution to the problem. The reasons are linked to the absence, fragility and errors of the national State in the region, and its replacement by the parallel "government" of the NGOs under the complacent and sometimes complicit gaze of the agencies of the Government.

The State is powerless to inspect the immensity of the areas under its jurisdiction, whether they are conservation units or indigenous lands, and it wastes a good part of the resources in persecuting rural producers and entrepreneurs subjected to the siege of the norms that block economic activity.

The absence of land regularization reduces rural property in the region to an intermediate zone between legality and illegality, because if possession is legitimate, it is not always recognized because it is not regular. Regularization is strongly opposed by the NGOs, as it consolidates demographic occupation, contrary to the doctrine of deanthropization adopted by neo-Malthusian agents.

The demarcation of new conservation units and indigenous lands over areas already occupied by riverside dwellers and farmers fosters a serious social problem for the survival of those condemned to abandon their lands and homes or to live with the anathema of illegal occupants of public areas.

The siege of economic activity pushes parts of the youth into crime based on the reasoning that since everything is "illegal", the illegality linked to an economic activity or ordinary crime makes no difference. The consequence is the growing recruitment of young people for the activity of criminal groups in the region.

Proof of the failure of the sanctuary model[58], supported by the policy of command and control[59], is the very situation of the Amazon, whose social indicators are the worst in the country, exposing the unacceptable contrast of the greatest national poverty living on the richest subsoil of the Nation.

Reducing violence, crime and illegality in the Amazon will only be possible when the balance between preservation and development becomes a reference for the State and it functions as an inducer of investments in infrastructure and private investments across the frontier of development allowed by the immense resources in it.

---

[58] Sanctuaryism is the idea that the Amazon is a sanctuary of nature to be protected from human presence,

[59] Command and control, in environmental jargon, is the policy of defending environmental standards based on the issuing of notices of environmental violation, fines and embargoes of rural properties.

Amazon, the world's largest mineral frontier

"Everything that exists in the periodic table exists in the Amazon."
— **Sentence heard from a geologist with extensive professional experience in the Amazon**

"Even with the massacre of 29 prospectors at the beginning of the month and the siege of the Army, adventurers remain in the vicinity of the Roosevelt Reserve hoping one day to return to prospecting with or without the permission of the Cinta Larga. The risk to life comes at a price: the potential of the diamond mines in the reserve is one million carats per year, equivalent to US$ 500 million, according to unofficial calculations by technicians from the National Department of Mineral Production (DNPM), of the Ministry of Mines and Energy. Roosevelt Reserve diamonds are of above-average quality. They can be sold at high prices, says Deolindo de Carvalho, head of DNPM in Rondônia. According to the Rondônia Prospectors Union, approximately US$ 8 billion in diamonds have already been mined in the reserve and so far the seven alleged large mines in the area are untouched."
— ***O Globo* newspaper,** 04/25/2004

It is likely that the 118 elements of the periodic table are not found in the Amazon and the phrase of the experienced geologist is only the expression of his own admiration and surprise at the vastness of the natural resources present in the subsoil of the most promising mineral province on earth.

Almost half of the Amazon is located in the so-called Precambrian, a period of formation of the earth rich in mineral deposits. Travelers and naturalists of the 19th century did not express great interest in geology, devoting more attention to the studies of Amazonian fauna and flora. The first organized effort to survey the region's ores was the Radam project (Radar of the Amazon), launched in 1970 by the military government.

Oil in the Amazon extends from the coast of Pará and Amapá to the border with Peru. The late former deputy and president of the ANP (National Agency of Petroleum, Natural Gas and Biofuels), Haroldo Lima, told me many times of his disappointment over Ibama's veto on oil prospecting on the Acre border with Peru. More recently, the Public Prosecutor's Office, Ibama and the NGOs joined in an offensive to block the opening of an experimental well on the coast of Amapá, 500 kilometers from the mouth of the Amazon.

In 2017, President Michel Temer decided to release, by decree, part of the National Copper Reserve and Associates (RENCA) between Amapá and Pará, rich in phosphate, copper, gold, titanium, zinc, tungsten and tantalum. Brazil imports more than half of the phosphorus it uses in agriculture, and the opening of RENCA would make it possible to reduce this dependence.

An international campaign by NGOs and Hollywood celebrities, deserving of a tweet from Brazilian model Gisele Bündchen, led the government to repeal the decree and the immense wealth that rests underground waiting for the moment when the NGOs bosses decide to remove it.

The scandalous prohibition of the exploitation of the potassium mine in the municipality of Autazes, in Amazonas, exposes the cooperation between State institutions such as the Public Prosecutor's Office and the Judiciary in the immobilization of the Amazon's mineral resources. Brazil imports 85% of the potassium it uses in agriculture at the cost of billions of dollars that burden our trade balance, and would be able to produce two to four million tons of the input per year in Autazes. As the mine was not located on indigenous land, Ibama refused to assess the environmental impact of the work, stating that this attribution was from the environmental agency of the state of Amazonas that had released the project. The Judiciary nevertheless summoned Ibama to carry out the environmental impact study, and the Public Prosecutor's Office appealed against the release on the grounds that the mine was in the vicinity of the indigenous land. The member of the Public Prosecutor's Office even said that the only way to prevent the work was to expand the indigenous area to include the mine space. For greater scandal, a NGO started to use the expression self-demarcated indigenous land, that is, demarcated by the NGO, without involvement of Funai and outside the legal norms of the country. The result of the campaign of the NGOs and the interference of the Judiciary and the Public Prosecutor's Office was the paralysis of investments and the perpetuation of the dependence on the import of potassium for Brazilian agriculture.

The world order disputed between China and the United States has reduced confidence in the dollar as an international currency and strengthened gold as a store of value, desired by all the world's central banks. It is known that the Amazon has promising gold provinces in indigenous lands and conservation units with full protection. Most of this gold is extracted illegally and illegally leaves the Amazon and Brazil, accumulating serial losses for municipalities and states that do not receive the Financial Contribution for Mineral Extraction (CFEM), and for the Union, deprived of the funds evaded by smuggling.

Niobium is an essential ore in the aeronautical, space, nuclear industry and in all activities lacking alloys resistant to large variations in temperature and pressure and endowed with superconductivity. The Amazon has large niobium reserves in the region known as Cabeça do Cachorro, in the municipality of São Gabriel da Cachoeira, on the border with Colombia, but we are prevented from accessing them, as they are within the Pico da Neblina National Park conservation unit, of full protection, and indigenous lands prohibited for mining.

The case of Roraima is unique because 70% of the state's area is blocked for mining, demarcated as indigenous land or conservation unit. The paradox is that Roraima was privileged by nature as one of the richest mineral provinces of our Homeland, without being able to enjoy these resources for the benefit of its population.

The potential offered by the mineral frontier of the Amazon can be well evaluated in the only state that partially broke the blockade imposed on the region for having somehow anticipated the offensive of the NGOs and the Brazilian State itself and started mineral activity in the 1970s: the state of Pará. In 2021, Pará's mineral trade balance was US$ 49 billion, while the entire balance of the Brazilian trade balance was US$ 61 billion, and the state led ore exports with 35% of the national total. Only two municipalities, Parauapebas and Canaã dos Carajás, received R$ 4.314 billion from the Federal Contribution on Mining, appearing as the two leading Brazilian municipalities in this revenue.

There is an evident difference between ore exports from Pará and Amazonas, although this also constitutes a large mineral frontier, but it came across the blockade system already widely articulated when it awakened to the enjoyment of the natural riches of its subsoil.

The case of Pará reflects the potential of the Amazon's resources, as the state basically exports iron ore. It is possible to imagine the day when the Amazon and Brazil can sovereignly dispose of their geography, their mineral resources and the possibility of processing them in the Amazon itself, for the benefit of the population of the region and the entire Brazilian people.

Organized, regulated, subject to inspection by environmental agencies, collecting taxes for municipalities, states and the Union, and exercised with social and environmental responsibility, mining is a living promise of national and social emancipation, possible to raise the protagonism and importance of Brazil in the economic and geopolitical scenario of the world.

The International Energy Agency (IEA) estimates that demand for minerals used in clean energy will double or quadruple by 2040.[60] Noble, rare, strategic minerals, or any other name that may be given to this raw material are essential in the manufacture of batteries (aluminum, nickel, copper), solar panels and wind turbines (copper). According to the newspaper *Valor*, Brazil is cited in the Report of the Organisation for Economic Co-operation and Development (OECD) released by the United States Geological Survey, as holding important world reserves of nickel, manganese and rare earths.

But for geologist Roberto Perez Xavier, executive director of the Agency for the Development and Innovation of the Brazilian Mineral Sector (ADIMB), "Brazil still has its mineral potential undersized, especially for the group of critical minerals".[61]

There is no doubt that the blockade imposed by the action of NGOs financed from abroad and by agencies of the Brazilian State itself discourages investment in the inventory of the country's mineral wealth, especially in the Amazon. In Brazil, any calculation regarding the time required to obtain an environmental license, even for research, is uncertain. No one risks the labyrinth of Brazilian environmental legislation without the protection of a network of law firms specialized in the matter.

The challenge is not a small one. Supported by the Amazon, Brazil will be rich and strong, when rich and strong Brazil will not be a Switzerland, a Belgium or a Netherlands on the world map; Brazil would be economically and geopolitically a new China, and this undesirable horizon for the great northern superpower of our hemisphere and its Western European allies may explain our difficulties in incorporating the Amazon into our national development project and future.

Amazon, an energy factory

60   *Valor* newspaper, 07/21/2023.
61   *Valor* newspaper, 07/21/2023.

"We, Amazonian society, suffer the double pressure – that of the world that does not want to see Brazil as a great nation, preventing under the most diverse maneuvers the creation of an infrastructure in the Amazon, followed by the pressure of the most favored regions of our country that insist on seeing us as a colony at the mercy of their 'kindnesses'.

The Amazon, the Amazonian people, have full responsibility for keeping their lush forests and the pure waters of their rivers well cared for. They can no longer stand to see people who only know our region through maps or images, insisting on telling us what we should do.

We need a statesman to rescue us from this embarrassment. We have already tried the scientific debate, but the evildoers of the Amazon do not accept it, they distort our arguments with empty and unrelated narratives.

For reflection, here is the phrase of the writer G. K. Chesterton: 'a day will come when it will be necessary to draw a sword for claiming that the pasture is green.'"
— **Manifesto** PUBLISHED BY THE FEDERATION OF INDUSTRIES OF THE STATE OF PARÁ (FIEPA), CENTER OF THE INDUSTRIES OF PARÁ (CIPE) AND BY 23 MORE ASSOCIATIONS OF INDUSTRIALISTS AND PRODUCERS IN THE STATE OF PARÁ IN PROTEST AGAINST THE REMOVAL OF THE PETROBRAS RIG OFF THE COAST OF PARÁ AND AMAPÁ AND AGAINST THE DIFFICULTIES CREATED FOR ANY INFRASTRUCTURE PROJECT IN THE AMAZON)

The formation of the Brazilian relief made the Amazon an inexhaustible source of energy. The Amazonian plain, when receiving the rivers of the Central Plateau and the Guiana Plateau, gives rise, as it is traveled by the watercourses, to a sequence of waterfalls and rapids totally appropriate for the use for hydroelectric plants.

The current division of the Brazilian relief is the work of geographer and professor Haroldo de Azevedo, adopted by geography books and maintained, with minor variations, by another professor and geographer, Aziz Ab'Saber. The Amazon plain is an immense basin whose edges are formed by the Central Plateau and the Guiana Plateau. The Central Plateau forms both the rivers that flow in the direction of the Amazon Basin, cases of Madeira, Tapajós, Xingu, Araguaia, Tocantins and many of their tributaries, and the rivers that form the Pantanal and Plata basins, such as Paraguay and its tributaries. The same occurs with the Guiana Plateau, whose rivers descend towards the Amazon Basin, cases of Cotingo, Maú, Surumú and Ailã, or take the direction of the Atlantic, cases of Essequibo and Demerara.

In 2021, the effective generation of electricity in the North region was 136 million mwh, that is, 27% of the total produced by the country. The North region, in addition to being self-sufficient in electricity, exported more energy (60%) than it consumed (40%).

The potential of the Amazon can be exemplified by the Madeira River with its 19 waterfalls between the city of Porto Velho and the border with Bolivia, of which only two, Santo Antônio and Jirau, were used for power generation.

Tapajós is another untapped force. The Tapajós hydroelectric complex, planned by Eletrobrás, initially planned the construction of five hydroelectric plants – São Luiz, Jatobá, Jamanxim, Cachoeira do Caí and Cachoeira dos Patos, as part of the National Expansion Plan 2030.

President Dilma Rousseff issued a provisional presidential decree to disallocate the National Park area for the construction of the São Luiz hydroelectric plant. The provisional presidential decree was approved by the Chamber of Deputies in 2012, however, once again the consortium bringing together government agencies such as Funai, NGOs financed from abroad, the Public Prosecutor's Office and the Judiciary blocked the licensing of the plant and the process was shelved, marking another triumph of the forces to contain development and a capitulation of the national state.

Roraima is the only state isolated from the national electricity grid, a situation that led the authorities to take advantage of Eletrobrás' 1971 inventory and plan to use one of its rivers, the Cotingo, for the installation of a hydroelectric plant. The licensing was approved in 1995, which triggered the mobilization of environmental and indigenous NGOs against the project. The Macuxi Indians even installed a new maloca in the area where the plant would be built and the proposal was abandoned, and the solution of importing energy from Venezuela produced by the Guri hydroelectric plant was adopted. When the Venezuelan plant interrupted supply to Roraima in 2018, the state returned to the fossil-fueled thermoelectric plant, without hearing a lament or a protest from the saboteurs of the clean energy that could come out of the waters of the Cotingo River.

In the case of Roraima, the state also had obstructed the so-called Tucuruí Lignon, a network that, crossing from Manaus to Boa Vista, would connect the state to the national electricity system via the generation of the Tucuruí Plant. The 700 km route between Manaus and Boa Vista was tendered in 2011 and should have been delivered in 2015, but was blocked by the usual consortium, bringing together NGOs, Funai and the Public Prosecutor's Office.

Even the construction of Belo Monte, on the Xingu River, is the record of the victory of the same blocking movement promoted by NGOs who often rely on the Public Prosecutor's Office. The plant was designed to be run-of-river, with the reduction the flooded area, and as the volume of water in the Xingu varies up to 25 times between the dry and rainy seasons, it results that in a part of the year the plant operates with up to half of a single turbine, of the 18 with operational capacity. In addition to imposing the run-of-the-river model, the NGOs extorted from the State and the consortium contracted to build the plant the artificial expansion of conservation units and indigenous areas, with the consequent expulsion of riverside dwellers and farmers who lived there, many of them for several generations.

It is necessary to consider the superior stability of hydropower over wind and solar. Hydropower, generated by the continuous flow of water, can be stored; solar is subject to the availability of sunlight, and wind varies according to the seasonality of the wind, which, as is known, cannot be dammed like water.

The protectorate of the NGOs, the Public Prosecutor's Office, Ibama and Funai in the Amazon is exercised away from the eyes of Brazilians, but its consequences not only affect the lives of the Amazon population, they compromise the future and the rights of all Brazilians.

The Amazon is ours, the biodiversity is theirs: the owners of biodiversity are the owners of the world

"The Amazon is destined to become the world's breadbasket."
— **Alexander von Humboldt**, GERMAN GEOGRAPHER, PHILOSOPHER, HISTORIAN AND NATURALIST, 1769-1859

In August 2015, then-German Prime Minister Angela Merkel visited Brazil with a 19-member entourage of ministers, deputy ministers and government secretaries. The visit had the strategic objective of resuming and strengthening the historical ties between the Brazil and Germany, built since the Empire, which even the antagonistic positions in World War II could not shake.

Dom Pedro II was a friend and admirer of Germany, stayed at the home of industrialist Alfred Krupp, whose companies he visited a few times, was the only foreign head of state present at the premiere of Richard Wagner's opera *The Ring of the Nibelung*, and even offered the composer a theater in Rio de Janeiro and support for his move to Brazil.

The emperor invited Siemens, in 1871, to make the telegraph connection between Rio de Janeiro and Rio Grande do Sul. The giants Basf and Bayer arrived in Brazil, respectively, in 1896 and 1911. It was with Germany that President Geisel signed the nuclear agreement that so displeased the United States, and it was with Thyssenkrupp's technology that the Brazilian Navy built the Tupi Class submarines.

In 2014, as Minister of Sport, I accompanied Angela Merkel at the debut of the German national team at the Brazilian World Cup, at the Fonte Nova Stadium in Salvador. Days later, she would be back to watch her country's national team win the world championship against Argentina.

The 2015 visit, therefore, was of the utmost relevance and the delegation comprised a group representing the German science, technology and innovation sector. I occupied the Ministry of Science, Technology and Innovation (MCTI) and in preparing the agenda with the German ambassador I offered a tour itinerary that included nuclear and space technology centers and research institutes, such as CNPEM (National Center for Research in Energy and Materials), in Campinas, inspired by the physicist and professor Rogério Cézar de Cerqueira Leite. It did not surprise me when the ambassador communicated that the German delegation would exchange all the options offered for a visit to the Amazon. By coincidence, we had just built the so-called Torre Alta, a 325-meter tower, for observing the climate and the interaction between the biosphere and the atmosphere in the Amazon, donated by the German government to MCTI.

I made arrangements for the delegations to travel to Manaus by FAB plane, and from there, by boat, 150 kilometers away, where Torre Alta was located. The Germans made special T-shirts to celebrate the event and some, provided with safety equipment, ventured to climb the Tower.

Bilateral talks were about a broad cooperation agenda, but it was around the Amazon's biodiversity that German government representatives focused attention and interest. I presented the idea of large-scale cooperation, based on trust and the tradition of the relationship between the two countries, involving German research institutions, such as the important Max Planck

Institute, universities, chemical and pharmaceutical industry giants and Brazilian institutes, universities and companies in biotechnology projects from the biodiversity of the Amazon. I felt the enthusiasm fade at the idea of the presence of Brazilian institutes, universities and companies in the initiative.

Also in 2015, Brazil and the United States held the 4th Meeting of the Brazil-U.S. Joint Commission for Science, Technology and Innovation (Comista) in Washington. As the head of the MCTI, I composed the delegation with the secretaries of the Ministry and representatives of the main national research institutes, including CNPEM and Instituto Butantã. The head of the White House Office of Science and Technology Policy was renowned energy expert John Holdren, who brought together the country's leading research institutions in a precursor event in the area of science and technology to President Dilma Rousseff's visit to the United States, with a visit to Silicon Valley.

The meeting took place in a cooperative and to some extent fraternal atmosphere, with the Americans showing goodwill in working with the Brazilians. As an energy expert, Holdren had a special interest in the subject and the potential of the Amazon's biodiversity. Part of the cooperation ran into the web of demands of our bureaucracy, but the great attention and curiosity of my interlocutors to the infinite and unfathomable riches of the Brazilian Amazon was clear.

When I visited Paragominas, in Pará, for a lecture on the Amazon and its challenges, I was informed by my hosts that a few days ago a group of German researchers had left the city interested in investigating a natural plant from the Amazon with medicinal properties for the cure of Alzheimer's disease, camapu, also known as bucho-de-rã, juá-de-capote and mata-fome.

In January 2007, in an interview with *Gazeta Mercantil* newspaper, the Secretary of Biodiversity and Environmental Forests, Rogério Magalhães, stated that there are spaces in the Amazon where the Brazilian is denied access. He cited the example of the American Smithsonian research institute, which had closed a space within the territory of Inpa (National Research Institute of the Amazon), "as if it were American territory in the middle of the Amazon. Any Brazilian was prevented from entering. No one knew what was researched there", according to Magalhães.

To travel through the Amazon nowadays is to hear stories like these, of mysterious foreigners deep in the jungle, identified as researchers, in the intimacy of the richest biodiversity on the planet, without any kind of scientific monitoring, academic control or supervision by the Brazilian State.

It is the natural resources unavailable in the rest of the world that put the Amazon at the center of the international geopolitical stage. It is not because of the undeniable importance of the environmental agenda. It is not for the good of the world, it is for the goods of the world, it is not for the good of Brazil, it is for the goods of Brazil, it is not for our good, it is for our goods, as Father Antônio Vieira would say.

The 2022 UN Biodiversity Conference in Montreal, Canada, showed, without veils, the rules of the game. The 30% target set for biodiversity protection will not be per country, as Brazil and the megadiverse countries wanted, but a global target as decided by the owners of the world. The rule of distribution of biodiversity benefits as desired Brazil, Congo and Indonesia were not established.

Rich countries are registering the genetic sequencing of animals and plants in their banks with the excuse that they will put this file at the service of researchers around the world. The most refined trickery, when it is known that access to this genetic bank means nothing without the mastery of technology in the hands of giant pharmaceutical and chemical companies in Western Europe and the United States.

The motto of the Amazon Fund, as it is on its official website, is: "Brazil protects it. The world supports it. Everybody wins."

At the Montreal Biodiversity Conference, it was decided to create a protection fund that, for coherence, should have as its motto: "The poor protects it. The rich win".

The parallel state of the NGOs

"Industrialized countries will not be able to live the way they have existed until today if they do not have at their disposal the planet's non-renewable natural resources. They will have to set up a system of pressures and constraints that guarantee the achievement of their intentions."
— **Henry Kissinger,** FORMER SECRETARY OF STATE
OF THE UNITED STATES OF AMERICA

Three states, one official and two parallel, vie for power and influence in the Brazilian Amazon. The first is the official, represented by the city halls, the states and the Union and their institutions; the second is that of organized crime, especially drug trafficking, lord of the rivers used as a route for drugs and crime in cities; and the third is that constituted by non-governmental organizations financed with international resources and partly supported by the State apparatus itself and its bureaucracy.

The cities of the deep Amazon already have a strong presence of the main criminal factions in the country: the First Command of the Capital (PCC), the Red Command (CV), Northern Family (FDN), among others. On the shore of Altamira, bathed by the Xingu River, where I used to take walks during my stay in the city, it is possible to visualize the dispute between the factions in the graffiti superimposed with the initials of the acronyms of the criminal organizations, or to count the deaths of the youth employed in the war between them.

In Manaus, a friend occupying an important public function in the state of Amazonas heard from mayors of the border with Colombia and Peru that the city hall was no longer the largest employer in the municipality. It had lost its post to drug trafficking. But it is the non-governmental organizations financed from abroad that exert the greatest influence on the destinies of the richest and most unequal region of our country. The tentacles of these entities extend throughout all domains of public and private life, in economic activity and in the norms that govern the lives of the Brazilians who inhabit that region.

It is true that there are humanitarian and philanthropic non-governmental organizations, occupying the void of the State and meeting the secular needs of an unassisted population. They are religious entities or entities linked to assistance initiatives of various origins. But what stands out in the Amazon is the presence of neo-Malthusian NGOs[62], supplied by the resources of international powers and agents of their geopolitical interests. Such entities are distributed in different groups of action.

The first group is the NGOs that are militant, noisy, spreading versions and disinformation in the region, known today as *fake news*. They sell the threat on the Amazon to their bosses in exchange for resources as a kind of protection-selling mafia.

---

62 THOMAS MALTHUS was an English monk who created the theory that population growth was a threat to humanity. For Malthus, "there was no place for the poor at nature's banquet". For the Neo-Malthusians and their NGOS, there is no place for the poor nor for the poor countries in the dispute over the planet's natural resources.

The second group is the NGOs that work with projects, interact with the population of the region proposing a sanctuary economy, perpetuating poverty, low consumption, low carbon emissions for the tranquility of the rich population, of the rich countries, which will continue its conspicuous consumption without any NGO disturbing or bothering them.

A third group is formed by the "scientific" NGOs, who organize research projects, co-opt academics in universities, are deeply linked to the climate agenda sponsored by international corporations. In their sphere of concern are not the 30 million Brazilians living in the Amazon with the worst social indicators, the highest rates of illiteracy, infant mortality and infectious diseases, the worst rates of basic services such as treated water, electricity and basic sanitation. For NGOs and their funders, these Brazilians are invisible, their dramas and sufferings invisible. For the NGOs or the portion of local leaders co-opted by them, only the chestnut and rubber trees are eternal. Indigenous and riverside dwellers who do not adhere to their money and their theses are excluded and discriminated against.

The rarefied presence of the State reduces the Amazon to the condition of an informal protectorate, under the tutelage of these NGOs that use as an auxiliary line agencies and corporations of the State itself, such as the Ministry of the Environment, Ministry of Indigenous Peoples, Ibama, Public Prosecutor's Office of the Union, Public Prosecutor's Office of the states, Federal Police, National Force and, occasionally, the environmental secretariats of the states of the Amazon themselves.

The exercise of tutelage is not only by the physical presence, but mainly by the influence on public policies adopted for the region, in the occupation of agencies and bodies such as the Ministry of the Environment, Funai and Ibama, in the formulation of standards such as those that created the National System of Conservation Units (SNUC), the National Environment Council (Conama) or those that establish criteria for the demarcation of indigenous lands.

Thus, the State itself executes the policy of the NGOs, which is nothing more than the orientation of the international interests of the United States and Western Europe, agencies such as Usaid (United States Agency for International Development), foundations such as the Ford Foundation, the Open Society or billionaire funds such as the Amazon Fund.

Usaid works under the guidance of the Department of State and the CIA and has a decisive role in formulating the United States' environmental policy for the world, in financing and in articulating resources for the environmentalist NGOs who work in Brazil, as can be seen in some of the websites of these organizations available on the Internet.

The system operated in such a way that the NGOs detach their executives to occupy the state agencies and empty them of their functions, which will be passed on to the NGOs, to where they will return. And so the sinister rotation of stateless bureaucracy works: from the NGOs to the State, from the State to the NGOS and they will always be in control of public policies and public and private resources, in obedience to the only boss: the international interest.

Wherever I walk and walked in the Amazon the stories repeat themselves. In Belém, Macapá, Manaus, Porto Velho, Boa Vista, Rio Branco, Boca do Acre, Altamira, Santarém, Tabatinga, Serra do Tepequém, Roraima, Uruará, Itaituba, Jacareacanga, Novo Progresso, Castelo dos Sonhos, cities, towns and rivers, always the same presence, always the same alliance, always the same victims. NGOs, Public Prosecutor's Office, Ibama, National Force, Federal Police on the one hand, and on the other, riverside dwellers, prospectors, indigenous rebels to the guidance of the NGOs, farmers, traders, Amazonians trying to survive in conflict and confrontation with the international power represented by the NGOs associated with a portion of the Brazilian State apparatus.

The Amazon Fund is the most refined expression of the Brazilian State's capitulation to the agenda imposed on Brazil. Created by decree in 2008, the Fund's motto is presented on its official website "Brazil protects it. The world supports it. Everyone wins", followed by a summary of its objectives: "The Amazon Fund aims to raise donations for non-reimbursable investments in efforts to prevent, monitor and combat deforestation, as well as to promote the preservation and sustainable use in the Brazilian Amazon. It also supports the development of systems for monitoring and controlling deforestation in other Brazilian biomes and in biomes of other tropical countries". No words, no references, no concern with the social drama of the 30 million Amazonians, with the possibility of raising the material and spiritual standard of living of these Brazilians, with their aspiration for development.

The Fund is formally managed by the National Bank for Economic and Social Development (BNDES), which announced in March 2023 the availability of 5.4 billion reais in its portfolio, which has Norway and Germany as main financiers.

When I was a member of the Bank's Board of Directors, between 2015 and 2016, I asked the then director responsible for the management of the Fund to present me with the reports of the projects selected for financing and I got the answer that the Bank had no interference in the selection, and that an independent committee was responsible for this purpose, with the decisive role being the responsibility of the NGOS and a Norwegian diplomat in charge of this task.

Once, going down the Purus River to a Forest Code hearing, I saw a group of children disembarking from a canoe on one of the banks of the river and asked the pilot of the bass boat, the "voadeira", what are the small motor boats that travel through the Amazon called, what it was about and he replied that they were students arriving for classes. I asked him to go to the place, disembarked, walked the small distance between the riverbank and the school, and met a young man who introduced himself as the teacher.

There was a mattress on the floor, surrounded by candle stumps and the teacher said that there he corrected the homework at night, in the absence of electric lighting at the school. I also realized that there was no treated water, although the school was less than 100 meters from the abundance of water of the Purus River. The school was organized, clean, the arrangement of cardboard murals with indications of various disciplines pointed to the presence of a dedicated teacher who was proud of his mission. He told me that he lived at the school and that he went to town only once a month to collect his salary.

On my recent trip to the Amazon, a similar scene occurred on the banks of the Xingu River and I noticed a school in the middle of the jungle, where I stopped for a visit. Although the teacher was not there, as she had traveled to the city, I learned that she was a young woman who taught classes for all grades of the first stage of elementary school, and that there she taught, cooked and slept alone. Yes, the young teacher slept alone in a school in the middle of the Brazilian Amazon jungle. I thought at the time that only divine providence would protect a creature carrying such a noble mission.

On another occasion, when arriving in the city of Novo Progresso, in Pará, the temporary dirt runway was occupied by a small herd of cows that ran scared by the approach of the single-engine plane that was carrying us. It was the confiscated herd of small producers who occupied a converted area to the reserve of the National System of Conservation Units by decree of the Ministry of the Environment, and it was these small producers, usurped by the State, who were waiting for me for an audience.

The city resembled an occupied country. Federal Police helicopters, vehicles and men of the National Force with an ostentatious presence in the city brought an image of my youth, when the evening news showed scenes from the North American air base of Da Nang, in occupied Vietnam. I couldn't help but associate those frightened, terrified farmers bringing their children to Novo Progresso with the Vietnamese peasants filled with astonishment and fear of American military helicopters.

Interestingly, this scene I saw in Novo Progresso in 2010 is reproduced more evenly in the main cities of the Amazon today by the multiplication of Conservation Units and the state usurpation of more and more families of riverside dwellers and farmers. In Altamira, for example, the repressive apparatus of the State is displayed on the streets by the transit of characterized vehicles, all of them destined to the persecution of farmers and riverside dwellers, and none of them destined to the fight against organized crime that plagues the city and the region.

The Amazon is in need of a Bruce Lee

"In the alarming disproportion between the disproportionate extension of Amazonian lands and the scarcity of people, lies the first geographical tragedy in the region.

Region with a population of homeopathic type, formed of drops of people speckled haphazardly in the immensity of the forest, in a proportion that reaches in certain areas the ridiculous concentration of one inhabitant for every 4 square km of surface.

Within the impenetrable grandeur of the geographical environment, this handful of people lives crushed by the forces of nature, without being able to react against the oppressive obstacles of the environment, for lack of technical resources only achievable with the formation of nuclei that could really act by their colonizing force, as true geographical factors, altering the natural landscape, shaping and polishing its hardest edges, softening its excessive rigors in the service of the biological and social needs of the human element.

Without sufficient forces to dominate the environment, to use the possibilities of the land, organizing a system of productive economy, regional populations have lived until today, in Amazonas, almost exclusively in a regime of destructive economy. From the simple collection

of native products, hunting and fishing. From the harvest of wild seeds, fruits, roots and tree bark. Latex, vegetable oils and resins."
— **Josué de Castro,** GEOGRAPHY OF HUNGER

A story told by a great-uncle about the British colonial presence in China remained in my memory as a boy. My uncle told me that during the domination, in the neighborhood inhabited by the English in Shanghai, there was a sign at the entrance with the following inscription in English and Chinese: *"Chinese and dogs are not allowed to enter".*

The same story I saw many years later in a 1972 film, *Fist of Fury*[63], in which the character played by Bruce Lee in early last century Shanghai tries to visit a city park and is stopped by a guard who points out the warning in English and Chinese: *"No dogs and Chinese allowed"*. Bruce Lee destroys the warning with martial arts blows, thus avenging Chinese pride wounded by foreign occupation.

Isolation in exclusive neighborhoods, in exclusive clubs, was a hallmark of colonial administrations in Africa, India and China and is reminiscent today of the relationship of executives of NGOs financed by foreign money in the Amazon and the high bureaucracy of the State with the population of the region.

European colonizers in a world dominated by scientific racism[64] believed in the supremacy of their own civilization over the Aboriginal peoples they dominated. The executives of the NGOs and the elite of the State are fully convinced of the supremacy of their neo-Malthusian ideas before the inhabitants of the Amazon, indigenous people, Caboclos, riverside dwellers, farmers, merchants. Closed in their exclusive social relations, they refuse to establish any contact with the local population, treated as invaders of the natural sanctuary from where they must be expelled. They are limited to mingling with co-opted leaders at the price of the vast resources, public or private, that supply their activities.

In my recent travel through the Amazon, I have seen cases in which representatives of the Public Prosecutor's Office refuse to receive rural producers

---

63   *Fist of Fury*, a 1972 film directed by Lo Wey and starring Bruce Lee.
64   Pseudoscience taken as a science by nineteenth-century European colonialism to justify the supremacy and domination of Europeans by the hypothesis of racial superiority in relation to dominated peoples.

or to respond to invitations from city councils, while communing socially and politically with the NGOs persecutors of small producers who try to survive in the midst of many difficulties.

For foreign funders of non-governmental organizations operating in the Amazon, Amazonian space should be forbidden to Brazilians, as it was for the Chinese in 19th-century Shanghai. In applying this principle, they rely on the informal collaboration of agencies and institutions of the Brazilian State itself. The interdiction of the Amazon to the Amazonians is a war that is not lost, but needs the spirit and indignation of a Bruce Lee to be victorious.

Indigenous people, our most remote grandparents

"The descendants of the Siberians populated the dense forests of the eastern United States, the swamps of the Mississippi Delta, the deserts of Mexico, and the scorching forests of Central America. Some settled in the fluvial world of the Amazon River basin, others took root in the valleys of the Andean mountains or the open pampas of Argentina. And all of this happened in just one or two millennia! In 10,000 BC, humans already inhabited the southernmost point of America, the Island of Tierra del Fuego, at the southern end of the continent."

— **Yuval Noah Harari,** SAPIENS, A BRIEF HISTORY OF HUMANKIND

The prevailing theory about the origin of the first settlers of America, and therefore of the Amazon, is that they would have left Africa at a remote time and, in successive migratory waves, reached Siberia and then, through the Bering Strait, Alaska, passing through North America, Central America and finally South America[65].

There is also the idea that the American man would have arrived from Asia across the Pacific and settled in the vicinity of Lake Titicaca. The pressure

---

[65] HARARI, Yuval Noah. *Sapiens, a brief history of Humanity.* Porto Alegre, LP&M Editores, 2020.

exerted by the expansion of the Inca Empire would have forced the Tupi and the Guarani, initially the only people, to disperse in opposite directions. The Guarani, taking the Pilcomayo River, descended towards the Paraguay River and the La Plata River basin. The Tupi embarked in their canoes on the Beni River, entered the Madeira River and landed in the Amazonian plain.

Teodoro Sampaio maintains that due to their linguistic similarity, Tupi and Guarani had a common language, separated by different migratory destinations[66]. For the author of *Tupi na geografia nacional*[67], the difference between the two languages is explained by the time that the two peoples remained separated.

When I took some Guarani classes with my Paraguayan teacher, it was possible to realize that the differences between Tupi and Guarani may be, in part, a result of the phonetic differences between Portuguese and Spanish transported to the Portuguesezation and the Hispanicization of the indigenous vernacular[68].

Paraguay is the only South American country to have the indigenous language as its lingua franca and official language. Paraguayan historian Mary Monte López Moreira assures that Guarani is the third language in the world in botany nomenclature, behind only Greek and Latin[69].

The first grammar written in Brazil was not in Portuguese, but in Tupi, by Father Joseph of Anchieta, and created the general language or nheengatu, lingua franca of Brazil until its prohibition by the Marquis of Pombal in the mid-18th century. Tupi deserved the attention of lexicographers and intellectuals who were interested in organizing the vocabulary of the first inhabitants of Brazil and translating it into Portuguese. Brazil valued language, cuisine and indigenous presence in our social formation. We had a literary current, the Indianism, to exalt anti-colonialism and nationalism and elevate the Indian to the status of a national hero in the poetry of Gonçalves Dias and in the novel by José de Alencar.

The languages of the indigenous populations of the Amazon did not receive the same attention as the Tupi of the coast. The travelers were much

---

66 PEREIRA, Moacyr Soares. *Índios tupi-guarani na pré-história, suas invasões do Brasil e do Paraguai, seu destino após o descobrimento.* Maceió, EDUFAL, 2000.

67 SAMPAIO, Teodoro. *O Tupi na geografia nacional.* São Paulo. Nacional, 1987.

68 REBELO, Aldo. *O Quinto Movimento, propostas para uma construção inacabada.* Porto Alegre. Jornal Já Editora. 2021.

69 REBELO, Aldo. *O Quinto Movimento, propostas para uma construção inacabada.* Porto Alegre. Jornal Já Editora. 2021.

more interested in the fauna and flora than in the speech of the locals. Only Henri Coudreau, in his *Viagem ao Tapajós*, concludes with a brief vocabulary of the maué, apiacá and mundurucu dialects collected from his brief trip.

Army battalions and border platoons cultivate indigenous dialects in their ranks. It is possible to hear the National Anthem sung by the indigenous soldier of his mother tongue in the distant borders of Brazil. It is part of the defense doctrine in the Amazon to protect the indigenous language, which is more difficult to be decrypted by the enemy in a conflict situation.

Recently, the Government, through universities and city halls, has taken measures to value indigenous culture and traditions. Raising the material and spiritual standard of life of the Indians and integrating them into national society in the spirit of the Rondon doctrine is an unpostponable task to avoid the manipulation of their suffering and abandonment by groups interested in the weakening of national unity and cohesion.

Defense as a challenge of a national policy for the Amazon

"La protection de l'environnement est um objectif apparemment partagé par l'ensemble de l'humanité. Mais derrière cette unamimité de façade se cachent de profondes divergences, notamment entre pays du Nord e pays du Sud.

Em pleine guerre du Kosovo, em 1999, um quotidien brésilien publiait une série d'articles dévoilant les craintes des analystes du Centre brésilien d'etudes stratéguques. La mise sous tutelle Internationale de l'Amanonie, "la plus importante forêt tropicale de la Terre, que recèle près de la moitié dees espèces connues et éveille l'intérêt des superpuissances mondiales em raison de son potentiel hyddrique et minier", est-elle souhaitable?

Le gouvernement brésilien a décidé, au début des années 90, de subventionner le défrichement des forêts amazoniennes, menaçant ainsi leur intégrité. L'Amazonie appartient certes pleinement au Brésil. Mais, si les puissances occidentales ont fait exception au sacro-saint principe de souveraineté des États pour fair ela guerre em Yougouslavie et aider les Kosovars (alors que le Kosovo appartient à la Yogoslavie), pourquoi ne le ferait-il pas contre le Brésil pour s'approprier l'Amazonie? Le préteste

ne serait plus la protection de la population, mais celle de l' "espèce humaine". L'Amazonie étant le poumon de la Terre, si le Brésilne la protege pas correctment, ce será le devoir des autres États de le faire au nom de l'humanité entière."
— **Pascal Boniface,** LES GUERRES DE DEMAIN

"The protection of the environment is a goal seemingly shared by all of humanity. Behind this facade of unanimity, however, are hidden deep divergences, especially between the countries of the North and the countries of the South.

In the midst of the Kosovo war in 1999, a Brazilian newspaper published a series of articles revealing the fears of analysts at the Brazilian Center for Strategic Studies. Would it be desirable to place under international tutelage the Amazon, 'the most important tropical forest on Earth, which contains almost half of the known species and arouses the interest of the world's superpowers for its water and mineral potential'?

The Brazilian government decided in the early 1990s to subsidize the deforestation of Amazonian forests, thereby threatening their integrity. The Amazon certainly belongs entirely to Brazil. But if the Western powers made an exception to the sacrosanct principle of State sovereignty to wage war in Yugoslavia and help the Kosovars (while Kosovo belonged to Yugoslavia), why wouldn't they do so against Brazil to appropriate the Amazon? The pretext would no longer be the protection of the population, but that of the 'human species'. As the Amazon is the lung of the Earth, if Brazil does not adequately protect it, other States will have a duty to do so on behalf of all humanity."
— **Pascal Boniface,** LES GUERRES DE DEMAIN

The end of the Union of Soviet Socialist Republics (USSR) ended the historical period known as the Cold War, leaving the United States as the only superpower to exercise economic, financial, cultural, diplomatic and military hegemony over the world.

The French scholar of geopolitics, Pascal Boniface, sees the new world order that emerged after the collapse of the Soviet Union marked by the replacement of wars of conquest by wars of secession, and the multiplication of nation states as the greatest threat to world stability. Boniface is the author of *Les guerres de demain*,[70] in which he dedicates a chapter on environmental wars, with Brazil as the main character.

---

70   BONIFACE, Pascal. *Les guerres de demain*. Paris, Éditions Du Seuil, 2001.

The Brazilian military realized the strategic implications of the event and the new world order that was being established. The preferential alliance with the United States in the dispute with the block led by the Soviet Union has already been marked by shocks and conflicts in the relationship between the two countries, such as the American veto of the Brazilian nuclear and space programs, the recognition, by Brazil, of the left-wing governments of the former Portuguese colonies in Africa (Angola, Mozambique, Guinea-Bissau, Cape Verde and São Tomé and Príncipe), the breaking of the Brazil-United States Military Cooperation Agreement by President Geisel, or support for Argentina in the Falklands War, by President Figueiredo, in open opposition to President Ronald Reagan's support for the British.

In 1985, President José Sarney created the Calha Norte Project (Development and security in the region north of the Solimões and Amazon river beds), now subordinated to the Ministry of Defense and focused on the protection and settlement of Brazil's borders. Initially destined for the Northern border, during my administration at the Ministry of Defense, President Dilma Rousseff extended the project to the Western border, at my suggestion, at the request of the then military commander of the West, General Paulo Humberto.

The national defense strategy completely shifts its axis from the Southern Cone (border with Argentina) to the Amazon, with the transfer of complete military units from the South to the North of the country, the creation of the Naval District of Manaus, independent of Belém, and the Northern Military Command based in Belém, separate from the Military Command of the Amazon.

The Navy plans to create the Second Naval Squadron and the Northern Naval Base of Brazil, near the port of Itaqui, in Maranhão, with the task of protecting the mouth of the Amazon and the north Atlantic coast. As Minister of Defense, I visited the future base in the company of the commanders of the Navy, Admiral Leal Ferreira, and the Army, General Villas Bôas, with the purpose of transferring the area from the Army to the Navy.

In the Amazon, the Ministry of Defense organizes Operation Ágata, bringing together the Navy, the Army, the Air Force, the Federal Police, the Federal Revenue Service, Ibama and the military polices to prevent and combat cross-border illicit acts. The operation fulfills the dual function of repression of crime and integration of state agencies into joint activities.

The successive demonstrations of foreign authorities defending the limitation of Brazilian sovereignty over the Amazonian space have always been a matter of concern for the leaders of the Armed Forces.

A recent episode extended this concern from the military sphere to the government high command, when at a meeting of the UN Security Council in 2021, Ireland and Niger presented a motion considering the climate issue as in the interest of international security, threatening to create a serious embarrassment for Brazil.

Now, if the climate issue becomes part of the international security agenda, and the Amazon is considered essential in the climate agenda, then the Amazon would also be subject to the jurisdiction of the Security Council and its mandatory resolutions for Brazil, with the consequent risk of sanctions in case of disobedience.

The proposal obtained 12 of the 15 votes of the Council, including those of the United States and those of Western European countries, receiving the veto of Russia, the opposing vote of India and an abstention from China. Subsequently, President Jair Bolsonaro personally thanked President Putin for the gesture in defense of Brazil and, of course, the attitude of the Russian ruler weighed on the position of Brazilian diplomacy adopted by the Bolsonaro government in relation to the Russia vs. Ukraine conflict.

The protagonism of the Amazon in the world will increasingly demand from the tradition and efficiency of Brazilian diplomacy, but it is in defense policy that the most challenging actions appear. The ostensible presence of the Army demands the expansion of the Special Border Platoons in remote areas, marked by the absolute absence of the State, the multiplication of military training schools and the creation of Nuclei for the Preparation of Reserve Officers (NPOR) in indigenous areas. They are ways of integrating these Brazilian brothers and sisters into national society. In fact, the Ministry of Defense must adopt a special policy for the recruitment of conscripts in the Amazon among indigenous people, riverside dwellers people and Caboclos.

The Brazilian Navy is expected to expand patrol action in the 20,000 navigable miles of the Amazon with the creation of light speedboat units and the use of small boats known as voadeiras, already used by the Army. The government should immediately start the construction of the Naval Base of the Second Squadron, to which a submarine base should be added.

The Brazilian Air Force is expected to convert Boa Vista Air Base into an Aerospace Base due to its strategic position close to the Caribbean and the Northern Hemisphere. The activities of Comara (Airports Commission of the Amazon Region) should be resized to expand the airport defense infrastructure in the Amazon.

The three forces will adopt a program to build their own SHPs (Small Hydroelectric Power Plants), so as not to depend on diesel oil transported by airplanes. I remember that once, when visiting the Sivam Base in Tiriós, on the border with Suriname, I received from the indigenous leaders the request to build the SHP, whose equipment was on site, but which had been vetoed by Ibama. Once again Ibama blocking the use of clean energy in exchange for the consumption of diesel transported from Belém by air.

Brazil, the Amazon and the future

"The most dangerous consequence of war, and the one most to be feared in battle, is opinion. In the loss of a battle an army is risked; in the loss of opinion, a kingdom is risked."
— **Father Antônio Vieira,** SERMON FOR THE GOOD SUCCESS OF OUR ARMS, 1645

Brazil is experiencing days of immense international pressure to protect the Amazon from deforestation. The version promoted by the diplomacy of the United States and Western Europe is that the country has been negligent in adopting effective measures to contain the destruction of the forest, disseminated by the media apparatus of the NGOs financed from abroad and reproduced by much of the national and international media.

The point is that such a narrative, to embrace the fashionable vocabulary, insists on not finding support in reality, as it is possible to verify by simply examining facts, data and figures in the full public domain.

The truth is that there is an escalation of criminal activity in the Amazon, and illegal deforestation and illegal logging are among them, which must be repressed. But from there to the propaganda that there is an almost irreversible process of "savannization" and threat of "desertification" of the forest goes a distance that can only be covered by the communion of financial and geopolitical interests of the propagators of this fantasy.

Take the case of the state of Amazonas, the largest in the Northern region of Brazil, with 1,571,000 km², of which 95.46% are covered by native vegetation, 93.49% of which are forests and 1.97% of campinas and floodplains. To facilitate, let us make the following reasoning: if the total area of the following countries were converted into forest, and all agricultural activity, all cities, all infrastructure were excluded from it, and everything turned into forest, even so the state of Amazonas would alone have more forests than the combined territories of France (551,695 km^2), Germany (357,588 km^2), Italy (302,073 km^2), England (130,272 km^2), Denmark (42,952 km^2), the Netherlands (41,850 km^2), Switzerland (285,000km^2) and Belgium (30,688 km^2).

The Amazon is protected by a triple breastplate formed by the System of Conservation Units (SNUCS), indigenous lands already demarcated and by the Forest Code that allocates 80% of each property to the protection of the environment. The Amazon biome maintains 85.9% of its vast area under native vegetation cover and water surfaces, according to data from Embrapa.

Let us now look at the case of Roraima. The state of 224,301 km^2 has only 5.93% for direct use, according to a presentation I witnessed from consultant Francisco Pinto at the State Legislative Assembly of Roraima in 2013. Yes, 94% of the entire state is blocked by conservation units, indigenous lands, military areas, archaeological sites, legal reserves and permanent preservation areas. In which country in the world would it be possible for the national state itself to confiscate 94% of the physical basis of their survival from a federative entity and its population? And most seriously, how are simple federal autonomous government agencies (Ibama and Funai) authorized to propose decrees that hijack the territory of federative entities (states and municipalities), without governors, mayors, state legislative assemblies, city councils, courts of justice, unions and businessmen being heard? And it becomes more embarrassing when one knows that such decisions were often based on guidelines proposed by non-governmental organizations funded from abroad and backed by reports that were often flawed.

Mark Twain, the famous American writer, when once commenting on investment, advised: buy land, it is something that is no longer manufactured. Each year the industry around the world manufactures billions of cell phones, hundreds of millions of televisions, tens of millions of automobiles. What the most sophisticated industrial technology fails to do is produce a single hectare of land, a carat of diamond, an ounce of gold, a barrel of oil, or a ton of copper, nickel, tin, or niobium. This factory nature closed millions of years ago and, at least for now, forever. But it left millions of hectares and tons of these much needed and coveted riches in the care of Brazil, especially in the Amazon.

And under the weight of this immense responsibility called Amazon, Brazil will decide the size of its future.

p. 19 *Visit to Clevelândia, Oiapoque, Amapá, bordering French Guiana.*

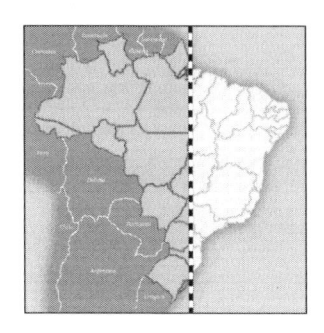

p. 22 *Map of Brazil with the Tordesillas line. https://bonifacio.net.br/tratado-de-tordesilhas/*

p. 31 - - *Tordesillas meridian ineffective after union of Iberian Crowns (1580-1645)*
▲ *Forts /* ■ *Missions*
- - *Expedition of P. Teixeira*
➜ *French invasion*
➜ *Dutch inv. /* ➜ *British inv.*

p. 32 *Painting by Christina Oiticica, Construtores do Brasil Gallery, Chamber of Deputies collection*

p. 34 *The protection of the indigenous people and the priest was decisive for the presence of the Portuguese in the Amazon*

p. 35 *Convent of the Mercedarians, Belém do Pará, built in the 17th century, a testament to the strong presence of religious missions in the Amazon.*

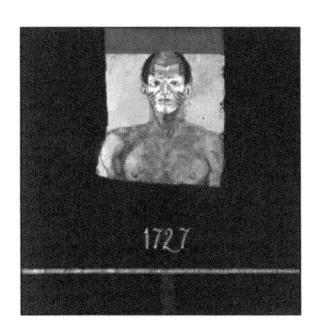

p. 38 *Painting by Óscar Ramos, Construtores do Brasil Gallery, Chamber of Deputies collection*

p. 45 *Visit to the 1st Special Border Platoon, responsible for the maintenance and security of Príncipe da Beira Fort, in Costa Marques (RO), on May 1, 2016*

p. 48 *Lord Palmerston, British Prime Minister, author of the request to grant a passport to agent Robert Schomburgk*

p. 50 *Letter from Southern America, insert from the book "Alexandre de Gusmão e o Tratado de Madri"*

p. 53 *The Cabano of Pará*

p. 56 *Charles-Marie de La Condamine, first foreign scientist to travel down the Amazon*

p. 61 *Henry Wise, diplomat, soldier, former Governor of Virginia, supporter of the transformation of the Amazon into a slave enclave*

p. 65 *D. Pedro II resisted attempts to open the waters of the Amazon River to foreign navigation / Matthew Maury expressed the expansionist ambition of the North American elite*

p. 69 *Henry Wickham, the British agent behind the biggest robbery in the world and father of modern biopiracy*

p. 77 *Caudillo Plácido de Castro and his General Staff and Infantry of country people led the incorporation of Acre into Brazil. Uelton Santos, Construtores do Brasil Gallery, Chamber of Deputies collection*

p. 81 *The competence of Brazilian diplomacy, inherited from Portugal, triumphed in the face of France's demands. JG Fajardo, Construtores do Brasil Gallery, Chamber of Deputies collection*

p. 85 *Visit to the landmark established by Euclides da Cunha on the border between Brazil and Peru. Source: Ministry of Defense, 2016*

p. 89 *Colonel George Earl Church's pioneering spirit ended in failure, but Madeira-Mamoré would be built at the beginning of the 20th century*

p. 92 *Roosevelt was fascinated by the mysteries and grandeur of the Amazon and found a worthy guide in Rondon for his adventures in the jungle*

p. 97 *Henry Ford, the automobile tycoon, and Harvey Firestone, the tire tycoon, thought the Amazon could meet the demand for rubber in North America*

p. 102 *Roosevelt was happy for the air base in Natal and the Amazon rubber for the allies. Vargas smiled for the resources for the Volta Redonda steel plant*

p. 105 *John dos Passos was a celebrity in North American literature and journalism when he visited Brazil*

p. 110 *Ambassador Araújo Castro was the protagonist of a sublime moment of national diplomacy / The ambassador and later senator of the United States, Patrick Moynihan, another important protagonist in the dispute over the environmental agenda at the UN*

p. 116 *Kamala Harris, the vice president of the US, prophesied the war of the future to the world: the war for water. Photo by Gage Skidmore*

p. 118 *Amazon rivers turned into a route for drug trafficking – a challenge to public safety and national security*

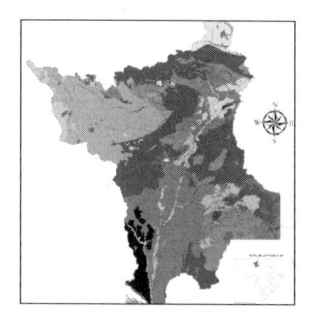

p. 126 *Roraima is a large mineral province rich in strategic minerals and rare lands, blocked by a successful campaign promoted by NGOs financed overseas*

ALDO REBELO

p. 136 *Inauguration of the High Tower in the Amazon, with the German Science and Technology delegation. Source: Ministry of Science, Technology and Innovation*

p. 144 *The American agency, linked to the State Department and the CIA, works to impose the United States' environmental agenda on the world*

p. 147 *Places in China prohibited for the Chinese people. Places in the Amazon prohibited for Brazilian people*

p. 151 *Defense of the Amazon, a permanent challenge to national sovereignty. Conversation with Tyrió indigenous leaders, on the border between Brazil and Suriname, on November 26, 2015*

p. 157 *Defense as a challenge for a national policy for the Amazon*

p. 161 *"Before the light goes out, before the sun sets, there will be someone to be, there will be someone to stay, so that others can come, so that others can stay."*

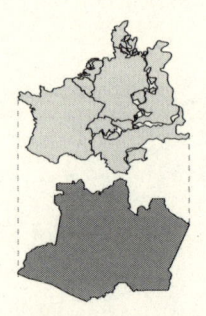

p. 162 *If the areas occupied by cities, infrastructure and agriculture were removed from all these countries, and everything was transformed into forests, the remaining native vegetation in the State of Amazonas would still be superior to that of all of them combined*

256 AMAZÔNIA

VERSIÓN EN ESPAÑOL

Amazônia

LA MALDICIÓN DE TORDESILLAS
500 años de codicia Internacional

Prólogo
El Amazonas y la centralidad de la cuestión nacional

"Brasil está perdido, señores, porque algunos ministros de Su Majestad no vienen a buscar nuestro bien, vienen a buscar nuestros bienes".
— **Padre Antônio Vieira,** SERMONES

"Ponga a un inglés en la Luna y en el árido paisaje lunar seguirá siendo más inglés que nunca. Su primer movimiento será anexionar la propia Luna al Imperio Británico. Pero los subdesarrollados hacen el imperialismo al revés. Van al extranjero y en vez de conquistarlo, se rinde y se declara colonia".
— **Nelson Rodrigues,** A PÁTRIA DE CHUTEIRAS

La política y el mundo académico han redescubierto la importancia y relevancia del nacionalismo. En todo el mundo, un número creciente de partidos y movimientos políticos y sociales reivindican el nacionalismo en sus diversas manifestaciones como solución al fracaso de los gobiernos a la hora de lograr soluciones adecuadas a retos como la reanudación del desarrollo económico y la reducción de las desigualdades sociales.

El mundo académico y editorial ha reanudado sus esfuerzos de investigación y sus publicaciones destinadas a debatir el vigoroso retorno del nacionalismo a la agenda de los pueblos. El número de marzo/abril de 2019 de la revista *Foreign Affairs*, la publicación sobre política exterior más importante de Estados Unidos, se dedicó a debatir sobre lo que denominó el nuevo nacionalismo, reuniendo a reconocidos historiadores y expertos en política exterior estadounidenses. La revista, publicada desde 1922, ha contado entre sus colaboradores con George Kennan y Samuel P. Huntington, y advirtió que el nacionalismo emergente es el resultado de la búsqueda de soluciones reales a problemas reales.

Los defensores del nacionalismo atribuyen a esta ideología el desmantelamiento de los imperios coloniales británico, español y portugués en América en el siglo XIX; la resistencia anticolonial en África y sus movimientos de liberación nacional en la segunda mitad del siglo XX; y la epopeya heroica de las guerrillas vietnamitas contra el colonialismo francés y estadounidense en las décadas de 1960 y 1970 del siglo pasado. Esta visión presenta un nacionalismo libertario, lleno de virtudes, sin el cual la democracia y los derechos humanos serían utopías inalcanzables.

Los detractores del nacionalismo lo asocian con sistemas intolerantes y totalitarios como el fascismo y el nazismo, con movimientos xenófobos contemporáneos y con una agenda hostil a los valores liberales en política y economía.

La verdad es que el nacionalismo ha sido la expresión de objetivos nacionales contradictorios e incluso antagónicos durante los últimos 200 años. El nacionalismo de las naciones dominantes es agresivo, expansionista, imperialista, dispuesto a utilizar la fuerza económica, científica, tecnológica, diplomática, cultural y militar para alcanzar sus objetivos.

El nacionalismo de las nacionalidades emergentes es defensivo, no está en su horizonte codiciar la riqueza o el territorio de sus vecinos, sino sólo proteger sus intereses económicos y sociales frente a las pretensiones de otros. No quiere dominar, quiere no ser dominado.

La presencia del Amazonas brasileño en el salón principal de la geopolítica mundial no es ornamental ni decorativa, y mucho menos se debe a su relevancia para las preocupaciones humanas sobre el medio ambiente, el clima, el calentamiento global y las emisiones de gases de efecto invernadero.

El Amazonas alberga la frontera mineral más prometedora del mundo, la reserva de biodiversidad más codiciada y la tierra más apta para la agricultura del planeta. Los brasileños deberían preocuparse por los verdaderos intereses de las potencias de la región. Y estos intereses están mucho más relacionados con nuestras posesiones y no con nuestro bien.

Es preocupante que haya brasileños que defiendan la internacionalización del Amazonas como patrimonio mundial y el bajo nivel de indignación que generan este tipo de manifestaciones. Este libro es un intento de actualizar la importancia del Amazonas para Brasil y ofrecer a los brasileños de hoy una crónica de la codicia internacional sobre la región. El libro también señala las inagotables posibilidades que se encuentran en el Amazonas para el pleno desarrollo de los 30 millones de brasileños que viven en ella y de los otros 180 millones repartidos por todo el territorio nacional.

La protección y preservación del Amazonas es una responsabilidad innegociable de los brasileños. El Amazonas nunca será patrimonio de la humanidad. O será soberanamente brasileño o será un protectorado regido por los intereses de naciones poderosas. "Si crees que eres ciudadano del mundo, no lo eres de ninguna parte", como advertía uno de los articulistas de la edición de Foreign Affairs aquí citada.

Presentación

Es fácil hablar del Amazonas desde lo alto de un ático en la Zona Sur de Río de Janeiro, desde una mansión en los Jardins o desde alguna otra gran ciudad de Brasil, y nos hemos acostumbrado a oír y leer las más diversas opiniones sobre el tema de personas bienintencionadas que a menudo no conocen la región en profundidad.

Por eso es tan bienvenido un libro como éste: Su autor no sólo es un estudioso del tema, sino que también ha estado estrechamente vinculado a las estrategias y políticas públicas que han guiado las acciones de los diferentes gobiernos hacia el Amazonas en las últimas décadas, como diputado y miembro de la Comisión de Asuntos Exteriores y Defensa Nacional y como Ministro de Deporte, Defensa y Ciencia, Tecnología e Innovación. Aldo Rebelo también fue ponente del Nuevo Código Forestal Brasileño, y estoy seguro de que aún tiene mucho que aportar al desarrollo del país.

Por eso me emocioné mucho cuando Aldo me presentó este proyecto de libro. Admiro mucho su trayectoria y sé que pocos brasileños conocen el Amazonas tan profundamente. Aldo se ha interesado por el tema desde su juventud y ha viajado por la región innumerables veces desde que era estudiante a finales de los 70, y más tarde como diputado y ministro. En un momento en que todas las miradas del mundo están puestas en el Amazonas, es importante aprender de alguien realmente preparado para ayudarnos a comprender de forma exhaustiva todas las cuestiones que allí se plantean: desde la selva, el medio ambiente y la biodiversidad hasta las repercusiones en el clima y el calentamiento global. Por no hablar de que el Amazonas es también la mayor frontera mineral del planeta.

Para este trabajo, Aldo viajó a Altamira en enero de 2023 y estuvo hasta junio recorriendo los lugares más diversos. Recorrió todo el Transamazónico, fue a Belém, Manaos y Boa Vista, visitó universidades y museos, pasó por varias ciudades ribereñas del Tapajós y el Xingú y recogió datos y cifras para apoyar y complementar sus lecturas e investigaciones.

Partiendo de una perspectiva personal, desde la geografía básica que aprendió en la escuela primaria hasta sus primeros contactos como estudiante en la UNE, y luego compartiendo sus experiencias en los diversos gobiernos en los que ha participado, Aldo Rebelo nos presenta un Amazonas rico en historias y posibilidades. Para narrar las conquistas y la explotación de la región, se sirve de personajes y episodios reales, como Orelana, un español que salió de Perú y fue el primer europeo que recorrió el río Amazonas, y Ajuricaba, un indígena que se resistió a la ocupación portuguesa y prefirió tirarse al río encadenado antes que ser esclavizado. También relata la expedición de Pedro Teixeira, que remontó el río Amazonas hasta Ecuador con 1.200 indígenas armados con arcos y flechas, así como el robo del caucho y el intento de ocupación del valle del Amazonas por ingleses, franceses y holandeses. En los últimos capítulos, Aldo habla de las riquezas del Amazonas. No es de extrañar que la región siempre haya despertado la codicia de otros países y que haya que estar atentos a la soberanía nacional en una zona de tanta importancia.

Estoy muy orgulloso de formar parte de este proyecto junto con FSB Comunicação y de poder presentar el resultado de este trabajo a los lectores. Me gustaría dar las gracias a mi querido amigo Aldo Rebelo por aportar tanta información y por ampliar nuestros conocimientos sobre la región amazónica en una lectura tan sabrosa y fascinante, y también me gustaría dar las gracias a todos los que ayudaron a hacer realidad esta edición. Estoy seguro de que este hermoso libro se convertirá en una obra de referencia para los estudios sobre el Amazonas, y que contribuirá a estimular no sólo a otros brasileños, sino también a todos los pueblos y a toda la comunidad internacional a profundizar sus puntos de vista sobre una zona de tan fundamental importancia estratégica tanto para nuestro país como para el mundo.

— FRANCISCO SOARES BRANDÃO

El Amazonas que conocí

"Este es el peligro que hoy amenaza al espacio amazónico que, como parte del complejo biosocial formado por la nación brasileña, estaría sujeto a ser arrancado de ese complejo. Bajo presiones desnacionalizadoras, respaldadas por un motivo que, en apariencia, es sólo humanitario y no, como algunos pensamos, políticamente antibrasileño. Antinacional en relación con un Brasil que, a principios del siglo XXI, podría empezar a afirmarse como una nación que ya es una potencia".
— **Gilberto Freyre,** HOMENS, ENGENHARIAS E RUMOS SOCIAIS

Conocí el Amazonas cuando de preparaba para el examen de ingreso a la Escuela Agrícola Floriano Peixoto. Me había alfabetizado en una escuela rural y había terminado el curso de primaria -lo que ahora es la primera parte de la escuela primaria- en mi ciudad natal, Viçosa de Alagoas. La segunda etapa de la escuela primaria, de sexto a noveno curso, era el antiguo gymnasium (escuela secundaria), al que había que acceder mediante examen de ingreso. Las escuelas agrícolas de la época acogían a los alumnos del gymnasium en régimen de internado, un modelo que permitía la formación técnica de muchos chicos cuyas familias no disponían de los recursos necesarios para costear sus estudios.

La preparación para el examen de acceso fue rigurosa en todas las asignaturas, incluida la geografía. El Amazonas con sus llanuras, su gigantesca cuenca con ríos y afluentes que se asemejan a la forma de una espina de pez gigante era material obligatorio, lo que nos llevó a registrar fácilmente los nombres de los afluentes de las orillas derecha e izquierda del gran río en secuencia exacta de oeste a este. Fue también en el Amazonas donde se localizó el punto más septentrional de Brasil -en el nacimiento del río Ailã, en la Serra do Caburaí, en el actual estado de Roraima, en la frontera con la Guayana Británica-, el punto más occidental -en la Serra da Contamana, nacimiento del río Moa, en la frontera entre Acre y Perú- y el punto más alto de Brasil -en el Pico da Neblina, en la frontera con Venezuela-.

Ya en la escuela secundaria, tuve la suerte de conocer al profesor de geografía que consolidó mi visión del Amazonas como símbolo de la grandeza de Brasil. La Sra. Delba Correia solía traer a clase un atlas geográfico escolar, que copiábamos en cuadernos de dibujo utilizados como material didáctico.

Al segundo Amazonas lo conocí siendo estudiante universitario, en 1979, cuando hacía campaña para las elecciones de la Unión Nacional de Estudiantes (UNE), cuando me encargaron visitar los estados del norte de Brasil. A bordo de un avión Vasp, camino de Rio Branco, en Acre, llevaba un ejemplar de *Gálvez, emperador de Acre,* del escritor amazónico Márcio Souza, y en el bolsillo un papel con algunos números de teléfono para contactarme en mi destino. El vuelo de Rio Branco a Manaos tiene el impacto de cambiar la visión de Brasil. Entre los ríos Purús y Madeira, que corren paralelos al Amazonas, domina la exuberancia absoluta de la selva, infinita, inescrutable, misteriosa.

Elegido diputado federal por São Paulo en 1990, durante seis mandatos consecutivos presté especial atención al Amazonas con frecuentes viajes, en los que a menudo me acompañaban parlamentarios de orígenes políticos heterogéneos, como Jair Bolsonaro y José Genoíno, en una época que permitía la convivencia civilizada entre las diferencias políticas e ideológicas. Presidente de la Cámara de Diputados entre 2005 y 2007, visité todos los estados de la región, viaje que repetí durante la discusión del Código Forestal, del que fui ponente, escuchando a agricultores, ribereños, gestores públicos y ganaderos de la región.

En el Ministerio de Deportes, llevé el programa *Força no Esporte* a São Gabriel da Cachoeira, también gestionado por el Ministerio de Defensa, para ofrecer a los alumnos de las escuelas públicas material deportivo en los cuarteles, con el apoyo del entonces ministerio de Desarrollo Social.

Cuando presidí la Comisión de Asuntos Exteriores y Defensa Nacional (2002), viví uno de los episodios más reveladores de la fragilidad del Estado nacional en el Amazonas. El periódico *New York Times* había publicado un artículo en el que denunciaba presuntos abusos cometidos por miembros del Ejército contra mujeres indígenas en la frontera norte de Brasil. El Mando del Ejército consultó al presidente de la Comisión sobre la posibilidad de una manifestación en respuesta a la denuncia, que consideró falsa y calumniosa, contra la institución militar.

Acepté responder a la denuncia del periódico estadounidense con la condición de poder visitar el lugar donde se produjeron los presuntos abusos. El viaje fue organizado por el jefe de la oficina parlamentaria del Ejército, el entonces coronel Eduardo Villas Bôas, que llegaría a comandar el Amazonas y el propio Ejército.

Pasamos la noche en el modesto hotel de tránsito del Ejército en Boa Vista y a la mañana siguiente tomamos un helicóptero hasta el Pelotón de

Frontera Surucucus, en el Territorio Indígena Ianomâmi, en compañía del comandante de la Brigada de Infantería de Selva, General Claudimar Magalhães, así como de oficiales y algunos civiles de la administración local.

Al acercarnos a la maloca más cercana al pelotón fronterizo, nos encontramos con una joven que se identificó como miembro de la organización no gubernamental Urihi, cuyos rasgos físicos demostraban que no pertenecía a la comunidad local, y se presentó con la misión de permitirme entrar en la maloca por ser parlamentaria, pero vetando a la delegación, incluidos los oficiales del Ejército. Argumenté que ni siquiera era funcionaria y que los oficiales del Ejército estaban en una zona bajo control de la Unión (Gobierno federal de Brasil). La joven se comportó resueltamente, como si siguiera una orden. Los oficiales del ejército optaron por evitar cualquier incidente y distribuyeron allí mismo algunos de los regalos que habían traído para los líderes indígenas. Por fin entré en la maloca y me topé con los indígenas que vivían allí en medio de una espesa capa de hollín y humo de las pequeñas hogueras utilizadas para asar la comida.

Los indios estaban gravemente desnutridos y la maloca no tenía agua tratada ni electricidad. Le pregunté a la joven de la ONG por qué no extender el agua y la electricidad desde el pelotón fronterizo hasta la maloca y me contestó que eso cambiaría la cultura de los indios. Entonces, mientras nos despedíamos, le di una patada a un balón con el que jugaban los niños Ianomâmi y le comenté a la chica de la ONG que al menos todos éramos aficionados del mismo equipo de fútbol y señalé a los niños indígenas, a lo que ella objetó: "No, señor, usted es aficionados de su equipo y ellos del suyo.". Invité a los agentes presentes a marcharse antes de que la situación se volviera aún más desagradable.

Nuestra delegación quedó intrigada por el hecho de que el representante de la ONG anticipara nuestra llegada a una región tan remota del estado de Roraima, lo que indicaba la presencia de un servicio de inteligencia y logística que operaba con gran eficiencia, compitiendo con relativo éxito *frente a* las mismas responsabilidades que el Estado nacional.

La visita a la zona reveló la existencia de relaciones que, basadas en las tradiciones y costumbres indígenas, no constituían abuso entre los jóvenes soldados y las mujeres de los pueblos, todas ellas indígenas, movilizadas por las ONG para reclamar parte de la paga de los jóvenes soldados, y convencidas de utilizar el argumento de los abusos como forma de presión para conseguir sus objetivos. Redacté una nota en nombre de la Comisión y pedí a nuestra embajada en Washington que la enviara a la redacción del *New York Times*.

Durante mi estancia en el Ministerio de Ciencia, Tecnología e Innovación (MCTI), volví a Manaos para la inauguración del primer tramo de la infovía fluvial, un programa dirigido por el Ministerio de Defensa con el apoyo del MCTI. El objetivo era utilizar los cauces de los ríos como vía para llevar Internet a las comunidades amazónicas.

Mi paso por el Ministerio de Defensa fue de plena integración con los desafíos del Amazonas y la percepción del inmenso vacío dejado allí por el Estado brasileño, que obliga a las instituciones militares a cumplir una doble misión en la región: la defensa del país, de la frontera, de las aguas interiores y del espacio aéreo, y la misión subsidiaria de asistir a los indígenas y ribereños con hospitales y barcos hospitales, campañas de vacunación y prevención de enfermedades.

Hace poco, viajando por la Carretera Transamazónica, me crucé con un viejo pionero, bien entrado en los 90, que me preguntó: "¿Sabe por qué estoy aquí?". Le dije que no, y me contestó: "Por Juscelino y Belém-Brasilia".

La Transamazónica es la continuación de Belém-Brasilia y de la marcha de los bandeirantes hacia el oeste. Desde la Transamazónica bajé por la BR-163 hacia Mato Grosso, el encuentro del Amazonas y el Cerrado, la promesa de un futuro de progreso y paz con equilibrio social y responsabilidad medioambiental para nuestro País.

Tordesillas y el Testamento de Adán

"Cesan al sabio griego y al troyano
Las grandes navegaciones que hicieron;
Cállate de Alexandro y de Trajano
La fama de sus victorias;
Que canto el ilustre pecho de Lusitania,
A quien Neptuno y Marte obedecieron:
Cesa todo lo que canta la antigua Musa,
Que sube otro valor más alto".
— **Luís de Camões,** LOS LUSÍADAS

Portugal y España dominaban el conocimiento y los logros en los océanos, y no por casualidad lideraron el mundo en la época conocida como la de las grandes navegaciones, entre los siglos XIV y XV.

El portugués Bartolomeu Dias había logrado doblar el Cabo de las Tormentas, rebautizado Cabo de Buena Esperanza, resolviendo el paso del Atlántico al Índico; y España revelaba al mundo los descubrimientos del viaje de Cristóbal Colón.

Así pues, en 1494, cuando los representantes de los reinos ibéricos se reunieron en la ciudad de Tordesillas, a orillas del río Duero, que discurre entre ambos países, se trataba de dirimir el reparto del mundo entre la influencia de los imperios coloniales. Todo estaba en disputa: Asia, el Océano Índico y el Océano Pacífico con sus especias, África y sus puestos comerciales para apoyar y abastecer a los navegantes y estas nuevas tierras reveladas por el navegante Cristóbal Colón.

El Tratado definía que se trazaría un meridiano imaginario a 370 leguas al oeste del archipiélago de Cabo Verde, al este del cual las tierras existentes pertenecerían a Portugal, quedando el espacio al oeste bajo posesión española. El meridiano imaginario pasó a denominarse Meridiano de Tordesillas y trazaba una línea norte-sur a través de las actuales tierras de Brasil, partiendo de la actual ciudad de Belém, en Pará, y descendiendo hasta la actual ciudad de Laguna, en el estado de Santa Catarina.

Al enterarse del acuerdo entre sus primos Juan y Fernando, reyes de Portugal y España, para repartirse el mundo, Francisco I de Francia preguntó a sus diplomáticos dónde encontrar el Testamento de Adán que le excluía del reparto del mundo.

La queja del soberano francés era infundada. El éxito de Portugal se vio respaldado por la gran inversión del país en ciencia y tecnología náuticas, como la Escuela de Sagres, fundada por el Príncipe Enrique el Navegante, una combinación de centro de investigación y astillero donde se diseñaban y construían embarcaciones adaptadas al reto de las grandes navegaciones.

Tordesillas duraría más de 250 años, sucumbiendo a la osadía de los bandeirantes y sus aliados indígenas, y al talento de Alexandre de Gusmão en el Tratado de Madrid de 1750.

Los esfuerzos de los bandeirantes y estadistas portugueses no han sido reconocidos por los herederos contemporáneos del preciado tesoro. Sobre Tordesillas pesa una especie de maldición histórica que nos condena a no incorporar nunca realmente a Brasil las tierras que nuestros antepasados nos legaron legítimamente a costa de sus vidas, sufrimientos, sacrificios y renuncias.

Orellana ve a las Amazonas

"Mujeres guerreras comandadas por una matriarca es un mito común entre los pueblos del río Negro, medio Amazonas y el Orinoco. De ahí quizá la presencia constante de la historia a lo largo de los siglos, como fuerza capaz de convencer a La Condamine, Spruce y al historiador Robert Southey, por no hablar de la ambigüedad de Alexander von Rumbolt al respecto".
— **Márcio Souza**, HISTORIA DEL AMAZONAS

"Gloria del planeta".
— **Élisée Reclus**, GEÓGRAFO FRANCÉS, 1830-1905, SOBRE EL RÍO AMAZONAS

Francisco Orellana fue el primer europeo que cruzó el río Amazonas desde Perú en 1542. Le acompañaba un dominico español como él, fray Gaspar de Carvajal, que dejó una memoria de la expedición: *Relação do famosíssimo e muito poderoso rio chamado Marañón*, cuya edición completa ha sido publicada recientemente por la editorial Valor, de Manaos, con traducción y comentario de Auxiliomar Silva Ugarte, de la Universidad Federal de Amazonas.

La expansión del imperio colonial español se enfrentó a un reto geográfico casi insuperable: los Andes. Desde Lima, Guayaquil o Quito, cruzar la Cordillera era la única forma de acceder a la Cuenca del Marañón, como llamaban los españoles al río Amazonas.

La expedición organizada por Gonzalo Pizarro, hermano de Francisco Pizarro, el conquistador de Perú, tenía como objetivo buscar canela y otras especias que creían que existían en los bosques más allá de los Andes. El viaje duró un año y Pizarro y sus hombres fueron masacrados por guerras indias hostiles y por fiebres. A Orellana se le asignó descender por el río Napo en busca de víveres, pero decidió continuar la aventura río abajo, desconectándose por completo de la expedición y navegando el Amazonas hasta su desembocadura.

Es Carvajal quien describe la visión de las amazonas, mujeres guerreras indígenas que se enfrentaron valientemente a los soldados españoles. Es probable que estas mujeres sustituyeran a sus maridos muertos en combate y que Carvajal y Orellana, bajo la influencia del mito de las amazonas de la Antigüedad, construyeran la historia de las guerreras del Amazonas que dio origen al nombre del gran río.

El fracaso de la expedición de Pizarro y Orellana profetizó las dificultades de todos los imperios coloniales para conquistar el valle del río, cuya entrada estaba bajo control portugués. Orellana regresó a España y en su camino de vuelta al Amazonas desapareció misteriosamente para siempre en algún lugar cerca de la desembocadura del río que había intentado conquistar. Fray Gaspar de Carvajal sobrevivió y continuó su carrera como religioso dedicado en varias ciudades de Perú.

Pedro Teixeira

"Hace unos meses, cargando con mi soledad por las calles de París, descubrí que en realidad no conocía a nadie en la gran ciudad, aparte de las estatuas. Algunos, en cambio, son viejos amigos, antiguos incitadores o perennes dueños de mi intimidad. Y como no tenía con quién hablar, les hablé de grandes temas humanos".
— **José Ortega y Gasset,** *LA REBELIÓN DE LAS MASAS*

La conservación del Amazonas como parte del imperio colonial portugués es una proeza de su hábil diplomacia y de la valentía de sus soldados. Allí destaca la figura de Pedro Teixeira, presencia decisiva en los momentos clave en que los imperios coloniales rivales -español, holandés, inglés o francés- amenazaban la supremacía portuguesa en la gran cuenca.

Pedro Teixeira acompañó a Jerônimo de Albuquerque en el viaje para expulsar a los franceses de Maranhão en 1615. Luego se reunió con Francisco Caldeira Castelo Branco en una misión a la desembocadura del río Amazonas para fundar el fuerte de Presépio, origen de la ciudad de Belém, y después luchó con los holandeses e ingleses que intentaban establecerse en las orillas del río Xingu.

Pero el momento sublime de la carrera del gran cabo fue la expedición que lleva su nombre, que partió de Cametá en 1637 y regresó en 1639. Con destino a Quito, en Ecuador, entonces Virreinato del Perú, la expedición constaba de unos 2.000 expedicionarios a bordo de 47 grandes canoas que transportaban 70 soldados, 1.200 indios remeros y flecheros con sus mujeres y niños. Pedro Teixeira sorprendió a los administradores españoles, que se quedaron estupefactos ante su audacia. El grupo de trabajo también incluía al cronista Maurício Heriarte y a un grupo de religiosos, dirigidos por el capellán franciscano Agostinho das Chagas.

La misión dirigida por el gobernador de Grão-Pará, Jácome Raimundo Noronha, precedió en un año (1640) a la restauración de la independencia de Portugal de España, y en diez años a la Bandeira dos Limites, la epopeya dirigida por Raposo Tavares.

En el viaje, Pedro Teixeira marcó los hitos fundamentales para garantizar a Portugal, y más tarde, por herencia, a Brasil, la incorporación de todo el valle del Amazonas, de Marajó a Tabatinga, al Tratado de Madrid, que se negociaría en 1750.

La ciudad de Cantanhede, en Portugal, donde nació Pedro Teixeira, honra a su hijo ilustre con una estatua; Cametá, la ciudad donde se marchó, le dedica un obelisco. Belém erigió otra estatua para conmemorar su hazaña; la Marina bautizó con su nombre el Buque Patrullero Fluvial Pedro Teixeira, y el Ejército tiene en Belém el Batallón de Infantería de Selva Pedro Teixeira. Por tradición, el actual Comando Militar Norte de Pará también se llama Comando Militar Capitán-Mayor Pedro Teixeira.

Raposo Tavares y la Bandera de los Límites: la mayor bandera del mayor bandeirante

"Cuando terminamos este trabajo, tenemos la sensación de haber levantado con gran esfuerzo la tapa de granito del sepulcro donde dormía un gigante".
— **Jaime Cortesão,**
RAPOSO TAVARES E A FORMAÇÃO TERRITORIAL DO BRASIL

"Antônio Raposo se destaca admirablemente entre todos los conquistadores sudamericanos. Su heroísmo es brutal, masivo, sin fisuras, pliegues ni disfraces. Avanza de forma inteligente, mecánica, inflexible, como la forma natural en que se desencadena. La diagonal de mil quinientas leguas que trazó desde São Paulo hasta el Pacífico, atravesando toda América del Sur, sobre ríos, mesetas, tierras pantanosas, arroyo estancados, desiertos, cordilleras, páramos nevados y costas asperísimas, entre el asombro y la ruina de cien tribus suplantadas, es una epopeya aterradora. Pero en esa audacia individual se siente la maravillosa concentración de todas las audacias de una época."
— **Euclides da Cunha,** À MARGEM DA HISTÓRIA

"Y si esta extraordinaria aventura exigía de estos supervivientes una fuerza física y una calidad humana insuperables, la conciencia heroica de la hazaña a realizar superaba con creces a Raposo Tavares. Un tipo de varón excepcional. A él le tocaba vencer a todos con una resistencia inquebrantable; a él le tocaba dar ejemplo cuando otros se derrumbaban; a él le tocaba tragar en seco las aflicciones de la incertidumbre o de la derrota, para no estrellar la ola del desaliento contra algún compañero desanimado; a él le tocaba cargar con las terribles responsabilidades del mando, de lanzar vidas a muerte, de la fe, en cada prueba."
— **Jaime Cortesão,**
RAPOSO TAVARES E A FORMAÇÃO TERRITORIAL DO BRASIL

De los 120 mamelucos y portugueses y 1.000 indios que partieron de São Paulo en 1648 hacia el Amazonas y Perú, pocos regresaron en 1651, después de tres años de marcha y 12.000 kilómetros recorridos. Entre los supervivientes estaba Antônio Raposo Tavares, jefe de la Bandeira dos Limites, desfigurado por los malos tratos del viaje hasta tal punto que ni siquiera fue reconocido por sus familiares cuando llegó a casa.

La bandera de Raposo Tavares era un plan del Estado portugués, que había recuperado su independencia de España (1640) y quería conocer e incorporar tierras situadas al oeste de Tordesillas. Poco antes de partir de São Paulo para la misión, Raposo había estado en Lisboa, donde se cree que recibió instrucciones específicas para la tarea de recoger el oro y la plata que pudiera encontrar para Portugal e incorporar las nuevas tierras al reino. No cabe duda de que Raposo Tavares cumplía una misión para el reino portugués, como ya había hecho antes, entre 1639 y 1642, cuando reclutó y financió una tropa para luchar contra los holandeses que ocupaban el nordeste de Brasil.

La figura de Raposo Tavares y sus hazañas permanecieron infravaloradas hasta que los historiadores examinaron la documentación disponible sobre la saga de los bandeirantes. El historiador portugués Jaime Cortesão escribió una biografía a la altura del biógrafo: *Raposo Tavares e a formação territorial do Brasil*. Más recientemente, la historiadora Anita Novinsky, en su libro *Os judeus que construíram o Brasil (Los judíos que construyeron Brasil)*, defiende a los bandeirantes, compone un perfil de Raposo Tavares y justifica la influencia de sus rasgos judaizantes en su animadversión hacia los jesuitas.

Partiendo del Tietê, la expedición llegó a las tierras del actual Paraguay, subí el río Paraguay, bajó por el Guaporé y el Mamoré hasta el Madeira, y de allí al Amazonas, dirigiéndose hacia Perú. La hazaña asombró a las autoridades limeñas, que escribieron al rey de España para informar de la gesta de los "paulistas", como se identificaba a los expedicionarios que no eran reconocidos como portugueses sino como prebrasileños procedentes de São Paulo.

El viaje de regreso bajó por el Amazonas hasta Gurupá, cerca de Belém, en Pará, con la delegación ya diezmada por las fiebres y los combates ofrecidos por los indios hostiles, y desde allí puso rumbo a São Paulo.

Raposo Tavares fracasó en parte porque no pudo encontrar la plata y el oro en la orden real. Sin embargo, más allá del efímero brillo de los metales preciosos, estaba el objetivo portugués de ampliar los límites de sus dominios hacia el oeste, tras la reciente gesta de la bandera fluvial liderada por Pedro Teixeira.

El gran aventurero murió pobre y olvidado en vida. El Amazonas que él ayudó a incorporar a Brasil tampoco honra su memoria y sus hazañas, salvo por la solitaria presencia del Barco-Patrullero Fluvial Raposo Tavares de la Marina brasileña, que navega por los ríos que Raposo Tavares ayudó a definir como aguas brasileñas.

São Paulo le honra con el nombre de una importante autopista y el Ejército le dio el nombre del centenario 4º Batallón de Infantería de la ciudad de Osasco, conocido como Regimiento Raposo Tavares.

La espada, la flecha y la cruz

"De este modo, si la relación entre los indios y la civilización es el elemento esencial de la historia de esta parte de América, la intervención de los jesuitas fue tal que bien podría decirse que la historia de la compañía es, en sí misma, una historia completa de la colonización. En lo que respecta a Grão-Pará, la historia de esta parte de la tierra brasileña no puede escribirse de ninguna manera sin la de los jesuitas".
— **João Lúcio de Azevedo,**
OS JESUÍTAS NO GRÃO-PARÁ, SUAS MISSÕES E A COLONIZAÇÃO

Portugal no habría triunfado sobre sus antagonistas por el dominio del valle del Amazonas sin la ayuda de dos aliados inestimables: los indígenas y las misiones religiosas. Sin el apoyo del indio, el guía, el explorador, el conocedor de cada río, cada planta y cada animal, los portugueses no habrían podido establecerse en el Amazonas. El remo, el arco y la flecha del indio guiaban la espada del colonizador, protegiéndolo del indio enemigo, del español, del francés y del holandés en cada rincón desconocido de la nueva tierra. Para defenderse de la ambición de los demás imperios coloniales, Portugal contó con la infantería indígena, la logística indígena, los cazadores indígenas y los recolectores indígenas, sin los cuales no habría sobrevivido al penoso viaje.

Del mismo modo, sin la cruz de las misiones religiosas, habría sido mucho más difícil permanecer en un entorno tan hostil, a distancias tan grandes y en tierras tan remotas. La importancia de los misioneros puede juzgarse por el número de ciudades — las más antiguas del Amazonas — que se originaron en las aldeas de misión de tantos sacerdotes que se aventuraron en los inhóspitos valles de la gran cuenca como conquistadores de almas, en palabras de Raimundo Morais[1].

---

[1] PARAENSE (1872-1941), capitán de jaula en los ríos del Amazonas, novelista, periodista y cronista, dejó una vasta obra sobre el mundo amazónico.

Quien visite la ciudad de Belém se fijará en el imponente convento de los Mercedarios[2], construido en la década de 1640, utilizado como oficina pública tras la expulsión de los religiosos y escenario de la Revuelta de Cabanagem en el siglo XIX. El edificio y su arquitectura atestiguan que los mercedarios llegaron a el Amazonas con el objetivo de quedarse y formar parte de su historia. La arquitectura reflejaba la grandeza y la audacia de la presencia: estamos aquí para quedarnos.

La corona distribuyó las órdenes religiosas de forma que ocuparan toda la extensión del valle del Amazonas, desde el Atlántico hasta la frontera con Perú. Jesuitas, franciscanos, mercedarios, carmelitas, cartas reales instruían y asignaban lugar y derechos a todos. Las órdenes religiosas tenían autoridad sobre los indios y permiso para construir haciendas y comercializar las llamadas drogas del sertão y las especias, recaudando una parte de los beneficios para la corona.

El padre João Daniel, jesuita que vivió en el Amazonas y cuyo libro *Tesouro descoberto do máximo Rio Amazonas*[3] es la principal fuente sobre la vida en la región en el siglo XVIII, informó sobre las costumbres, la vida de los indios, la agricultura, la arcilla y la cerámica, la economía de los ingenios azucareros, el aguardiente e incluso el manejo adecuado del ganado durante las inundaciones.

Cuando el marqués de Pombal confiscó los bienes de los jesuitas, figuraban 25 haciendas ganaderas de Marajó a Tabatinga y tres ingenios azucareros. La hacienda de Marajó contaba con 134.475 cabezas de ganado y 1.409 caballos[4]. Las otras órdenes religiosas también poseían propiedades, haciendas y mucho ganado.

La presencia del Padre Antônio Vieira en Maranhão y Pará demuestra la importancia que la Compañía de Jesús concedía a la evangelización en la región. Vieira fue el mayor orador de la Iglesia del siglo XVII, elegido por el Papa para predicar la conversión de la reina Cristina de Suecia, e inmortalizado por sus sermones pronunciados en las iglesias de Brasil y Lisboa.

La expropiación de los jesuitas y la ruptura de Pombal con los religiosos reorientaron la alianza con los indios y la publicación de la legislación

---

2   La Orden de la Virgen de la Merced, fundada en 1228, cuyos miembros son conocidos como mercedarios, está presente en el Amazonas desde el inicio de la colonización.
3   DANIEL, João. *Tesouro descoberto no máximo Rio Amazonas*. Río de Janeiro, Contraponto, 2004.
4   PAIM, Gilberto. *Amazônia ameaçada, da Amazônia de Pombal à soberania sob ameaça*. Vol. 116. Brasilia, Senado Federal, 2009.

Diretório dos Índios, con la concesión de derechos y privilegios a los silvícolas y sus descendientes.

Los indios que se aliaron con los portugueses actuaron por intereses prácticos: ya sea para adquirir los conocimientos y herramientas de los colonizadores, o para protegerse de tribus enemigas más fuertes y agresivas. Hubo resistencia y lucha, como en la guerra liderada por el tuxaua Ajuricaba, pero también una presencia decisiva, como en la expedición de Pedro Teixeira. Pero entre la unidad y la lucha, los portugueses no habrían permanecido en el Amazonas sin la ayuda del arco y la flecha del indio y la cruz de los misioneros.

Ajuricaba, rey del bosque

"Le debía este libro a esa majestuosidad verde, soberbia y enigmática que es la selva amazónica".
— **Ferreira de Castro**, A SELVA

Ajuricaba era un tuxaua de la tribu de los Manaós y, junto con dos hermanos y otros líderes guerreros del valle del Río Negro, organizó la resistencia contra el colonialismo portugués entre 1723 y 1728, cuando fue derrotado por las tropas organizadas por el gobernador de Grão-Pará, João Maia da Gama.

El líder tuxaua reaccionó a las expediciones para esclavizar a su pueblo atacando a las tribus leales a los portugueses y, haciéndolas prisioneras, ofreciéndolas como esclavas a los holandeses de Surinam. Los portugueses temían precisamente la alianza entre los indígenas y los holandeses, motivo de la carta de Maia da Gama al rey D. João V informando de la rebelión de Ajuricaba y pidiendo autorización para emprender la llamada "guerra justa"[5] contra los indios dirigidos por él.

Ajuricaba consiguió reunir a miles de arqueros, pero finalmente fue derrotado en 1728 y llevado prisionero a Belém. De camino, organizó un motín en el barco que le llevaba. Sometido, se arrastró a sí mismo y a otro

---

5 Guerra justa era el nombre que se daba a las campañas autorizadas por el gobierno portugués contra los indios que se rebelaban contra las normas de la autoridad colonial.

compañero hasta el borde de la barca y se arrojó a las aguas del río, prefiriendo la muerte al juicio del colonizador.

Los indios por los que luchó y los propios portugueses, sus verdugos, reconocieron el acto heroico del jefe de los Manaós. Su retrato, pintado al óleo por el artista amazónico Oscar Ramos, figura en la galería de la Cámara de Diputados de los constructores de Brasil. En 2010, el senador Arthur Virgílio, de Amazonas, presentó un proyecto de ley para inscribir el nombre de Ajuricaba en la Galería de los Héroes de la Patria. El Ejército Brasileño llamó al 54º Batallón de Infantería de Selva, en la ciudad de Humaitá, Amazonas, Batallón Cacique Ajuricaba y la Policía Militar de Amazonas tiene en sus filas al Grupo Ajuricaba.

El escritor del amazonas, Márcio Souza, escribió la biografía *Ajuricaba, o caudilho das selvas*[6], y o Rio Grande do Sul tiene la ciudad de Ajuricaba. São Paulo bautizó una de sus calles con su nombre, su historia fue objeto de una película dirigida por Oswaldo Caldeira, y en 2019 la Rede Amazônica celebró una votación para elegir a la personalidad "que represente a Manaos": Ajuricaba fue elegido con el 46% de los votos.

Alexandre de Gusmão, el Tratado de Madrid y la creación de Brasil

"Precursor de la geopolítica americana; definidor de nuevos principios jurídicos; maestro incomparable de la ciencia y del arte de la diplomacia, Alexandre de Gusmão tiene el derecho de pasar a la historia como brillante constructor de la nación brasileña, por su clarividencia y firmeza en una política de unidad geográfica y defensa de la soberanía, que anticipó, preparó e igualó a la del Barón de Río Branco."
— **Jaime Cortesão**, ALEXANDRE DE GUSMÃO E O TRATADO DE MADRI

Según el Tratado de Tordesillas, Brasil sólo tendría un tercio de su territorio actual y los dos tercios restantes serían naturalmente provincias o

---

6   SOUZA, Márcio. *Ajuricaba, o caudilho das selvas.*

departamentos de nuestros vecinos. Esto incluiría todo Rio Grande do Sul, Mato Grosso do Sul, Mato Grosso, Rondônia, Amazonas, Roraima, Amapá, casi todo Pará, Paraná, Santa Catarina y partes de Goiás, São Paulo, Tocantins y Minas Gerais.

Y si Portugal consiguió multiplicar por tres lo que le dio Tordesillas, debió la victoria al espíritu indomable de los bandeirantes en Brasil y al talento y patriotismo de sus diplomáticos en Portugal y Europa. Pero si uno de sus diplomáticos merece ser elevado a lo más alto de la diplomacia portuguesa, ése es el brasileño Alexandre de Gusmão.

Nacido en Santos en 1695, educado en Bahía y formado en Derecho en Coimbra, Alexandre de Gusmão ingresó en el servicio diplomático a los 19 años, ocupando un puesto en París, donde amplió sus conocimientos de Derecho e Historia. En 1730, fue nombrado "secretario del rey" por D. João V y se hizo cada vez más influyente en los asuntos de política exterior del reino. Entró a formar parte de la Academia de la Historia, creada por el rey, preparó el documento que justificaba la posesión de la Colonia de Sacramento en el Río de la Plata y en 1743 comenzó a dirigir las negociaciones con España que desembocarían en el Tratado de Madrid.

El Tratado de Madrid delimitó las fronteras entre los dos imperios coloniales más importantes del siglo XVIII, abarcando una extensión aproximada de 16.000 kilómetros que, con pocos cambios, persiste hasta nuestros días.

Ha habido casi trescientos años de estabilidad en una frontera tan extensa, lo que constituye un fenómeno único en la historia si se observa el escenario de los últimos siglos, marcado por disputas y conflictos. Empezando por Europa, con guerras intermitentes que marcan y reordenan fronteras fluidas, creando y rehaciendo estados nacionales como la reciente Yugoslavia, convertida en país por un acuerdo y luego rehecha en seis países, o definiendo y redefiniendo las nacionalidades de provincias como Alsacia y Lorena, entre vecinos belicosos Francia y Alemania.

Y así sigue viviendo el mundo, entre choques y desconfianzas de vecinos: Rusia y Ucrania, China e India, México y Estados Unidos, jóvenes estados africanos que redibujan sus geografías, Israel y Palestina; mientras nuestros soldados vigilan fronteras pacificadas hace siglos por el talento sin par de Alexandre de Gusmão.

La originalidad del Tratado de Madrid fue que concluyó la negociación de miles de kilómetros de fronteras sin el uso de ejércitos para medir la correlación de fuerzas, y que anticipó los límites de un país antes de que se proclamara su independencia. En efecto, cuando Brasil se convirtió en país, su territorio ya estaba reconocido por la labor de la diplomacia en Lisboa, afirma el diplomático e historiador Synésio Sampaio[7].

Además del talento y de la gran preparación de Gusmão para tratar con los negociadores españoles, un factor decisivo para la victoria de la diplomacia portuguesa se encontraba en el Palacio Real de Madrid: la Reina de España, Doña Bárbara de Bragança, esposa del Rey Fernando VI, era hija del Rey de Portugal, D. João V, lo que naturalmente, como portuguesa, la hizo simpatizar con la causa de su patria mediando en las negociaciones entre su marido y su padre.

Cuando se firmó el Tratado, el 13 de enero de 1750, Portugal perdió la Colonia de Sacramento, en el actual Uruguay, reclamada por España, pero conquistó todo el valle del río Amazonas, desde Marajó hasta Tabatinga, y todo el vasto oeste entre el río Tocantins y el río Alto Paraguay. La historiografía española y sudamericana nunca ha perdonado al negociador español, el Secretario de Estado José de Carvajal y Lancaster. El historiador paraguayo Bernardo Capdeville emitió un amargo juicio sobre el episodio: "Vergüenza para la diplomacia española".

En cuanto a la valoración histórica del Tratado, Jaime Cortesão escribió en su valiosísima obra *Alexandre de Gusmão & O Tratado de Madrid*: "Los historiadores brasileños consideran, con razón, este acuerdo como la base histórico-jurídica de la formación territorial de Brasil, el primer y principal estatuto que definió ampliamente las fronteras naturales y legítimas de la nación; e historiadores argentinos y algunos uruguayos, colombianos, etc., en general, como un tratado extorsionado al gobierno español, bien por la nefasta influencia de la reina Bárbara de Bragança, hija de D. João V de Portugal y esposa de Fernando VI de España, cuyo débil espíritu se habría visto dominado bien por la defección del ministro, D. José de Carvajal, mal patriota y adulador interesado".[8]

---

[7] FILHO, Synesio Sampaio Goes. *Alexandre de Gusmão (1695-1753) o estadista que desenhou o mapa do Brasil*. Rio de Janeiro, Record, 2021.
[8] CORTESÃO, Jaime. *Alexandre de Gusmão & O Tratado de Madrid*. São Paulo, Fundação Alexandre de Gusmão/Imprensa Oficial, 2006.

Para la Amazonia, Pombal se enfrenta al mundo

"En una ocasión, hablando con Goethe sobre la naturaleza de la tragedia, Napoleón mencionó que la nueva tragedia se diferenciaba de la antigua en que ya no existía un destino al que los hombres estuvieran sujetos y que la política había ocupado su lugar".
— **Hegel,** FILOSOFÍA DE LA HISTORIA

Con la muerte de D. João V (1750), subió al trono d. José I, que nombró ministro de Asuntos Exteriores y Guerra a Sebastião José de Carvalho e Melo, futuro marqués de Pombal. En 1755, el rey ascendió a Pombal a Secretario de Estado de Asuntos Interiores del Reino, cargo que correspondía al de Primer Ministro.

Pombal había sido diplomático durante mucho tiempo, habiendo servido en Londres y Viena, y era consciente de la codicia de los imperios coloniales europeos por el valle del río Amazonas y de las dificultades que tenía el gobierno portugués para proteger una zona tan extensa. Su primera medida, en 1751, fue nombrar a su hermano, Francisco Xavier de Mendonça Furtado, gobernador de Pará y capitán general de las capitanías de Grão-Pará y Maranhão. Marcos Carneiro de Mendonça *A Amazônia na era pombalina.*[9] examina la correspondencia de Mendonça Furtado y pinta un panorama desolador de la situación que encontró el nuevo gobernador en 1751: había 232 soldados para defender toda el área bajo su jurisdicción en Pará y en Maranhão el número ascendía a 178 hombres. Era sin duda un estado de penuria y Mendonça Furtado estuvo a la altura.

El hermano de Pombal movilizó los recursos necesarios para renovar y ampliar las tropas de que disponía y organizó una expedición a lo largo de los afluentes del río Negro y del río Branco, preocupado por las incursiones holandesas procedentes de Surinam y por antiguas reivindicaciones británicas que se remontaban a las aventuras de Sir Valter Raleigh[10] en la región.

---

9   MENDONÇA, Marcos Carneiro. *A Amazônia na era pombalina.* Brasília, Senado Federal, 2005.
10 SIR WALTER RALEIGH, aventurero y explorador británico, con una presencia significativa en la Amazonia en el siglo XVI, creía haber descubierto El Dorado en la región.

Pombal y Mendonça Furtado idearon un sistema de fortificaciones con la doble función de asegurar la posesión del territorio y protegerlo contra las ambiciones de potencias coloniales hostiles. El Fuerte de São José do Macapá contra las pretensiones francesas en la desembocadura del Amazonas, el Fuerte de São Joaquim, en el actual estado de Roraima, para disuadir las ambiciones holandesas, y los fuertes de Príncipe da Beira, en el actual estado de Rondônia, São Francisco Xavier de Tabatinga, en Amazonas, en la frontera con Colombia, y el Fuerte de São José do Rio Negro, origen de la ciudad de Manaos.

Pero la gran acción innovadora del Marqués y de su hermano para el Amazonas fue el documento "Diretório dos Índios", cuyo objetivo era construir la alianza portuguesa con las poblaciones indígenas del Amazonas a través de concesiones a los tuxauas y a sus líderes, sin las cuales sería imposible hacer frente a la superioridad en hombres y armas de los imperios coloniales competidores.

Por decisión de Lisboa, las aldeas recibieron dos escuelas: una para niños y otra para niñas indígenas, donde aprenderían a leer, escribir y los oficios de la época. Si no había profesores para las niñas, podían asistir a escuelas de niños hasta los 10 años. Se prohibió la esclavitud indígena en Grão-Pará y Maranhão y se fomentaron los matrimonios mixtos entre indios y no indios, con plenos derechos sucesorios y la concesión de títulos nobiliarios a los descendientes.

Hay que dar prioridad a los indios para los cargos estatales en los pueblos, como jueces de paz, concejales y agentes judiciales. Era tradición de los bandeirantes asignar a los jefes indígenas funciones militares con sus respectivos rangos. A día de hoy, es habitual que los líderes indígenas se asignen informalmente el rango de capitán. La corona portuguesa nombró al indio Poti, Filipe Camarão, capitán mayor de todos los indios de Brasil, con el título de Don y Caballero de la Orden de Cristo, con rango de noble y escudo de armas.

Pombal estaba convencido de que sin la infantería indígena y la alianza con sus jefes, el Amazonas estaría perdido. Recordó el viaje de Pedro Teixeira con sus 1.200 guerreros indígenas a Ecuador; la guerra de los bandeirantes y sus aliados tupis contra los guaraníes en tierras reclamadas por España y la epopeya más reciente de Raposo Tavares y su infantería de Guayanas armadas con arcos y flechas.

Pombal pertenecía a una categoría de hombres autoritarios y modernizadores que pasaron a la historia como déspotas ilustrados. Tuvo la virtud de prever la importancia del Amazonas para el mundo, y no escatimó esfuerzos para que ese tesoro siguiera siendo portugués y, por tanto, brasileño unas décadas después. El historiador inglés Kenneth Maxwell dejó el perfil biográfico definitivo de él: *Marquês de Pombal – paradoxo do Iluminismo*[11].

La Cuestión Pirara – una historia de engaños y ambición colonial

"En su momento, la publicación del laudo arbitral generó una amplia ola de indignación nacional. La conciencia colectiva era que Brasil había sido perjudicado en sus derechos más legítimos. Los periódicos calificaron unánimemente el laudo arbitral de injusto, por no decir otra cosa. El abogado brasileño – Joaquim Nabuco – no sólo se sintió traicionado, sino que llegó a declarar que el informe "será la causa de mi muerte". Sin embargo, el informe se aceptó y se cumplió, aunque, todo hay que decirlo, bajo una indignación generalizada."
— **José Theodoro Mascarenhas Menck,**
OBRAS DO BARÃO DO RIO BRANCO, NOTAS INTRODUTÓRIAS À LEITURA DA MÉMOIRE SUR LA QUESTION DES LIMITES ENTRE LES ÉTATS-UNIS DU BRÉSIL ET LA GUYANE BRITANNIQUE)

En 1835, Brasil ya había consolidado su Independencia, D. Pedro I había abdicado en 1831, el padre Diogo Antônio Feijó había sido elegido regente en un país sumido en la inestabilidad por tres revueltas en el mismo año: la de los Cabanagem en Pará, la de los Malês en Bahía y la de los Farrapos en la provincia de Río Grande. Feijó no terminaría su mandato y dimitió al concluir que el país era ingobernable en medio del caos.

Hasta entonces, la frontera norte de Brasil se había considerado pacificada, sin reclamaciones territoriales significativas por parte de sus vecinos, salvo el descontento de Francia con los límites demarcados por el Tratado

---

[11] MAXWELL, Kenneth – *Marquês de Pombal, paradoxo do Iluminismo.* São Paulo, Editora Paz e Terra, 1966.

de Utrecht de 1713, que también trazaba la frontera de Brasil con el Imperio Británico. Las cuencas del Essequibo y del Amazonas fueron aceptadas como límites entre Portugal y el Imperio Británico, que Brasil heredó en 1822.

El problema era que el Imperio Británico quería una salida a la cuenca del Amazonas, negada por el río Essequibo, que desemboca en el Atlántico. La salida sería bajar por los límites de la Guayana Británica hasta el afluente brasileño del río Branco, de ahí al río Negro y finalmente al Amazonas. Una vez fijado el objetivo, el siniestro plan comenzó con la contratación de los servicios del mercenario alemán Robert Hermann Schomburgk, geógrafo y naturalista, que había sido enviado a Guayana por encargo de la Royal Geographical Society para realizar estudios en las cuencas del Amazonas y el Essequibo. El carácter no oficial de la misión fue conferido por la petición del Primer Ministro Lord Palmerston a la representación brasileña en Londres para que concediera un pasaporte a Schomburgk. Más tarde, como ciudadano británico naturalizado, Schomburgk fue nombrado caballero por la reina Victoria.

Una vez concluida la misión, Schomburgk informó a Londres de la zona que debía ocuparse y el segundo paso del complot fue enviar una misión religiosa encabezada por Thomas Yound. El agente religioso izó la bandera del Imperio Británico en el lugar, en pleno territorio brasileño, catequizó y enseñó inglés a los indios y cuando fue expulsado llevó a sus indios a Georgetown, donde pidieron la protección de Su Majestad contra las "amenazas" del gobierno brasileño.

El tercer y decisivo movimiento fue la incursión militar en territorio brasileño y la ocupación de la zona indicada por Schomburgk y habitada por los indios catequizados por Yound. El gobierno brasileño, ante la voluntad británica de declarar las nuevas fronteras con la inclusión de la zona usurpada como parte de su territorio, apeló para que el espacio reclamado se considerase en disputa a la espera de una decisión posterior. Y así permaneció hasta principios del siglo XX, cuando el gobierno inglés propuso finalmente al rey de Italia, Víctor Manuel, como árbitro de la disputa.

La disputa pasó a la historia como *La Cuestión del Pirara* por el río del mismo nombre que atraviesa la región y está exhaustivamente descrita y explicada en el libro de José Theodoro Mascarenhas Menck, *A Questão do Rio Pirara, 1828-1904*, publicado por la Fundación Alexandre de Gusmão del Ministerio de Asuntos Exteriores[12].

---

12 MENK, José Teodoro M. *A Questão do Rio Pirara (1829-1904)*. Brasília, Fundação Alexandre

El monarca italiano se mostró gratuitamente contrario a Brasil y dio su versión en dos míseras páginas, entregando 16.630 kilómetros cuadrados a los británicos y devolviendo 13.570 kilómetros cuadrados del territorio en disputa a Brasil. De poco valieron los esfuerzos y el talento de Joaquim Nabuco, el abogado brasileño implicado. Corría el año 1904 y la artimaña del Imperio Británico y de sus más antiguas ONG (una geográfica y otra religiosa) impuso a Brasil uno de sus más graves reveses diplomáticos. Tras su derrota, Joaquim Nabuco murió en Estados Unidos sin regresar nunca a Brasil.

Cabanagem - la llanura en llamas

"Entre los errores de mi vida, que son muchos, está el no conocer el Amazonas.
   Habría sido un viaje corto, pero por regla general preferimos ver a Reno en un viaje más largo".
— **Costa Rego,**
PERIODISTA, EX GOBERNADOR DE ALAGOAS, EN 1931, EN *CORREIO DA MANHÃ*

En tiempos de historiografía políticamente correcta, es imposible apreciar los acontecimientos pasados sin implicarlos en la desorientación que supone intentar describir el pasado a través de la borrosa lente del presente.

El Cabanagem fue de hecho la rebelión más popular y violenta del Imperio, pero antes de eso fue un movimiento de una parte de la élite de Pará en busca de influencia política, económica y social, que se basaba en el resentimiento de las masas excluidas representadas por indios, caboclos, tapuios[13] y campesinos.

La independencia había desmantelado la red de comercio exterior que mantenía la principal actividad económica de Grão-Pará, y sus partidarios se sentían agraviados en el reparto de las parcelas de poder en la provincia, que se habían esforzado y sacrificado para unirse al Imperio.

---

de Gusmão, 2009.

[13] Los tapuios pueden definirse de más de una forma, desde indios no pertenecientes al tronco lingüístico tupí, indios integrados en la sociedad blanca o indios mezclados con no indios.

Entre los rebeldes había miembros del clero, como el canónigo Batista Campos, de una familia tradicional de Pará, y el coronel de la milicia, propietario de plantaciones y terrateniente Félix Malcher. Batista Campos fue el intelectual de la insurrección, el propagandista y el agitador; Malcher fue el organizador y líder y primer presidente de la revuelta victoriosa. El movimiento galvanizó el descontento contra siglos de opresión, como observó Domingos Raiol en su principal obra sobre la Cabanagem, *Motins políticos, ou história dos principais acontecimentos políticos da Província do Pará desde o ano de 1821 até 1835*[14], escrita al calor de los acontecimientos del siglo XIX.

En cuanto a Malcher, está lejos de recibir un juicio exento por parte de una historiografía contemporánea mucho más preocupada por servir a las causas que a la historia. El periodista paranaense Sérgio Buarque de Gusmão intentó retratar a Malcher con el distanciamiento de un historiador y la objetividad de un periodista en su valiosa obra *Nova história da cabanagem, seis teses revisam a insurreição que incendiar o Grão-Pará em 1835*[15].

El Cabanagem mezcló la oposición de las élites y la revuelta de los caboclos, indios y tapuios y tradujo las contradicciones en la amplia alianza formada. Malcher fue depuesto y asesinado, sucedido por gobiernos efímeros, por líderes efímeros, a veces los hermanos Vinagre (Francisco, Manuel y Antônio), a veces Eduardo Angelim.

A la Regencia le costó afrontar la revuelta. Ernesto Cruz, en su libro *Nos bastidores da Cabanagem*, afirma que Eduardo Angelim recibió y rechazó una oferta de apoyo militar del gobierno estadounidense para proclamar la independencia del Amazonas. Angelim dejó unas memorias relatando los episodios heroicos del Cabanagem, que podrían arrojar luz sobre la hipótesis de Ernesto Cruz, pero el libro se perdió sin que se conociera su testimonio.

Los historiadores señalan cifras contradictorias sobre el número de personas muertas en el levantamiento. Sergio Buarque sostiene que la cifra de 30.000 a 40.000 muertos "es el resultado de ejercicios de arte adivinatoria", pero sin negar la matanza que derramó sangre por todo el valle del gran río, y cita una carta del presidente del Grão-Pará, Bernardo de Souza Franco, de 1839, en la que estima que murieron 2.500 cabanos en las prisiones y en los combates.

---

14   RAIOL, Domingos Antônio. Motins políticos ou história dos principais acontecimentos políticos da Província do Pará desde o ano de 1821 até 1835. Vol. 1, 2 y 3. Manaus, Valer, 2021.
15   GUSMÃO, Sérgio Buarque de. Nova história da Cabanagem, seis teses revisam a insurreição que incendiou o Grão-Pará em 1835. Juiz de Fora, Gráfica Garcia, 2016.

El descontento que unió a la élite de políticos terratenientes y comerciantes con los pobres y desposeídos de Grão-Pará frente a la indiferencia del Imperio en el siglo XIX es el mismo que recorre hoy todo el Amazonas.

El proyecto de un gobierno informal sumiso a los intereses internacionales en el Amazonas ejercido por organizaciones no gubernamentales y agencias del propio Estado brasileño se enfrentará a una creciente resistencia impulsada por las mismas razones que desencadenaron la rebelión Cabana en el siglo XIX.

Viajeros y naturalistas, la mejor ciencia del mundo el colonialismo

"Los oprimidos siempre creerán lo peor de sí mismos".
— **Frantz Fanon,** OS CONDENADOS DA TERRA

En los siglos XVIII y XIX, la mejor ciencia del mundo estaba en los museos y academias científicas de los imperios coloniales europeos, con sus botánicos, zoólogos, geólogos, naturalistas y antropólogos. Eran la mirada científica del colonialismo, que financiaba sus investigaciones y viajes, y del que extraían la información que les permitiría sacar el mejor partido económico de las colonias y la mejor manera de ejercer el dominio sobre las poblaciones colonizadas.

Los ingleses fueron pioneros en la creación de estas instituciones: la sociedad geográfica, la sociedad antropológica, las asociaciones religiosas, todas ellas brazos del servicio del imperio sobre el que nunca se ponía el sol.

Hay que dejar claro que estas expediciones científicas realmente produjeron avances para la ciencia de su época, aunque el alcance de estos avances se limitó a los centros colonizadores, ya que las colonias ni siquiera contaban con instituciones académicas capaces de compartir o absorber los conocimientos adquiridos.

Algunos de estos naturalistas tenían como destino el Amazonas y Charles-Marie de La Condamine es el pionero entre ellos, el primer científico que descendió el río Amazonas en 1743, de regreso de Perú en una misión para determinar el grado exacto del arco del meridiano. Condamine era matemático y astrónomo, y fue el primer europeo que trajo al viejo continente información científica sobre la quina, el árbol del caucho y el curare. En sus memorias también incluyó un mapa del río Amazonas y una descripción del Canal Cassiquiare, que conecta la cuenca del Orinoco con el Amazonas a través del río Negro.

En 1783, Portugal financió al brasileño Alexandre Rodrigues Ferreira. El viaje duró nueve años y Ferreira registró valiosa información sobre la fauna, la flora, la agricultura y la vida de los habitantes del Amazonas. Su *Diário da viagem filosófica*[16] da cuenta de la colección de material científico que aún hoy se utiliza en instituciones de Lisboa, Río de Janeiro y París, ya que parte de la colección fue llevada a Francia durante las guerras napoleónicas.

Entre 1817 y 1820, el zoólogo Johann Baptist von Spix y el botánico Karl Friedrich von Martius recorrieron Brasil al servicio de la Academia de Ciencias de Múnich en misión oficial para el rey de Baviera, como parte del séquito de la archiduquesa austriaca Leopoldina que viajaba para casarse con el príncipe D. Pedro I. La última etapa de la expedición fue el Amazonas, y recogieron, clasificaron y catalogaron por primera vez tres mil especies de flora y fauna brasileñas, lo que la convirtió en una de las expediciones científicas de mayor éxito del siglo XIX.

El Barón de Langsdorff fue un diplomático y médico alemán, nacionalizado ruso, embajador ruso en Río de Janeiro en la época de la independencia de Brasil, amigo de D. Pedro I. Después de la Independencia, entre 1824 y 1829, Langsdorff dirigió la más ambiciosa expedición científica a Brasil del siglo XIX, financiada por el zar Alejandro I y apoyada por D. Pedro I y José Bonifácio, que ofrecieron todas las facilidades para el éxito de la iniciativa. La expedición partió de São Paulo, atravesó Mato Grosso y se adentró en el Amazonas por los ríos Madeira y Tapajós hasta la ciudad de Belém. El propio Langsdorff y uno de sus ilustradores, Hercule Florence, dejaron valiosos informes que siguen siendo referencias para investigadores y curiosos[17].

Los británicos Alfred Wallace y Henry Bates desembarcaron en Belém en 1848. Walace regresó a Inglaterra cuatro años después y escribió *Uma*

---

16 FERREIRA, Alexandre Rodrigues. *Viagem filosófica ao Rio Negro*. São Paulo, Companhia Nacional, 1939.

17 FLORENCE, Hercule. *Viagem fluvial do Tietê ao Amazonas: 1825 a 1829*. Brasília, Senado Federal, 2007.

narrativa de viagens na Amazônia e no Rio Negro , mientras que Bates permaneció en el Amazonas hasta 1889 y publicó *O naturalista no Rio Amazonas* [18], considerado por Charles Darwin el mejor libro de historia natural publicado en Inglaterra.

Walace envió a Darwin un documento sobre la selección natural de los más aptos, y ambos presentaron la idea en una reunión científica celebrada en Londres en 1858. Darwin publicó entonces *A origem das espécies*, dejando a Walace al margen de la obra.

En la misma época que Walace y Bates, Richard Spruce, reputado naturalista y agente británico que había acompañado a Walace y Bates en viajes de investigación por Europa, recorrió el Amazonas. Spruce fue un precursor en el intento de piratear semillas del árbol del caucho a Inglaterra a petición de las autoridades británicas, hazaña que lograría su compatriota Henry Wickham unos años más tarde.

Daniel Parish Kidder no era un científico, sino un agente de la Sociedad Bíblica Americana con la misión de difundir el evangelio y el protestantismo en tierras brasileñas. Viajó por el Nordeste y el Amazonas entre 1840 y 1842, experiencia que plasmó en un libro[19] en el que relataba la historia, costumbres, geografía y curiosidades de los lugares que visitaba. La misión religiosa fue un fracaso, pero Kidder prestó un importante servicio al registrar la memoria brasileña de la primera mitad del siglo XIX.

Louis Agassiz fue un naturalista suizo, profesor de la Universidad de Neuchâtel, que vivió como investigador en Francia y Estados Unidos y revisó las investigaciones de Spix y von Martius sobre el Amazonas. Agassiz, que ya vivía en Estados Unidos, fue enviado en misión científica a Brasil, la Expedición Thayer, en 1865. Aunque había construido una biografía científica respetable, al final de su vida Agassiz estaba poseído por las ideas del racismo científico e interesado en demostrar que el mestizaje era un factor de degeneración de la humanidad, lo que comprometió la credibilidad de su viaje y de su obra.

---

18   BATES, Henry. *O naturalista no Rio Amazonas*. São Paulo, Brasiliana, 1944.
19   KIDDER, Daniel. Reminiscências de viagens e permanências nas províncias do Norte do Brasil. Belo Horizonte, Editora Itatiaia, São Paulo, Edusp, 1980.

Un enclave esclavista en el Amazonas, un sueño americano

"Maury defendió firmemente la deportación de negros estadounidenses esclavizados al Amazonas para desarrollar la región; también formó parte de un grupo de conspiradores que querían arrebatar el Amazonas a Brasil".
— **Gerald Horne,** O SUL MAIS DISTANTE, OS ESTADOS UNIDOS, O BRASIL E O TRÁFICO DE ESCRAVOS AFRICANOS

A mediados del siglo XIX, parte de la élite esclavista de Estados Unidos concibió el milagroso plan de arrebatar el Amazonas a Brasil para establecer allí un enclave esclavista. En opinión de uno de los conspiradores, el objetivo era evitar que "la parte más hermosa del mundo creada por Dios se pudriera en manos de una raza decrépita, incapaz de aprovechar sus recursos"[20].

Algunos de los personajes de la trama eran muy familiares para Brasil. Henry Wise, ex gobernador de Virginia, había sido embajador de Estados Unidos en Brasil entre 1844 y 1847, y ya barajaba la idea de traer esclavos de Norteamérica a Brasil para escapar de la presión abolicionista en su propio país y de la creciente vigilancia de la Marina británica contra el tráfico de personas. Wise destacaría como general de brigada confederado en la Guerra de Secesión, de 1861 a 1865.

Otro personaje es Matthew Fontaine Maury, autor de la famosa campaña para abrir el río Amazonas a la navegación internacional cuando era director del Servicio Hidrográfico del Observatorio Naval de Estados Unidos. Maury es el nombre de una calle de Richmond y su retrato al óleo cuelga en la Biblioteca Estatal de Virginia. Un condado de Tennessee lleva su nombre, que es también el de un ala de la Academia Naval en Anápolis. El aspecto más importante de su extensa biografía fue su mando de la Marina de los estados confederados en la guerra civil.

Maury defendió el traslado de esclavos del valle del Mississippi al valle del Amazonas alegando que "es más fácil y rápido que los barcos del Amazonas vayan a Nueva York que a Río; y el barco puede hacer la travesía de Nueva York a Río en menos tiempo que del Amazonas a Río"[21]. Cuando el

---

20   HORNE, Gerald. O Sul mais distante. São Paulo, Companhia das Letras, 2010.
21   HORNE, Gerald. *O Sul mais distante.* São Paulo, Companhia das Letras, 2010.

gobierno brasileño pidió explicaciones al gobierno estadounidense por la grave opinión de una autoridad naval estadounidense, el Secretario de Estado William Marcy se limitó a encogerse de hombros.

El profesor Gerald Horne, de la Universidad de Houston (Texas), ha escrito una obra reveladora y que invita a la reflexión sobre el tema, *O Sul mais distante, os Estados Unidos, o Brasil e o tráfico de escravos africanos*, en la que detalla toda la trama desde el principio hasta el fallido final.

El emperador D. Pedro II se resistió a la apertura del río Amazonas a la navegación extranjera y las autoridades brasileñas no permitieron que la ambición de los esclavistas norteamericanos prosperase en el valle del gran río.

Tras la Guerra de Secesión, miles de familias del Sur confederado se refugiaron en Brasil y echaron raíces aquí. Los Lee, los Corral, los Whitaker, son algunas de estas familias cuya historia se cuenta en el excelente libro de Rose Neeleman y Gary Neeleman, *A migração confederada ao Brasil: estrelas e barras sob o Cruzeiro do Sul*[22]. Los precursores que guiaron la migración de familias de Estados Unidos eligieron São Paulo como destino principal, donde hoy se encuentran las ciudades de Americana y Santa Bárbara. La derrota en la Guerra de Secesión acabó con el plan de un Amazonas convertida en enclave esclavista.

Navegando por el Amazonas – D. Pedro II contra el imperio americano

"Así que la riqueza del Amazonas pertenece a Estados Unidos más que a ningún otro pueblo".
— **Jornal Union,** washington, diciembre de 1852, citado por tavares bastos en *cartas do solitário*

"En los debates de la prensa extranjera y en los consejos de las grandes potencias, Amazonas ha ocupado un lugar destacado".
— **Tavares Bastos,** *cartas do solitário*, 1862

---

22 neeleman, Gary.; neeleman, Rose. *A migração confederada ao Brasil, estrelas e barras sob o Cruzeiro do Sul*. Porto Alegre, edufrgs, 2016.

Entre 1849 y 1855, el teniente de navío Matthew Maury, de la Marina de Estados Unidos de Norteamérica, publicó una serie de artículos en la revista de mayor circulación del país defendiendo las ventajas de la libre navegación del río Amazonas. Maury era el superintendente del Servicio Hidrográfico del Observatorio Naval de Washington, lo que le confería autoridad en la materia, aunque nunca había navegado por el Amazonas.

Los artículos publicados bajo el título *Letters of the Amazon and atlantic slopes of South America* alcanzaron gran repercusión en Estados Unidos y Brasil. Su libro *Exploration of the valley of the Amazon* fue rebatido por el oficial brasileño Coronel José Baptista de Castro Moraes Antas, que refutó una por una las tesis de Maury en su libro *O Amazonas: breve resposta à memória do tenente da armada americana-inglesa F. Maury sobre las ventajas de la libre navegación por el Amazonas*.

El mundo debatía la apertura del Amazonas a la navegación internacional. Un periódico francés, el *Journal du Havre*, predicaba la anexión de todo el territorio brasileño desde las Guayanas hasta las orillas del Amazonas, convirtiendo la isla de Marajó en un protectorado administrado por las potencias coloniales.

El brillante diputado de Alagoas, Aureliano Cândido Tavares Bastos, lideró una ruidosa campaña desde la tribuna de la Cámara y en la prensa a favor de la apertura de la cuenca del Amazonas a la navegación extranjera. Tavares Bastos era culto, bien informado e influyente. Su padre había sido gobernador de São Paulo, nombrado por D. Pedro II, de convicciones liberales, y en su singular patriotismo, pensaba que la prosperidad de Brasil llegaría cuando adoptásemos las tesis económicas del libre comercio, la religión protestante y abriésemos el Amazonas a la navegación extranjera.

Pero este no era el pensamiento de D. Pedro II. El emperador brasileño también era culto y estaba bien informado, y conocía los riesgos de abrir las profundas venas de los grandes ríos de Brasil a la libre circulación y a la codicia de las potencias internacionales. En una carta a su amiga la condesa de Barral, que se encontraba en París, D. Pedro II explicó las razones de su resistencia a las tesis de Tavares Bastos y pretensiones internacionales, y utilizó el ejemplo de China, con sus puertos ocupados por diferentes imperios coloniales tras la Guerra del Opio. Temía que en la inmensidad despoblada del Amazonas, codiciada por los extranjeros, se estableciera un enclave colonial en cada puerto sin que Brasil tuviera fuerzas suficientes para impedirlo. De hecho, el propio Tavares Bastos advirtió en artículos que firmó como *Cartas do Solitário*, que "si la prosperidad futura arrancara a Pará de nuestras débiles manos y frágiles lazos, créanme que no habrá nada que pueda detenerla"[23].

El gobierno estadounidense ya había apoyado públicamente la idea de abrir el Amazonas en declaraciones públicas del Secretario de Estado John Clayton y buscaba acuerdos de navegación con los gobiernos de Bolivia y Perú que forzaran la apertura del Amazonas desde los ríos de estos países.

El representante de Brasil en Washington, José Inácio Carvalho Moreira, barón de Penedo, albergaba "sus temores al expansionismo yanqui". El diplomático Renato Mendonça afirma que el barón de Alagoas basaba sus argumentos en el precedente de la guerra estadounidense contra México, "que le hacía dormir con un ojo abierto"[24].

La importancia que los Estados Unidos atribuyeron a la cuestión de la apertura del Amazonas puede verse en la elección del ministro asignado a Río de Janeiro, William Trousdale, con instrucciones claras al respecto: *"The most important object of your mission – an object which you will devote your early and earnest efforts is to secure the citzens of the virtual state of the free use of the Amazon."*.

Trousdale era un político de gran prestigio, héroe de la guerra contra México y los indios, y había gobernado Tennessee. En su reunión con D. Pedro II, en Petrópolis, le sorprendió el argumento del emperador para negar a los extranjeros las aguas del Amazonas: el estado estaba sin cultivar y despoblado en sus orillas. Era la forma que tenía el emperador de negarse sin enfrentarse a la arrogancia de su gran vecino del norte[25].

El mayor robo del mundo

"Mucho antes que la OPEP, la biopiratería de Wickham dio a Gran Bretaña el primer monopolio mundial sobre un recurso estratégico en la historia de la humanidad".
— **Joe Jackson,** O LADRÃO DO FIM DO MUNDO

23 BASTOS, A. C. Tavares. *Cartas ao solitário*. 3ª ed. São Paulo, Companhia Editora Nacional, 1938.
24 MENDONÇA, Renato. *Um diplomata na Corte de Inglaterra*. Vol.74. Brasilia, Senado Federal, 2006.
25 MENDONÇA, Renato. *Um diplomata na Corte de Inglaterra*. Vol.74. Brasilia, Senado Federal, 2006.

"Más tarde, cuando sus planes estaban en ruinas, todas las vidas perdidas y los amores rotos, se sentaba en un sillón de su club londinense con todos los viejos imperialistas, exageraba la historia de su única victoria y la consideraba justificada. En ese momento, la leyenda de Henry Wickham se convirtió en un icono, y su engaño al servicio de la Reina y del país pasó a formar parte de la historia del Imperio".
— **Joe Jackson,** O LADRÃO DO FIM DO MUNDO

A principios del siglo XX, Manaos era una de las ciudades más ricas del mundo. En 1896 inauguró el Teatro Amazonas, una joya de la arquitectura mundial construida con mármol italiano de Carrara, cerámica esmaltada importada de Alsacia, lustres de Murano y una estructura metálica inglesa, considerada la tercera mayor atracción turística y una de las siete maravillas de Brasil.

La leyenda contaba que los magnates del caucho encendían sus puros con billetes de cien dólares, sus esposas mandaban lavar y planchar su ropa en Europa y sus caballos saciaban la sed con champán francés, un lujo que se permitía el dinero del caucho utilizado en todo el mundo, el 95% del cual procedía del Amazonas brasileño.

Este ciclo, sin embargo, sólo duró unas décadas, y en 1920 Brasil sólo producía el 3% del látex mundial, sumiendo la producción de caucho en una crisis que conoció una efímera recuperación durante la Segunda Guerra Mundial, pero que continúa en la actualidad.

El declive del caucho en Brasil está relacionado con el mayor escándalo de biopiratería de la historia: el robo de semillas del árbol del caucho, promovido por Inglaterra con el objetivo de transferir al Imperio Británico el valioso monopolio que dominaba Brasil. El episodio aunó los intereses de la industria británica, el gobierno de Su Majestad y sus instituciones y los científicos ingleses, y contó con la participación especial de un aventurero, Henry Wickham, movilizado para llevar a cabo la trama.

Wickham fue el agente encargado de recoger setenta mil semillas de árboles del caucho en el Amazonas y llevarlas a Londres para plantarlas en *The Royal Botanical Gardens*, el jardín botánico de Londres, y trasplantarlas después a las colonias británicas de Asia.

Aunque la historia se conoce desde hace mucho tiempo, está magistralmente relatada en el libro *ladrão do fim do mundo, como o inglês roubou setenta mil sementes de seringueira e acabou com o monopólio do Brasil sob a borracha*, del periodista y escritor estadounidense Joe Jackson. El libro de Jackson fue calificado por la revista *Time* como "una de las mayores fábulas de la era moderna" y recibió elogios del *Washington Post* y *Los Angeles Times*. Poco después de la obra de Joe Jackson, la historiadora de Oxford, Emma Reisz, publicó *The political economy of imperialism in the tropics*: *Rubber in the British Empire*, demostrando que el tema sigue siendo importante y actual.

La hazaña de Henry Wickham no fue una improvisación. Requirió planificación, la participación de figuras como Thomas Hancock, fundador de la moderna industria del caucho en Inglaterra, el famoso botánico William Hooker, director del Jardín Botánico de Londres, apoyo diplomático y financiación del gobierno británico.

En 1871, Wickham llegó a Santarém y preparó meticulosamente el robo, que tuvo lugar en 1876, cuando las setenta mil semillas fueron enviadas a Londres embaladas en cestos apropiados que Wickham había encargado a hábiles indios locales. Es probable que sobornara a los aduaneros de Santarém para hacer pasar su preciado cargamento.

El padre de la biopiratería fue nombrado caballero por Sir Henry Wickham del Imperio Británico, y su muerte mereció una necrológica en el *Times* de Londres.

La pregunta es: ¿cuántos Henry Wickham trabajan hoy en la Amazonia, ya no como simples aventureros, sino camuflados en las actividades de diversas organizaciones no gubernamentales, financiadas por diferentes imperios, pero con los mismos objetivos que su ilustre antepasado?

Wilmington, la cañonera americana en las aguas del río Amazonas

"Circunstancias excepcionales, verdaderamente providenciales, me pusieron en contacto con un grupo de capitalistas norteamericanos que habían tenido ocasión de informarse sobre las riquezas naturales de nuestro país, y con la ayuda del prestigioso explorador Sir Martin Conway, muy conocido en nuestro país, logré interesarles hasta tal punto

con mi información que uno de ellos, el distinguido abogado de la casa Vanderbilt, Mr. Willingford Whitridge, ha sido delegado para tratar conmigo en Londres".

— **Felix Aramayo,** diplomático, embajador de Bolivia en Londres, citado por Leandro Tocantins en *Formação histórica do Acre*

Corría el año 1889, el 11 de marzo, y el periódico *Província do Pará* informaba en portada de la presencia de la cañonera Wilmington, de la Marina Estadounidense, en el puerto de Belém. El gobernador de Pará, Pais de Carvalho, visitó el barco y fue recibido con los honores militares correspondientes y devolvió la cortesía con un banquete de palacio ofrecido al comandante Chapman Todd.

La situación parecía extraña cuando el comandante Todd decidió remontar el río Amazonas, a pesar de la negativa del gobernador del estado de Amazonas, Ramalho Júnior, a concederle autorización. Y cuando el Ministerio de Asuntos Exteriores concedió finalmente la autorización, el buque de guerra ya estaba remontando el Amazonas en dirección a Tabatinga e Iquitos, en Perú.

La cañonera salió del puerto de Manaos con las luces apagadas y llevando a dos prácticos brasileños a bordo, a los que el comandante Todd concedió la nacionalidad estadounidense y el cargo de pilotos del barco, ya que no estaban familiarizados con las aguas de la cuenca del Amazonas.

El aspecto más oscuro de la trama involucraba al diplomático español Luiz Galvez, refugiado en Belém a causa de una relación amorosa en Buenos Aires, que fue contratado como periodista en un diario de Pará e invitado a ocupar un puesto en el Consulado de Bolivia en Belém. Como parte de esta función, Gálvez asistió a un almuerzo con Don José Paravicini, embajador de Bolivia en Río de Janeiro, que pasaba por Belém acompañado por Guilherme Uhthoff, comandante boliviano en la frontera con Brasil, y Ladislao Ibarra, jefe de la aduana boliviana en Acre. Durante el almuerzo, Gálvez presenció cómo Ibarra acusaba a Uhthoff y Paravicini de negociar "en el extranjero, una parte de su patria, Bolivia"[26].

Gálvez se dio cuenta de la gravedad de lo que había oído e interrogó a Uhthoff, quien confesó que, en realidad, el gobierno boliviano había negociado con Estados Unidos la transferencia de Acre a una compañía comercial. Esto se basaba en la convicción de que Bolivia se sentía impotente para

---

26 TOCANTINS, Leandro. *Formação histórica do Acre*. Rio de Janeiro. Editora Conquista. 1952.

preservar esta parte de su territorio, que podría correr la misma suerte que la costa del Pacífico perdida a manos de Chile.

El ministro Paravicini fue el encargado de redactar la propuesta para la concesión de Acre, que sería llevada a los Estados Unidos, en alto secreto, a bordo del cañonero Wilmington, que estaba anclado en Belém para esta misión, y así explicó la misión del comandante Todd en el Amazonas.

"En posesión de semejante revelación que tanto afectaba a Brasil, mi patria adoptiva, a la que siempre he tratado de honrar, no dudé en denunciarlos ante quienes tenían derecho a hacerlo", escribiría Luiz Gálvez más tarde[27].

Uhthoff mostró a Gálvez una copia del documento en papel oficial del gobierno boliviano. Entre las cláusulas señaladas por Gálvez figuraban disposiciones para presionar diplomáticamente a Brasil a fin de que reconozca Acre como territorio boliviano y para que Estados Unidos preste asistencia militar con armas y equipos en caso de guerra entre Bolivia y Brasil.

Una vez desvelada la conspiración, el cañonero Wilmington abandonó sigilosamente Belém, probablemente llevando a bordo el borrador del acuerdo, y mediante la acción diplomática del gobierno brasileño, Estados Unidos se esforzó por reducir el daño que el episodio podía causar a las relaciones con Brasil.

Es probable que el caso de la cañonera Wilmington advirtiera a la diplomacia brasileña de la gravedad de la implicación de Estados Unidos en los acontecimientos que se avecinaban, con las pretensiones del imperio de establecer un enclave en el corazón de la Amazonia.

La cuestión de Acre: un enclave americano en el Amazonas occidental

"A las cinco de la mañana, Plácido de Castro desembarcó frente a la villa adormecida y, con su gente convenientemente dispuesta, se dirigió sin más a detener al intendente.

---

27 TOCANTINS, Leandro. Formação histórica do Acre. Rio de Janeiro. Editora Conquista. 1952.

> *En la puerta de la Intendencia llamó a Barrientos, que solemnemente contestó, enojado:*
> *– Caramba! Es temprano para la fiesta.*
> *– No es una fiesta, señor. Intendente, es la revolución, contestó enérgicamente el caudillo".*
> — **Craveiro Costa,** A CONQUISTA DO DESERTO OCIDENTAL, DESCRIBIENDO LA TOMA DE LA INTENDENCIA DE BOLIVIA POR LAS TROPAS DE PLÁCIDO DE CASTRO Y LA DETENCIÓN DEL INTENDENTE DON JUAN DE DIOS BARRIENTOS. ERA LA FESTIVIDAD DEL DÍA DE LA INDEPENDENCIA DE BOLIVIA Y BARRIENTOS IMAGINÓ QUE SUS HOMBRES LE ESTABAN DESPERTANDO PARA CELEBRAR LA FECHA.

La conquista de Acre es un guion digno de las mejores películas de suspense y espionaje, que aúna tramas diplomáticas, acción militar y un desenlace imprevisible.

Bolivia había vivido una tragedia reciente en la Guerra del Pacífico (1879-1883), cuando perdió su salida al mar y el estratégico puerto de Antofagasta a manos de Chile. Chile contaba con el apoyo ostensible de los británicos y los bolivianos resentían la ausencia de un aliado fuerte que les apoyara en su disputa con su vecino.

A finales del siglo XIX, el territorio boliviano de Acre estaba ocupado económica y demográficamente por brasileños que explotaban allí la goma con una gran presencia de caucheros de Ceará. Aunque Acre era formalmente boliviano, el gobierno de Amazonas codiciaba las riquezas que allí se producían y consideraba legítimo que los brasileños tuvieran una aduana brasileña y no boliviana para recaudar impuestos sobre la exportación de mercancías.

El gobierno brasileño dio por pacificada la cuestión, Acre era boliviano y no hubo discusión. Lo último que quería Brasil era un conflicto con el vecino con el que compartía una frontera de más de tres mil kilómetros. Cuando el aventurero español Luiz Gálvez, alentado y financiado por el gobierno de Amazonas, proclamó una república en Acre, el gobierno federal proporcionó una fuerza naval para expulsar al aventurero y restablecer la soberanía boliviana.

Pero un hecho cambió la visión brasileña del asunto. Las élites bolivianas estaban convencidas de que habían perdido su litoral a manos de Chile debido a la ausencia de bolivianos en ese territorio, y que lo mismo ocurriría en Acre, que ya estaba densamente poblado por brasileños. La solución ideada para hacer frente a la situación fue un desastre diplomático y luego militar. El gobierno boliviano propuso y el Congreso aprobó entregar Acre a la administración de una compañía comercial angloamericana, el Bolivian Syndicate, con poderes casi absolutos, incluida la facultad de formar un ejército y una armada y de decidir sobre la libertad de navegación en los ríos. Fue la creación de un clásico enclave colonial en el corazón del Amazonas brasileño administrado por una potencia, Estados Unidos, que ya se mostraba arrogante y violenta en la expansión de sus intereses por el mundo.

La diplomacia brasileña utilizó toda su experiencia para disuadir a los bolivianos, estadounidenses y británicos de la provocación. En vano. Quedaba la solución menos deseable y más radical: la militar. La revolución llamaba a la puerta esperando un líder, y éste apareció en la forma del militar de Rio Grande do Sul, Plácido de Castro, bisnieto, nieto e hijo de militares, y él mismo veterano de la Revuelta Federalista y con una educación militar formal adquirida en las mejores escuelas del país.

Convertido en recolector de caucho en el Amazonas, correspondió a Plácido de Castro reunir una infantería cearense y un ejército mayor de sertanejos del nordeste para combatir al ejército boliviano. El 6 de agosto, día nacional de Bolivia, el Intendente Don Juan de Dios Barrientes fue depuesto y detenido. Corría el año 1902.

Adoptando tácticas de guerrilla, el ejército de caucheros derrotó a las tropas regulares bolivianas y, a finales de octubre de 1902, el coronel Rosendo Rojas aceptó las condiciones de rendición que ponían fin al capítulo militar. La diplomacia del barón de Río Branco acordó entonces el Tratado de Petrópolis con el gobierno boliviano, una indemnización de dos millones de libras para Acre y la construcción de un ferrocarril que uniera la frontera boliviana con la ciudad de Porto Velho, el Madeira-Mamoré.

Existe una amplia bibliografía sobre el episodio, en la que se destaca *la formación histórica de Acre.*[28], del paraense Leandro Tocantins con presentación de Abguar Bastos, la interpretación más completa de la formación social del Amazonas y Acre, *La conquista del desierto occidental*[29], del alagoano Craveiro Costa, de la Colección Brasiliana, de la Companhia Editora

---

28   TOCANTINS, Leandro. *Formação histórica do Acre*. 3ª ed. Vol. 1. Rio de Janeiro, Civilização Brasileira, 1979.
29   COSTA, Craveiro. *A conquista do Deserto Ocidental, subsídios para a história do Território do Acre*. São Paulo, Companhia Editora Nacional, 1940.

Nacional, y *Plácido de Castro, un caudillo contra el imperialismo*, de Claudio de Araújo Lima.

El nombre de Plácido de Castro fue inscrito en el Libro de los Héroes de la Patria por iniciativa del entonces senador Tião Viana, es el nombre de un equipo de fútbol profesional de Acre y da nombre al Ayuntamiento de São Gabriel, en Rio Grande do Sul, su ciudad natal.

Amazonia, departamento francés de ultramar

"Las razones del Barón convencieron plenamente al árbitro suizo que, hace un siglo, en laudo de 1 de diciembre de 1900, ganó el caso para Brasil, fijando la frontera marítima en la desembocadura del río Oiapoque y la frontera interior en la divisoria de aguas de la cuenca del Amazonas, que era finalmente la esencia de la reclamación de Brasil.

Su triunfo se perpetuó, geográficamente, con la integración definitiva de Amapá al territorio nacional e, históricamente, pocos años después, con su nombramiento como titular del Ministerio de Relaciones Exteriores, cargo que ocupó de por vida."
— **Geraldo de Barros Carvalho e Mello Mourão,**
OBRAS DO BARÃO DO RIO BRANCO, *A VERTIGINOSA ESPIRAL DA RACIONALIDADE*

El Tratado de Utrecht de 1713 puso fin a la Guerra de Sucesión española librada entre las principales potencias europeas, con importantes repercusiones para Portugal y Brasil. En virtud del tratado, España devolvió a Portugal la colonia de Sacramento, a orillas del Río de la Plata, y Francia reconoció la soberanía portuguesa sobre las tierras situadas entre los ríos Amazonas y Oiapoque.

La disputa entre Portugal y España por la frontera norte era una vieja historia, marcada por episodios militares que culminaron con la expulsión de los franceses más allá del río Oiapoque en el siglo XVII.

La interpretación de la cláusula de Utrecht nunca fue consensuada, y Francia reclamó un área de aproximadamente quinientos mil kilómetros cuadrados que se extendía desde el estado de Pará hasta el Amazonas hasta la parte oriental del actual estado de Roraima, mientras que Portugal sólo admitió la soberanía francesa sobre la franja costera septentrional del río Amazonas.

En el siglo XVIII, Francia ocupó una zona de lo que hoy es el estado de Amapá y parte de Pará, declarada en litigio por el emperador D. Pedro II, a la espera de que el arbitraje decida la cuestión. En una carta a Joaquim Nabuco, el barón de Río Branco llegó a ironizar con que Francia quería otra Francia continental en Sudamérica[30].

Los acontecimientos se precipitaron a finales del siglo XIX con el descubrimiento de oro en el río Calçoene por garimpeiros de Pará, y la aldea de Espírito Santo do Amapá, actual municipio de Amapá, fue escenario de una sangrienta batalla entre brasileños y franceses en 1895. El paranaense Francisco Xavier da Veiga Cabral, conocido como Cabralzinho, descendiente de los Cabanos y espíritu dotado de gran energía y coraje para la lucha, se hizo cargo de la villa. El gobierno francés envió una tropa al mando del teniente Lunier, de la Legión Extranjera francesa, para retomar la ciudad, pero la resistencia organizada por Cabralzinho derrotó a los franceses, dejando un centenar de muertos en el campo de batalla, entre ellos el teniente Lunier.

El gobierno brasileño temía que Francia escuchara a quienes proponían una solución militar al conflicto, como fue el caso del ex gobernador de Guyana. La diplomacia brasileña consideró la posibilidad de apelar a Estados Unidos y Gran Bretaña para disuadir a los franceses de una medida tan extrema, hasta que finalmente ambas partes acordaron someter el asunto al arbitraje del gobierno suizo.

El diplomático A. G. Araújo Jorge, autor de la presentación de los trabajos del barón de Río Branco, afirma que el barón consideraba la disputa con Francia más complicada y difícil que la anterior con Argentina[31].

En la memoria que entregó al gobierno suizo, Rio Branco se refirió al trabajo del naturalista Emílio Goeldi, contratado a finales del siglo XIX como investigador por el gobernador de Pará, Lauro Sodré. Los conocimientos de Goeldi -que era ciudadano suizo- en botánica, zoología y geología fueron importantes en los argumentos del bando brasileño. La investigación de

---

[30] RIO BRANCO, Barão do. *Obras do Barão do Rio Branco II, Questões de Limites Guiana Inglesa Primeira Memória*. Brasilia, Ministerio de Asuntos Exteriores/Fundación Alexander Gusmão, 2012.

[31] RIO BRANCO, Barão do. *Obras do Barão do Rio Branco II, questões de limites Guiana Inglesa Primeira Memória*. Brasilia, Ministerio de Asuntos Exteriores/Fundación Alexander Gusmão, 2012.

otro francés también fue utilizada por el abogado brasileño. Se trataba de Henri Coudreau, profundo conocedor de la geografía de la región, profesor en Cayena y explorador contratado por Lauro Sodré para estudiar los ríos Tapajós y Xingu. En diciembre de 1900, el presidente suizo, Walter Hauser, dio a conocer un veredicto de 800 páginas escrito en alemán, en el que respaldaba plenamente las pretensiones de Brasil, haciendo retroceder a Francia miles de kilómetros en sus pretensiones.

La victoria de Brasil tuvo repercusión mundial. En Río de Janeiro, Ruy Barbosa escribió: "Hoy, literalmente del Amazonas al Río de la Plata, hay un nombre que parece irradiar por todo el círculo del horizonte con brillo infinito; el del hijo del emancipador de los esclavos (el vizconde de Río Branco), duplicando la gloria de su padre con la del reintegrador del territorio nacional."

El sueño francés de un gran departamento de ultramar en el valle septentrional del río Amazonas cayó así ante la competencia de la diplomacia nacional, herencia de la diplomacia portuguesa.

El Amazonas en la visión de Euclides da Cunha

"El Euclides da Cunha preocupado con el futuro brasileño del Amazonas era el mismo Euclides da Cunha en quien el drama de Canudos había despertado el más intenso de los brasileñismos, exigiéndole un empeño constitucionalmente naturalista en el que al "espíritu caboclo" se unían la formación de un ingeniero y la preocupación de un sociólogo."
— **Gilberto Freyre,**
EUCLIDES DA CUNHA, REVELADOR DA REALIDADE BRASILEIRA

En uno de mis viajes al Amazonas como Ministro de Defensa, visité el Pelotón Especial de Frontera de Santa Rosa do Purus, en la remota frontera de Brasil con Perú, en el estado de Acre, y allí me enteré de que a poca distancia aún existía un mojón fronterizo entre Brasil y Perú. El mojón fronterizo entre Brasil y Perú, fijado por Euclides da Cunha en 1905, cuando era jefe de la Comisión Mixta Brasileño-Peruana para el reconocimiento del Alto

Purús, seguía en pie a poca distancia. Recorrí la corta distancia para rendir un sentido homenaje a la memoria de la obra del gran brasileño.

El nombramiento de Euclides había sido iniciativa del barón de Río Branco, ministro de Asuntos Exteriores, que había leído *Os sertões*, publicado en 1902, y esperaba que el genio del autor produjera un libro sobre el Amazonas tan revelador como el que había escrito sobre el drama de Canudos. El Barón imaginaba que Euclides sería capaz de ofrecer a Brasil un retrato del Amazonas y su civilización con la misma densidad e impacto con que describió el sertanejo y el sertão.

Pero Euclides no contaba con la tragedia concentrada que presenció en Canudos, en el Amazonas. En el interior (sertões) de Bahía, el drama se desarrolló en un espacio de pocos kilómetros cuadrados y se presentó entero ante los atentos ojos del escritor. En el Amazonas, el factor humano estaba distribuido por el espacio geográfico continental y oculto en el anonimato de la selva.

El autor de *Os sertões* se dio cuenta de la brutal explotación de los recolectores de caucho y, en uno de sus ensayos en *À margem da História*[32], denunció elocuentemente la esclavitud de los sertanejos, paralela al libelo de Roger Casement, el diplomático, poeta y revolucionario irlandés que expuso al mundo los crímenes cometidos por una compañía inglesa contra los indios de Perú.[33]

Los ensayos que escribió a raíz de su viaje están llenos de patriotismo y de una búsqueda por comprender el contraste entre las posibilidades ilimitadas que permite una naturaleza exuberante y las dificultades que impone la hostilidad de esa misma naturaleza a la presencia y la acción del hombre.

En uno de sus ensayos, titulado *A Transacreana*, traza la ruta del ferrocarril que atravesaría el actual estado de Acre hasta la ciudad de Cruzeiro do Sul, en la frontera con Perú. Desde la Rota dos Bandeirantes, diseñó el enlace entre Tabatinga, en la frontera con Colombia, y Vila Bela da Santíssima Trindade, en Mato Grosso, en la frontera con Bolivia, integrando las cuencas del Río de la Plata y del Amazonas en un recorrido de 1.500 kilómetros. Euclides consideraba que los ríos del Amazonas eran ferrocarriles

---

[32] CUNHA, Euclides. *Obra completa, à margem da História*. Rio de Janeiro. Nova Aguilar. 1995.
[33] IZARRA, Laura P.Z.; BOLFARINE, Mariana (Orgs.). *Diário da Amazônia de Roger Casement*. São Paulo, Edusp, 2016.

naturales que sólo necesitaban obras complementarias que unieran sus cuencas. Sus observaciones sobre el Amazonas están recogidas en el libro de ensayos *À margem da História*[34] y en el informe de la Comisión Brasileña para el Reconocimiento del Alto Purús. Su visión profética de las posibilidades del Amazonas surge cuando afirma que la construcción de una red de ferrocarriles en la región no requeriría recursos del gobierno federal, ya que los medios para el emprendimiento estaban en el propia Amazonas.

Es Gilberto Freyre quien hace honor a "su nacionalismo, o más bien a su brasileñismo: un brasileñismo difícil de separar de su indigenismo". Fue en los "admirables caboclos del norte", por ejemplo, donde vio el futuro del Amazonas brasileño: caboclos capaces de vencer "por el número, por la robustez, por el mejor equilibrio orgánico de aclimatación y en el garbo de no asustarse por los peligros"[35]. La visión de Euclides y las palabras de Gilberto Freyre al respecto siguen siendo pertinentes.

Madeira-Mamoré, el ferrocarril imposible

"Debería haber elegido la goma".
— **Andrew Carnegie**, MAGNATE DEL ACERO, CITADO POR ROSE NEELEMAN Y GARY NEELEMAN EN *TRILHOS DA SELVA*

El coronel de reserva George Earl Church, veterano confederado de la Guerra de Secesión estadounidense, imaginó romper el bloqueo de 19 cascadas del río Madeira que impedían la navegación entre Bolivia y Brasil construyendo un ferrocarril de 366 kilómetros a lo largo del río entre Guajará Mirim, en la frontera boliviana, y Porto Velho.

El coronel Church despertó la admiración y simpatía de D. Pedro II en una reunión con el emperador brasileño en Río de Janeiro, pero acabó siendo contratado por el gobierno boliviano. Los esfuerzos del testarudo militar

---

[34] CUNHA, Euclides. *Obra completa, à margem da História*. Rio de Janeiro. Nova Aguilar. 1995.
[35] IZARRA, Laura P.Z.; BOLFARINE, Mariana (Orgs.). *Diário da Amazônia de Roger Casement*. São Paulo, Edusp, 2016.

duraron de 1867 a 1879, cuando, tras la muerte de miles de obreros e ingenieros, Church consiguió construir unos míseros 7,5 kilómetros de ferrocarril, y luego, abandonado por los inversores, renunció a la empresa.

Tras el fracaso de Church, el caucho y su valor no hicieron más que crecer, y junto con el petróleo y el acero se convirtió en una materia prima esencial para la industria moderna que estaba surgiendo en el mundo. Barcos, locomotoras, máquinas de todo tipo, nada podía hacerse sin caucho, y el proyecto de un enlace ferroviario con Bolivia resurgió a principios del siglo XX.

La epopeya de Madeira-Mamoré ya fue novelada en un libro del escritor amazónico Márcio Souza, *Mad Maria*, pero recibió su relato más completo en *Trilhos na selva, o dia a dia dos trabalhadores da Ferrovia Madeira-Mamoré*[36], del periodista estadounidense Gary Neeleman y su esposa Rose Neeleman, de quienes hablaremos más adelante al tratar de la Guerra del Caucho.

Cuando el clavo de oro[37] llegó a Guajará Mirim en 1912, el Madeira-Mamoré era el único ferrocarril fuera de Estados Unidos construido íntegramente por ingenieros, técnicos y material estadounidenses. Durante la construcción del ferrocarril, Porto Velho conoció dos periódicos publicados en inglés, *The Porto Velho Times* y *The Porto Velho Marconigran*, de los que Rose y Gary encontraron varias ediciones que les permitieron recuperar la vida cotidiana de los trabajadores del ferrocarril.

Madeira-Mamoré estuvo en su apogeo durante un breve periodo tras su inauguración. Percival Farquhar, el empresario constructor, se vio envuelto en acontecimientos que hicieron inviable el ferrocarril, como el bajo costo del caucho de las colonias británicas de Asia y la apertura del Canal de Panamá. La empresa sobrevivió a la Segunda Guerra Mundial, cuando el caucho brasileño acudió en ayuda de los Aliados, pero reanudó su declive hasta su cierre definitivo en 1966. Miles de trabajadores, técnicos e ingenieros estadounidenses y de otros países perdieron la vida en el reto de construir un ferrocarril imposible en un lugar imposible. Queda el recuerdo

---

[36] NEELEMAN, Gary.; NEELEMAN, Rose. *Trilhos na selva, o dia dos trabalhadores da Ferrovia Madeira-Mamoré*. São Paulo, Bei Comunicação, 2011.

[37] El Clavel de Oro es el último clavel instalado para señalar la finalización de una línea ferroviaria, y la expresión quedó marcada por la finalización del ferrocarril transcontinental, que atravesó Estados Unidos, inaugurado en 1869.

de que nada es más grande que la perseverancia y la tenacidad del esfuerzo humano en la persecución de los sueños, aunque al final no resulten ser más que pesadillas.

Rio da Dúvida – Roosevelt va a la selva

"Tumbado bajo la improvisada tienda, Roosevelt se levantó sobre unos brazos temblorosos para presenciar su propio rescate. Lo que vio frente a él fueron dos banderas recortadas contra el cielo azul brillante. Primero el verde, el dorado y el azul de la amada República de Brasil de Rondon. Y luego, ondeando a su lado, las líneas y estrellas que durante tanto tiempo habían guiado la vida del propio Roosevelt, y cuyas promesas aún le animaban."
— **Candice Millard,** O RIO DA DÚVIDA, A SOMBRIA VIAGEM DE THEODORE ROOSEVELT E RONDON PELA AMAZÔNIA

Tras presidir Estados Unidos durante dos mandatos, Theodore Roosevelt fue derrotado en 1913 en su tercer intento de gobernar el país. El alma aventurera de Roosevelt optó por curar el dolor de la derrota electoral con un reto a la altura de su orgullo: una expedición al corazón de la selva amazónica brasileña para explorar el río da Dúvida y determinar si era un afluente del río Madeira o del río Amazonas.

La expedición, patrocinada por el Museo Americano de Historia Natural y el gobierno brasileño, estaba dirigida por el entonces coronel del ejército brasileño Cândido Mariano da Silva Rondon y recibió el nombre de Expedición Científica Rondon-Roosevelt. Hijo de un indio bororo de Mato Grosso y descendiente de bandeirantes paulistas, Rondon conoció el Amazonas como oficial encargado de establecer la red telegráfica en el interior de Brasil.

Roosevelt iba acompañado de su hijo Kermit, su secretario personal y un pequeño equipo de naturalistas. El grupo partió de Cáceres, Mato Grosso, en diciembre de 1913 y llegó al río Dúvida a finales de febrero de 1914. Gustavo, un ingeniero de 24 años licenciado en Harvard, estaba en Brasil trabajando en la construcción de un ferrocarril cuando se unió a la delegación de su padre.

Roosevelt dejó unas memorias sobre la expedición, *Nas selvas do Brasil* (*Through the brazilian wilderness*), diario de su aventura. Publicado por el Servicio de Información Agrícola del Ministerio de Agricultura, el libro está dedicado por Roosevelt al ministro brasileño de Asuntos Exteriores, Lauro Muller, al coronel Rondon y está ilustrado con fotografías de Kermit y un mapa completo de la expedición.

Larry Rother, periodista estadounidense que fue corresponsal del *New York Times* en Brasil, ha escrito una biografía definitiva de Marshal Rondon en la que describe las desventuras de la expedición de Roosevelt. Sin embargo, el relato más completo de la inmersión del ex presidente estadounidense en el Amazonas brasileño es el libro de Candice Millard, ex editora de la revista *National Geographic*, *O Rio da Dúvida, a sombria viagem de Theodore Roosevelt e Rondon pela Amazônia*[38].

Candice reunió documentos y cartas en posesión de familiares de Roosevelt para pintar un cuadro dramático del viaje. Atacado por la malaria, Roosevelt agonizó durante días y él mismo estaba convencido de que no sobreviviría a las duras pruebas del viaje. Por algún milagro, logró sobrevivir. El río da Dúvida recibió el nombre de río Roosevelt en su honor, y la Tierra Indígena de Cinta Larga, en el municipio de Espigão do Oeste, en Rondônia, también se llama Reserva Roosevelt. Gustavo, por su parte, también tiene otro río amazónico que lleva su nombre. Al final, el misterio quedó resuelto: el río da Dúvida era un afluente del Madeira y no del Amazonas.

Fordlandia, sueño y pesadilla americano en la selva

"Cuando Rogge escuchó a un grupo de jornaleros borrachos cantar 'Brasil para los brasileños. Matar a todos los americanos' decidió que era hora de irse. Ordenó a sus hombres que se dirigieran al remolcador, pero David Riker, que acababa de regresar de Acre, y Archie Weeks quedaron aislados de la ruta

---

[38] MILLARD, Candice. O Rio da Dúvida, A sombria viagem de Theodore Roosevelt e Rondon pela Amazônia. São Paulo. Companhia das Letras. 2007.

de escape. Huyendo a la selva, se escondieron durante dos días mientras continuaban los disturbios".
— **Greg Grandin,** FORDLÂNDIA, ASCENSÃO E QUEDA DA CIDADE ESQUECIDA DE HENRY FORD NA SELVA

En julio de 1925, Henry Ford, propietario de la Ford Motors Company, y Harvey Firestone, fundador de la Firestone Tire Rubber Company, se reunieron para almorzar en casa de Ford en Michigan, donde discutieron cómo hacer frente al cártel británico del caucho propuesto por Winston Churchill[39].

Ford ocupaba el 50% del prometedor mercado automovilístico estadounidense y su popular Modelo T había alcanzado la asombrosa cifra de dos millones de unidades vendidas en 1921. Firestone pasaría a formar parte de un selecto grupo de fabricantes de neumáticos y estaba indignado con Churchill que, como Secretario de Estado para las Colonias, había ordenado reducir la producción de caucho en las colonias británicas para mantener el precio del producto en el mercado. Churchill, por supuesto, fue acusado en Estados Unidos de ser un archienemigo imperialista y proteccionista, y su plan fue calificado de "asalto" por el congresista Cordell Hull, futuro Secretario de Estado del Presidente Franklin Delano Roosevelt.

En 1926, Ford y Firestone volvieron a almorzar juntos, esta vez en Washington. Después de comer, Ford dijo a su secretario personal, Ernest Liebold, que averiguara "el mejor lugar del mundo para cultivar caucho"[40].

Liebold leyó todo lo que pudo encontrar sobre el caucho y sus posibilidades en África y Brasil, incluidos los informes de los agregados comerciales en Brasil, pero le impresionó especialmente un pasaje del libro del ex presidente Theodore Roosevelt *Through the brazilian wilderness* traducido al portugués como *Nas selvas do Brasil*,[41] sobre su aventura en los bosques del Amazonas brasileño.

Aunque Roosevelt se ocupó superficialmente de la economía del caucho, señaló que la serie de cascadas que encontró hasta las fuentes del Tapajós constituían "una fuerza motriz casi ilimitada para populosas comunidades

---

[39] GRANDIN, Greg. *Fordlândia, ascensão e queda da cidade esquecida de Henry Ford na selva.* Rio de Janeiro, Rocco, 2010.

[40] GRANDIN, Greg. *Fordlândia, ascensão e queda da cidade esquecida de Henry Ford na selva.* Rio de Janeiro, Rocco, 2010.

[41] ROOSEVELT, Theodore. Nas selvas do Brasil. 2ª ed. Servicio de Información Agrícola del Ministerio de Agricultura. Río de Janeiro, 1948.

manufactureras". Y profetizó una "gran civilización industrial" apoyada por empresarios astutos y una red de telégrafos y ferrocarriles que colonizarían la región. El testimonio de Roosevelt debió de impresionar a Liebold y esto agudizó la visión aventurera del empresario Ford.

Toda la historia puede encontrarse en el precioso libro *Auge y caída de la olvidada ciudad de Henry Ford en la selva*, del profesor de la Universidad de Nueva York Greg Grandin, un ensayo sobre la ambición y la ingenuidad del sueño americano destruido por la implacable hostilidad de las fuerzas de la naturaleza[42].

En 1927, el gobierno de Pará concedió a Henry Ford un millón de hectáreas para establecer su proyecto de plantación de caucho cerca de Santarém, a orillas del río Tapajós. Fordlândia fue concebida y organizada como una ciudad americana, con agua tratada, electricidad, escuelas, un hospital y villas residenciales, pero los administradores negaron al obispo de Pará la construcción de una iglesia católica en el lugar, permitiendo sólo la celebración ocasional de misa.

Grandin hizo un trabajo meticuloso, visitando Pará más de una vez, entrevistando a supervivientes de la experiencia, lo que confiere a su relato el rigor de la investigación académica y la ligereza del reportaje.

Ford era un nombre admirado en todo el mundo y en Brasil, traducido por Monteiro Lobato y defendiendo la tesis de que el salario de sus trabajadores debía permitirles comprar los coches que fabricaba. Promovió ajustes salariales que escandalizaron al diario financiero *Wall Street Journal*, que lo tachó de "traidor a la clase empresarial".

Pero en Fordlândia, los directivos adoptaron una dieta a base de avena, melocotones, pan integral, hamburguesas y otras excentricidades del paladar estadounidense que era incompatible con la dieta de los nordestinos y caboclos que trabajaban en la empresa. A ello se sumaba la dura disciplina *yanqui* y la precariedad de los dormitorios y restaurantes. El resultado fue una revuelta. En diciembre de 1930, los trabajadores destruyeron las instalaciones al grito de "Brasil para los brasileños y matad a todos los americanos", según el relato de Grandin.

Grandin relaciona la revuelta obrera con la revolución victoriosa liderada por Getúlio Vargas en 1930, y cuando éste visitó Fordlândia tiempo

---

[42] GRANDIN, Greg. Fordlândia, ascensão e queda da cidade esquecida de Henry Ford na selva. Rio de Janeiro, Rocco, 2010.

después, los trabajadores pidieron que se apagara el motor del coche para que el caudillo gaucho pudiera recorrer los 16 kilómetros de la ruta en su coche empujado por los trabajadores.

A Vargas le gustó lo que vio y elogió el hospital, la clínica dental y las escuelas que proporcionaban libros, lápices y uniformes gratuitos a los niños. Cuando terminó la guerra y murió Henry Ford, sus herederos decidieron vender Fordlândia al gobierno brasileño a cambio de una indemnización simbólica y la nacionalización de las deudas laborales.

A día de hoy, los visitantes pueden contemplar las ruinas de la osadía estadounidense rodeados por el bosque triunfante, orgulloso y exuberante.

La guerra del caucho

"De hecho, en esta investigación tuvimos que creer que los miles de soldados caucheros que murieron en la selva durante esos cuatro años de fiebre amarilla, malaria, dengue, beriberi y docenas de otros problemas de la selva pueden haber sido el mayor sacrificio de cualquier país aparte de Estados Unidos, Gran Bretaña y Francia por la victoria de los aliados en la Segunda Guerra Mundial.

Este inesperado grupo de 55.000 hombres fue el único responsable de extraer miles de toneladas de caucho, un caucho desesperadamente necesario para los esfuerzos de los Aliados, que pagaron un alto precio sin una compensación justa. Aunque Brasil perdió 457 soldados de los 25.000 que fueron enviados a Italia por la Fuerza Expedicionaria Brasileña (FEB) para luchar junto a los Aliados, miles más murieron en los bosques del Amazonas en el esfuerzo por extraer la cantidad de látex necesaria."

— **Gary Neeleman e Rose Neeleman,** SOLDADOS DA BORRACHA, O EXÉRCITO ESQUECIDO QUE SALVOU A SEGUNDA GUERRA MUNDIAL

Tras el ascenso de Hitler al poder en Alemania (1933), el gobierno estadounidense tuvo la certeza de que el mundo se encaminaba hacia la guerra.

Las acciones del movimiento pacifista en Estados Unidos y Europa ralentizaron los preparativos de los futuros Aliados para la confrontación, al tiempo que estimulaban la agresión nazi en Europa.

Franklin Delano Roosevelt, el estadista que gobernó Estados Unidos durante cuatro mandatos, anticipó las iniciativas y proyectó alianzas para la confrontación que se avecinaba, incluida una visita a Brasil y Argentina en noviembre de 1936. Las conversaciones entre el presidente brasileño Getúlio Vargas y Roosevelt se centraron en la situación mundial, ya convulsa por los vientos de la guerra que se avecinaba.

Roosevelt desembarcó del barco que le trajo a Río de Janeiro, saludado por un grupo de escolares que entonaron el himno de Estados Unidos y fue recibido por una multitud en las calles de Río de Janeiro.

El segundo movimiento fue la misión del comandante de las Fuerzas Aéreas de Estados Unidos, el mayor Delos C. Emmons, a Brasil. La guerra ya había comenzado en Europa y los estrategas estadounidenses sabían que el espacio aéreo europeo quedaría bloqueado por la aviación alemana, lo que dejaba a los Aliados la única alternativa. La única alternativa para los Aliados era una base aérea en el nordeste de Brasil para apoyar las operaciones en África y Asia, y contra una posible invasión alemana de Sudamérica.

El comandante Delos sobrevoló toda la costa noreste y eligió Natal como punto más estratégico para lo que resultó ser "la base aérea más concurrida del mundo durante la guerra, con aviones estadounidenses y británicos despegando y aterrizando cada tres minutos".[43], según relatan los periodistas e historiadores Gary Neeleman y Rose Neeleman en su hermoso libro *Soldados da borracha, o exército esquecido que salvou a Segunda Guerra Mundial*.

Gary Neeleman tenía 20 años cuando llegó a Brasil como misionero de la Iglesia de Jesucristo de los Santos de los Últimos Días. Regresó a Estados Unidos en 1957, se casó con su compañera de universidad Rose Neeleman, se licenció en Bellas Artes por la Universidad de Utah y volvió a Brasil como corresponsal de United Press International (UPI). Permaneció aquí hasta 1965, cubrió el golpe cívico-militar de 1964 y fue galardonado por los periodistas brasileños por su relato independiente del episodio. Rose Neeleman también estudió Bellas Artes y escribió *A Taste of Brazil*, un libro de cocina brasileña, y junto con Gary es autora de *Soldados da borracha*; *Trilhos na selva* y *Barras sob o Cruzeiro do Sul*, una crónica de las familias confederadas que emigraron a Brasil durante la Guerra de Secesión de Estados Unidos en la segunda mitad del siglo XIX.

---

45 NEELEMAN, Gary.; NEELEMAN, Rose. *Soldados da borracha, o exército esquecido que salvou a Segunda Guerra Mundial*. Porto Alegre, Epicuro, 2015.

El tercer movimiento de Roosevelt con Vargas implicaba una cuestión decisiva para los Aliados: el suministro de caucho para el esfuerzo bélico. No había guerra sin petróleo, acero y caucho.

Los Neeleman ofrecen detalles sobre la importancia del caucho en su libro. "Los tanques Sherman tienen 20 toneladas de acero y media tonelada de caucho. En un camión Dodge hay aproximadamente 225 kilos de caucho. Hay casi una tonelada de goma en un bombardero pesado. Cada acorazado hundido en Pearl Harbor tenía más de 20.000 piezas de goma. Cada barco, cada válvula y junta, cada neumático de cada camión y avión tenía caucho. Cada centímetro de cable en cada fábrica, hogar y oficina de Estados Unidos está envuelto en caucho. Cintas transportadoras, piezas hidráulicas, botes hinchables, máscaras antigás, todo está hecho de caucho".[44]

Aproximadamente el 95% del caucho mundial procedía de las colonias británicas de Asia, de las que se apoderó Japón al comienzo de la guerra. Sólo había un país en el mundo que podía sustituir a Asia en el suministro de caucho a los Aliados, y era Brasil.

Vargas valoró la posición estratégica de Brasil y negoció, a cambio del caucho y de la base aérea de Natal, un fondo de 100 millones de dólares, aproximadamente 1.500 millones de dólares en términos actuales, para la creación de la Siderúrgica de Volta Redonda y otros cinco millones de dólares para financiar el ejército de 55.000 soldados caucheros enviados a la Amazonia. Y Estados Unidos hizo con Brasil lo que nunca antes había hecho con ningún otro país: financiar la industrialización de otra nación, en contra de toda la geopolítica de la gran nación norteamericana.

Los 55.000 soldados caucheros fueron reclutados entre los sertanejos del Nordeste con el mismo estatuto de combatientes que los 25.000 infantes de marina que componían la Fuerza Expedicionaria Brasileña (FEB). Lo que distingue fundamentalmente a los dos contingentes es que, mientras que la FEB perdió 457 combatientes, las bajas entre los sertanejos fueron de aproximadamente 25.000 hombres, lo que, en opinión de Neeleman, supuso "el mayor sacrificio de un país distinto de Estados Unidos, Gran Bretaña y Francia por la victoria de los aliados en la Segunda Guerra Mundial". Los autores cometieron un claro error al no contabilizar los millones de soviéticos muertos en el conflicto como pérdidas aliadas.

---

44   NEELEMAN, Gary.; NEELEMAN, Rose. *Soldados da borracha, o exército esquecido que salvou a Segunda Guerra Mundial*. Porto Alegre, Epicuro, 2015.

Brasil les debe a esos héroes el reconocimiento como combatientes de pleno derecho, a los que cayeron y a los que sobrevivieron, cuyos descendientes son los caboclos y ribereños contemporáneos perseguidos por las ONG internacionales, el Ministerio Público, el Ibama y la Policía Federal en los valles perdidos de los ríos amazónicos.

En una conversación con un antiguo defensor público del Amazonas, oí que muchos de los supervivientes de los soldados del caucho se casaron con mujeres indias y tuvieron hijos que nunca visitaron las ciudades hasta que sus tierras fueron demarcadas como áreas indígenas o como unidades de conservación, y fueron expulsados de ellas sin ningún derecho material, espiritual o de memoria, desheredados y repudiados en su propia patria.

El Amazonas persigue a John dos Passos

"Cuando la gente me pregunta por qué sigo queriendo ir a Brasil, parte de la respuesta es porque el país es tan vasto, tan virgen y a veces tan increíblemente bello, pero sobre todo porque me resulta fácil relacionarme con la gente".
— **John dos Passos,** O BRASIL EM MOVIMENTO

John dos Passos formó parte de una generación de escritores estadounidenses reconocidos por las notables obras que produjeron, el compromiso político de algunos y el estilo de vida cosmopolita de todos. Ernest Hemingway, John Steinbeck, Lillian Hellman, Ezra Pound, Gertrud Stein y el propio John dos Passos vivieron entre Estados Unidos y Europa, cuando el destino del mundo era discutido más por intelectuales en los cafés de París que por diplomáticos. Passos fue voluntario en la Primera Guerra Mundial y Hemingway luchó del lado de los republicanos en España. Eran amigos y luego rompieron por motivos políticos.

En tres ocasiones diferentes, John dos Passos visitó Brasil como periodista: en 1948, 1958 y 1962. Varios de sus libros han sido traducidos al portugués, pero uno de ellos, *O Brasil em movimento*[45], traza un perfil a la vez ingenuo, crítico y optimista del país que le encantó por la exuberancia y generosidad de sus gentes.

Publicado en 1963, el libro y su autor fueron elogiados por *The New York Times* - "John dos Passos es apasionado y tiene un ojo y un oído perfectos para traducir los detalles y los sentimientos que conmueven al país"- y, aunque el objetivo era presentar un Brasil desconocido para la mayoría de los estadounidenses, el libro reveló la visión de un extranjero entusiasta de los propios brasileños.

Acompañado por su mujer y su hija, Passos inició su viaje al Amazonas en Iquitos (Perú), donde tomó un hidroavión hasta Manaos, con suficientes escalas en pueblos y comunidades perdidas de ribereños y pescadores para ofrecer al viajero su primer gran impacto visual de la sorprendente y grandiosa naturaleza. Mientras el Catalina[46] se mecía en las aguas y las nubes del Amazonas, el escritor recogía las primeras impresiones de su aventura en la selva.

Le impresionaron las historias que escuchó sobre la época dorada del caucho, cuando Manaos era una de las ciudades más ricas del mundo, y resumió esta constatación en una frase: "Manaos está tan impregnada del siglo XIX como un cuento de Julio Verne". Su aire es denso con exhalaciones verdes de la selva tropical".

En el bar y el patio del Hotel Amazonas, escuchó las animadas conversaciones sobre el futuro de la región. Eran agrónomos, ingenieros, empresarios, aventureros y todos los tipos humanos que pueden encontrarse en tierras que reúnen el misterio, la promesa de riqueza y una invitación a la aventura.

Oyó y grabó voces que hablaban de "una lista de minerales y sus ubicaciones: oro, níquel, hematites, manganeso, estaño, bauxita, tungsteno". Las empresas fomentan el cultivo de nueces de Brasil, palmeras y otros árboles que producen aceites vegetales. Se dice que hay 119 variedades que pueden explotarse"[47]

Siguiendo con el tema de las conversaciones en el hotel, escribía: "Los agrónomos se entusiasman con los primeros rumores de una revolución

---

[45] PASSOS, John dos. *O Brasil em movimento*. São Paulo, Saraiva, 2013.
[46] Hidroavión bimotor utilizado durante la Segunda Guerra Mundial para misiones de vigilancia aérea y posteriormente adoptado para uso civil como avión de pasajeros.
[47] PASSOS, John dos. *O Brasil em movimento*. São Paulo, Saraiva, 2013.

técnica en la producción de abonos adecuados a las condiciones especiales de la selva tropical." Y se pregunta: "¿Por qué no trasladar el excedente de población del árido noreste al Amazonas? Con un cultivo adecuado y salud pública, el rincón más pequeño de Amazonas podría mantener un número de habitantes igual a la población actual de todo el país."

John dos Passos se adentra en las leyendas del Amazonas, desde el robo de árboles de caucho por el agente británico Henry Wickham hasta el fracaso de Henry Ford en su intento de crear un imperio en la selva.

Finalmente, abandonó el Amazonas fuertemente impresionado por la grandiosidad de los paisajes que había presenciado, que resumió en una frase: "Excluyendo la Antártida, es la mayor extensión de tierra del mundo que la raza humana ha dejado sin ocupar".[48]

Araújo Castro y la congelación del poder mundial

"Ningún país escapa a su destino y, por suerte o por desgracia, Brasil está condenado a la grandeza. Está condenada a ello por varias razones: su extensión territorial, su masa demográfica, su composición étnica, su organización social y económica y, sobre todo, su afán desenfrenado de progreso y desarrollo. Las soluciones mediocres y pequeñas no son adecuadas ni interesantes para Brasil. Tenemos que pensar en ello simplemente porque Brasil, incluso si lo aceptáramos, no sería viable como país pequeño, ni siquiera como país mediano. O aceptamos nuestro destino como país grande, libre y generoso, sin resentimientos ni prejuicios, o corremos el riesgo de permanecer al margen de la historia, como pueblo y como nacionalidad."

— **Embajador Araújo Castro,**
O CONGELAMENTO DO PODER MUNDIAL, PRESENTACIÓN A LOS ALUMNOS DE LA ESCUELA SUPERIOR DE GUERRA, JUNIO DE 1971

---

[48] Ibid.

La carrera del Embajador João Augusto de Araújo Castro destaca como uno de los capítulos sublimes de la diplomacia brasileña, al reunir las cualidades superiores de patriota y diplomático en sombrías circunstancias de la geopolítica mundial.

Primero fue Canciller del Gobierno de João Goulart y en diciembre de 1963 pronunció el discurso inaugural de la Asamblea General de las Naciones Unidas, que ha pasado a la historia como el "Discurso de las Tres D", en el que proponía la descolonización, el desarrollo y el desarme como camino hacia la paz y "la redención de toda la humanidad", que se lograría destinando el 1% del gasto militar mundial a acciones de lucha contra la pobreza. El discurso siguió siendo una plataforma para el multilateralismo y la condena de las ambiciones hegemónicas de las superpotencias.

El segundo momento fue en 1971, durante el gobierno militar, cuando el embajador brasileño en Estados Unidos habló a los alumnos de la Escola Superior de Guerra sobre "la congelación del poder mundial".

"Brasil ha intentado caracterizar lo que ahora emerge claramente como una tendencia firme y no disimulada hacia la congelación del Poder Mundial. Y cuando hablamos de Poder, no sólo nos referimos al Poder Militar, sino también al Poder Político, al Poder Económico, al Poder Científico y al Poder Tecnológico".[49] La frase tiene la fuerza de una profecía, por su actualidad y el vigor con que expresa la encrucijada geopolítica y diplomática de Brasil en la actualidad.

El tercer momento fue encabezar la delegación brasileña en la Conferencia de las Naciones Unidas sobre el Medio Ambiente Humano, celebrada en Estocolmo (Suecia) en 1972, la primera gran reunión de jefes de Estado organizada por las Naciones Unidas para tratar del medio ambiente.

Las actividades preparatorias de la Conferencia abrieron una profunda división sobre la agenda a cumplir, con los países ricos, liderados por Estados Unidos y Europa Occidental, de un lado, y los pequeños y medianos países en desarrollo, liderados por Brasil, del otro.

El diplomático e historiador João Augusto Costa Vargas, en el libro que escribió sobre Araújo Castro[50], relata este enfrentamiento a partir del debate en la ONU sobre la adopción del TNP (Tratado de No Proliferación de

---

[49] CASTRO, J.A. de Araújo. *O congelamento do poder mundial*. Brasilia, Senado Federal.
[50] VARGAS, João Augusto Costa. *Um mundo que também é nosso, o pensamento e a trajetória diplomática de Araújo Castro*. Brasília, Fundação Alexandre de Gusmão, 2013.

Armas Nucleares). El TNP fue un paso decisivo, según Araújo Castro, en la política de congelación del poder mundial: "El Tratado es una limitación a la soberanía de algunos Estados, no una limitación real a las armas. Las armas nucleares se consideran válidas e inofensivas, siempre que permanezcan en manos de naciones responsables, adultas y poderosas".[51].

Vargas señala en su libro que "en sus telegramas, Castro señalaba las implicaciones para Brasil del surgimiento de nuevos regímenes internacionales sobre recursos naturales (...). Consideraba que la promoción de normas sobre protección del medio ambiente y control de la natalidad era un intento de obstaculizar la industrialización y el crecimiento económico de los países en desarrollo", en una anticipación visionaria de nuestras actuales limitaciones[52].

Bajo el liderazgo de Araújo Castro, Brasil movilizó a un grupo de diplomáticos preparados y fieros, entre ellos Miguel Ozório de Almeida, uno de los fundadores de la diplomacia económica brasileña y miembro histórico de Itamaraty. Los discursos de Ozorio contra la visión neomalthusiana de estadounidenses y europeos en vísperas de la Conferencia son antológicos.

El diplomático André Aranha Corrêa do Lago transcribió extractos de estos discursos en las reuniones preparatorias de la Conferencia en su libro *Stockholm, Rio, Johannesburg - Brazil and the three United Nations environmental* conferences[53].

Corrêa do Lago destaca la "ironía y valentía" con que Miguel Ozório se enfrenta a las tesis preservacionistas: "¿Para quién -o en base a qué criterios- debe considerarse el medio ambiente como saludable, agradable o deseable? Si se trata de una anaconda, entonces el mundo debe ser un bosque húmedo; si se trata de un dromedario, entonces la destrucción de bosques y la creación de desiertos se estaría produciendo con excesiva lentitud; si se trata de la raza humana, entonces hay un exceso de desiertos y bosques (...). En resumen, el entorno en cuestión debe considerarse desde un punto de vista "subjetivo" y el "sujeto" debe ser el "hombre".

Maurice Strong, el millonario del petróleo convertido al ecologismo y nombrado secretario general de la Conferencia, diría años después: "Cuando

---

[51] VARGAS, João Augusto Costa. *Um mundo que também é nosso, o pensamento e a trajetória diplomática de Araújo Castro.* Brasília, Fundação Alexandre de Gusmão, 2013.

[52] VARGAS, João Augusto Costa. *Um mundo que também é nosso, o pensamento e a trajetória diplomática de Araújo Castro.* Brasília, Fundação Alexandre de Gusmão, 2013.

[53] LAGO, André Aranha Corrêa. *Estocolmo, Rio, Joanesburgo – O Brasil e as três conferências ambientais das Nações Unidas.* Brasilia. Fundação Alexandre de Gusmão, 2006.

me convertí en secretario general de la Conferencia (...) hubo un fuerte movimiento por parte de los países en desarrollo, liderados por Brasil, para boicotear la Conferencia."[54] La tesis de Strong es rebatida por Correia do Lago, que defiende la idea de que Brasil y los países en desarrollo simplemente querían que se tuvieran en cuenta sus preocupaciones.

El embajador estadounidense en los prolegómenos del evento, Patrick Moynihan, que mantuvo un duro enfrentamiento con Ozório y llegó a convertirse en un influyente senador de su país, y el propio Strong, aceptaron la tesis brasileña de combinar el debate sobre el medio ambiente con el derecho al desarrollo como única forma de evitar el aislamiento en el encuentro. El propio Departamento de Estado reconoció la victoria diplomática de Brasil: "Lo que hasta ahora era un sentimiento de apatía por parte de la mayoría de los PMDER (Países de Menor Desarrollo Económico Relativo) hacia la Conferencia y la cuestión del medio ambiente en su conjunto está evolucionando claramente hacia una sólida oposición a la implicación de la ONU en el medio ambiente. Esto se basa en la premisa de que es una distracción por parte de los PD (Países Desarrollados) de lo que los PMDER consideran la única actividad válida de la ONU en el ámbito económico y social, a saber, la ayuda al desarrollo de los PMDER. Esa posición, que hasta hace unos meses se limitaba básicamente a Brasil y Chile, está ganando adeptos rápidamente".[55]

Araújo escribió una de las páginas más luminosas de la historia de nuestra diplomacia. Murió prematuramente a los 56 años, en 1975. El telegrama del Ministro de Asuntos Exteriores, Azeredo da Silveira, a su viuda Myriam de Araújo Castro, refleja en cierta medida este reconocimiento: "Hubo muchos momentos críticos en los que esta casa dependió de la inteligencia, el talento y el patriotismo de João Augusto de Araújo Castro."

Este es un momento crítico para recordar la relevancia del pensamiento y la obra de Araújo Castro.

---

54   LAGO, André Aranha Corrêa. *Estocolmo, Rio, Joanesburgo – O Brasil e as três conferências ambientais das Nações Unidas.* Brasilia. Fundação Alexandre de Gusmão, 2006.

55   VARGAS, João Augusto Costa. Um mundo que também é nosso, o pensamento e a trajetória diplomática de Araújo Castro. Brasília, Fund. Alexandre de Gusmão, 2013.

Kamala Harris anuncia la guerra del futuro, la guerra por el agua

"The Body of the Nation
But the basin of the Mississippi is the BODY OF THE NATION. *All the Other parts are but members, importants themselves, yet more importants in their relations to this. Exclusive of the Lake basin and of tant in their relations to this. Exclusive of the Lake basin and of 300,000 square miles in Texas and New Mexico, which in many aspects form a part of it, this basin contains about 1,250,000 square miles. In extent it is the second great valley of the world, being exceeded only by that of the Amazon. The valley of the frozen Obi approaches it in extent; that a of the la Plata comes next in space, and probably in habilitable capacity, having about eight-ninths of its area; then comes that of the Yenisei, with about seven-ninths; the Lena Amoor, Hoang-ho, Yang-tse-kiang, and Nile, five-ninths; the Ganges less than one-half; the Indus, less than one-third; the Euphrates, one fifth; the Rhine, one-fifteenth. It exceeds in extent the Whole of Europe, exclusive of Russia, Norway, and Sweden. It would contain Austria four times, Germany or Spain five times, France six times, the British Islands or Italy ten times. Conceptions formed from the river-basins of Western Europe are rudely schocked when we consider the extent of the valley of the Mississippi; nor are those formed from the esterile basins of the great rivers of Siberia, the lofty plateaus of Central Asia, or the mighty sweep of the swampy Amazon more adequate. Latitude, elevation, and the rainfall all combine to render Every part of the Mississippi Valley capable of supporting a dense population. As a dwlling-place for civilized man it is by far the first upon our globe."*
— **Editor's Table,** HARPER'S MAGAZINE, FEBRUARY, 1863

"El Cuerpo de la Nación
Pero la cuenca del Mississippi es el CUERPO DE LA NACIÓN. *Todas las demás partes son sólo miembros, importantes por derecho propio, pero más importantes por su relación con ella. Excluyendo la cuenca del lago y unas 300.000 millas cuadradas en Texas y Nuevo México, que en muchos sentidos forman parte de ella, esta cuenca contiene alrededor de 1.250.000 millas cuadradas. En longitud, es el segundo valle más grande del mundo,*

sólo superado por el Amazonas. El valle del Obi congelado le sigue en longitud; el Prata le sigue en espacio y probablemente en capacidad habitable, con unos ocho novenos de su superficie; le siguen el Yenisei, con unos siete novenos; el Lena, el Amur, el Hoang-ho, el Yangtze-kiang y el Nilo, cinco novenos; el Ganges, menos de la mitad; el Indo, menos de un tercio; el Éufrates, un quinto; el Reno, un decimoquinto. Se extiende por toda Europa, excluidos Rusia, Noruega y Suecia. Contendría cuatro veces a Austria, cinco a Alemania o España, seis a Francia y diez a las Islas Británicas o Italia. Los conceptos formados a partir de las cuencas fluviales de Europa Occidental se tambalean bruscamente cuando consideramos la extensión del valle del Mississippi; tampoco son más adecuados los formados a partir de las áridas cuencas de los grandes ríos de Siberia, las altas mesetas de Asia Central o la poderosa extensión del pantanoso Amazonas. La latitud, la altitud y la pluviosidad se combinan para hacer que cada parte del valle del Misisipi sea capaz de mantener una población densa. Como lugar de residencia del hombre civilizado, es con mucho el primero de nuestro globo.
Editor, Harper's Magazine, Fevereiro de 1863".
— **Presentación del editor de *Harper's Magazine***
PARA EL LIBRO DE MARK TWAIN, *LIFE ON THE MISSISSIPPI*, EN 1863

MARK TWAIN es considerado el mayor escritor de Estados Unidos, y William Faulkner lo tenía como el padre de la literatura estadounidense, pero cuando escribió su obra en honor al Mississippi, no imaginaba que algún día las aguas del gran río estarían en las fronteras tumultuosas del lucro y la guerra.

En un acto celebrado en Oakland (California) en 2021, la vicepresidenta de Estados Unidos, Kamala Harris, profetizó para América y el mundo la guerra del futuro: la guerra por el agua. La mandataria estadounidense anunció que "durante años y generaciones, las guerras se han librado por el petróleo. En muy poco tiempo serán por el agua", dijo. Un poco antes, en diciembre de 2020, la Bolsa de Nueva York listó en silencio una nueva materia prima para negociar en sus ofertas públicas, tan valiosa como el oro o el petróleo: el agua.

En 2023, la ONU celebró una conferencia sobre el agua en Nueva York, y las predicciones fueron que la escasez de agua podría de hecho desencadenar conflictos en todo el mundo, y según la organización, quien controle el agua controlará una parte importante del poder mundial.

Según datos de la ONU, el 73% del consumo mundial de agua se destina a la agricultura, el 21% a la industria y sólo el 6% al consumo doméstico. La ONU calcula que si hay escasez de agua, habrá escasez de alimentos en el mundo. La escasez de agua ya se considera grave en zonas críticas para la seguridad alimentaria, como la llanura del norte de China, el Punjab indio y las Grandes Llanuras de Estados Unidos.

¿Y cuál es la solución de la ONU? Que el agua se considere un bien común de la humanidad, así como la biodiversidad y los recursos naturales que ya no existen en las naciones desarrolladas. La tecnología de los microprocesadores, el 5G, las vacunas, la industria farmacéutica, las semillas de soja, maíz y uva seguirían protegidas por secretos industriales exclusivos y el cobro de royalties y patentes.

La guerra por el petróleo fue la guerra de los países consumidores contra los países con reservas de petróleo. ¿Cómo será la esperada guerra del agua de Kamala Harris? ¿Quién necesitará agua en el mundo? ¿Quién posee importantes reservas de agua en el mundo? Brasil posee las mayores reservas de agua dulce, el 20% de todo el caudal de agua dulce del planeta y el mayor acuífero, el Alter do Chão, que se extiende por una superficie de 410.000 kilómetros cuadrados en los estados de Amapá, Pará y Amazonas. En época de lluvias, el Amazonas acumula 350 kilómetros cuadrados de agua dulce superficial, una superficie mayor que la de Italia, Alemania o Inglaterra.

La profecía del vicepresidente estadounidense y la visión de la ONU obligan a Brasil a intensificar su vigilancia diplomática y a tener más cuidado en el área de defensa si quiere proteger el Amazonas de las ambiciones del presente y del futuro.

El Amazonas, anatomía del crimen

"El individuo que Dios ha elegido para el gobierno de sus criaturas y de sus siervos está obligado a defender a sus súbditos contra sus posibles enemigos, a conjurar los peligros que puedan amenazarlos y a aplicar leyes coercitivas que impidan a unos atacar a otros. Les deben la

protección de sus bienes; la seguridad de los viajeros y la orientación de los hombres hacia lo que más les conviene."
— **Ibn Khaldun,** 1332-1406, os prolegômenos

Sólo los delitos contra el medio ambiente -la deforestación clandestina y las quemas ilegales- han puesto al Amazonas en las noticias nacionales e internacionales. Pero la delincuencia en la región ya ha llamado la atención de la Organización de las Naciones Unidas (onu) en su Informe Mundial sobre las Drogas 2023. En él se señalaba la expansión de las actividades del narcotráfico al acaparamiento de tierras, la minería ilegal, la tala de árboles y la deforestación[56].

El secretario de Justicia y Seguridad Pública de Amapá, Carlos Souza, coronel de la Policía Militar, anunció que en 2019 había siete facciones criminales operando en el estado, con vínculos nacionales, regionales o locales.[57] Amapá tiene el doble de muertes violentas que la media nacional; el 70% de su población depende de programas de transferencia de efectivo para sobrevivir, casi toda la actividad económica está prohibida por la legislación medioambiental y la demarcación de unidades de conservación y tierras indígenas y otras restricciones que inmovilizan más del 90% del territorio del estado para cualquier actividad económica. No sólo eso, sino que en una acción en la que estaba implicada una ong financiada desde el extranjero, el Ministerio Público y el Ibama acabaron prohibiendo la apertura de un pozo experimental de prospección petrolífera frente a sus costas.

La delincuencia en el Amazonas está relacionada con una serie de razones que hay que eliminar o no habrá una solución duradera al problema. Las razones están relacionadas con la ausencia, fragilidad y errores del Estado nacional en la región, y su sustitución por el "gobierno" paralelo de las ong bajo la mirada complaciente y a veces cómplice de los organismos gubernamentales.

El Estado es impotente para supervisar las vastas zonas bajo su jurisdicción, ya sean unidades de conservación o tierras indígenas, y malgasta gran parte de sus recursos persiguiendo a agricultores y empresarios sometidos al asedio de normativas que bloquean la actividad económica.

---

56   Periódico *O Globo*, 28/06/2023.

57   Periódico *Diário do Amapá*, 07/01/2019.

La falta de regularización catastral reduce la propiedad rural en la región a una zona intermedia entre la legalidad y la ilegalidad, ya que aunque la propiedad es legítima, no siempre se reconoce porque no es regular. Las ONG se oponen ferozmente a la regularización porque consolida la ocupación demográfica, contrariamente a la doctrina de la desantropización adoptada por los agentes neomalthusianos.

La demarcación de nuevas unidades de conservación y tierras indígenas sobre zonas ya ocupadas por ribereños y agricultores fomenta un grave problema social para la supervivencia de los condenados a abandonar sus tierras y hogares o a convivir con el anatema de ocupantes ilegales de zonas públicas.

El cerco a la actividad económica empuja a los jóvenes a la delincuencia basándose en el razonamiento de que, como todo es "ilegal", da igual que la ilegalidad esté vinculada a una actividad económica o a la delincuencia común. La consecuencia es el creciente reclutamiento de jóvenes para las actividades de los grupos delictivos de la región.

La prueba de la fracaso del modelo santuario[58], apoyado en la política de comando y control[59], es la propia situación del Amazonas, cuyos indicadores sociales son los peores del país, exponiendo el inaceptable contraste de la mayor pobreza nacional viviendo en el subsuelo más rico de la nación.

La reducción de la violencia, la criminalidad y la ilegalidad en el Amazonas sólo será posible cuando el equilibrio entre preservación y desarrollo se convierta en una referencia para el Estado y actúe como inductor de inversiones en infraestructura e inversiones privadas en toda la frontera de desarrollo posibilitada por los inmensos recursos que allí existen.

El Amazonas, la mayor frontera mineral del mundo

---

[58] El santuarismo es la idea de que el Amazonas es un santuario natural que hay que proteger de la presencia humana,
[59] Mando y control, en la jerga ecologista, es la política de defensa de las normas medioambientales basada en multas y embargos de propiedades rurales.

"Todo lo que hay en la tabla periódica está en el Amazonas".
— **Cita de un geólogo**
CON AMPLIA EXPERIENCIA PROFESIONAL EN EL AMAZONAS

"Incluso con la masacre de 29 garimpeiros a principios de mes y el cerco del ejército, los aventureros permanecen en las inmediaciones de la Reserva Roosevelt con la esperanza de volver algún día a la minería con o sin el permiso de Cinta Larga. El riesgo para la vida tiene un precio: el potencial de las minas de diamantes de la reserva es de un millón de quilates al año, el equivalente a 500 millones de dólares, según cálculos extraoficiales de los técnicos del Departamento Nacional de Producción Mineral (DNPM), dependiente del Ministerio de Minas y Energía. Los diamantes de la Reserva Roosevelt son de una calidad superior a la media. Pueden venderse a precios elevados, afirma Deolindo de Carvalho, responsable del DNPM en Rondônia. Según el Sindicato de Garimpeiros de Rondônia, en la reserva ya se han extraído diamantes por valor de unos 8.000 millones de dólares y hasta ahora las siete supuestas grandes minas de la zona están intactas".
— **Periódico *O Globo,*** 25/04/2004

Es probable que los 118 elementos de la tabla periódica no se encuentren en el Amazonas y que la frase del geólogo experimentado no sea más que la expresión de su propia admiración y sorpresa ante la inmensidad de los recursos naturales presentes en el subsuelo de la provincia mineral más prometedora de la Tierra.

Casi la mitad del Amazonas se encuentra en el llamado precámbrico, un periodo de formación del terreno rico en yacimientos minerales. Los viajeros y naturalistas del siglo XIX no mostraron mucho interés por la geología, dedicando más atención a los estudios de la fauna y flora del Amazonas. El primer esfuerzo organizado para estudiar los minerales de la región fue el proyecto Radam (Radar da Amazônia), lanzado en 1970 por el gobierno militar.

El petróleo del Amazonas se extiende desde la costa de Pará y Amapá hasta la frontera con Perú. El difunto ex diputado y presidente de la ANP (Agencia Nacional de Petróleo, Gas Natural y Biocombustibles), Haroldo Lima, me contaba a menudo su decepción por el veto del Ibama a las prospecciones petrolíferas en la frontera de Acre con Perú. Más recientemente, el Ministerio Público, Ibama y ONG unieron fuerzas en una ofensiva para bloquear la apertura de un pozo experimental frente a la costa de Amapá, a 500 kilómetros de la desembocadura del Amazonas.

En 2017, el presidente Michel Temer decidió liberar, por decreto, parte de la Reserva Nacional de Cobre y Asociado (RENCA) entre Amapá y Pará, rica en fosfato, cobre, oro, titanio, zinc, tungsteno y tántalo. Brasil importa más de la mitad del fósforo que utiliza en la agricultura, y la apertura de RENCA sería una promesa para reducir esta dependencia.

Una campaña internacional de ONG y famosos de Hollywood, incluido un tuit de la modelo brasileña Gisele Bündchen, llevó al gobierno a revocar el decreto, y la inmensa riqueza yace latente bajo tierra a la espera de que los jefes de las ONG decidan llevársela.

La escandalosa prohibición de la explotación de una mina de potasio en el municipio de Autazes, en el estado de Amazonas, pone al descubierto la cooperación entre instituciones estatales como el Ministerio Público y el Poder Judicial en la inmovilización de los recursos minerales del Amazonas. Brasil importa el 85% del potasio que utiliza en la agricultura, con un costo de miles de millones de dólares que lastran nuestra balanza comercial, y Autazes podría producir de dos a cuatro millones de toneladas del insumo al año. Como la mina no estaba situada en tierra indígena, Ibama se negó a evaluar el impacto medioambiental de las obras, alegando que eso era responsabilidad de la agencia medioambiental del estado de Amazonas, que había autorizado el proyecto. No obstante, la justicia ordenó al Ibama que realizara un estudio de impacto ambiental, y el Ministerio Público recurrió la autorización alegando que la mina se encontraba en las proximidades de tierras indígenas. El miembro del Ministerio Público llegó a decir que la única forma de detener el proyecto era ampliar la zona indígena para incluir la mina. Para aumentar el escándalo, una ONG comenzó a utilizar la expresión tierra indígena auto demarcada, es decir, demarcada por la ONG, desafiando a la propia FUNAI y al margen de las normas legales del país. El resultado de la campaña de las ONG y de la interferencia del Poder Judicial y del Ministerio Público fue la paralización de las inversiones y la perpetuación de la dependencia de las importaciones de potasio para la agricultura brasileña.

La disputa por el orden mundial entre China y Estados Unidos ha reducido la confianza en el dólar como moneda internacional y ha reforzado el oro como reserva de valor deseada por todos los bancos centrales del mundo. Es bien sabido que el Amazonas cuenta con prometedoras provincias auríferas en tierras indígenas y unidades de conservación totalmente protegidas. La mayor parte de este oro se extrae ilegalmente y sale del Amazonas y de Brasil, acumulando pérdidas en serie para los municipios y estados que dejan de recibir la Contribución Financiera para la Extracción de Minerales (CFEM), y para el Gobierno Federal, que se ve privado de las divisas robadas por el contrabando.

El niobio es un mineral esencial en las industrias aeronáutica, espacial y nuclear, y en todas las actividades que necesitan aleaciones resistentes a grandes variaciones de temperatura y presión y con superconductividad. El Amazonas tiene grandes reservas de niobio en la región conocida como Cabeça do Cachorro, en el municipio de São Gabriel da Cachoeira, en la frontera con Colombia, pero se nos impide acceder a ellas porque se encuentran dentro del Parque Nacional Pico do Neblina, que está totalmente protegido, y en tierras indígenas que tienen prohibida la minería.

El caso de Roraima es único porque el 70% de la superficie del estado está bloqueada a la minería, demarcada como tierra indígena o unidad de conservación. La paradoja es que Roraima ha sido privilegiada por la naturaleza como una de las provincias más ricas en minerales de nuestro país, sin poder utilizar estos recursos en beneficio de su población.

El potencial que ofrece la frontera mineral del Amazonas puede evaluarse bien en el único estado que ha roto parcialmente el bloqueo impuesto a la región al anticiparse a la embestida de las ONG y del propio Estado brasileño e iniciar la actividad minera ya en la década de 1970: el estado de Pará. En 2021, la balanza comercial de minerales de Pará fue de 49 mil millones de dólares, mientras que toda la balanza comercial brasileña fue de 61 mil millones de dólares, y el estado lideró las exportaciones de minerales con el 35% del total nacional. Sólo dos municipios, Parauapebas y Canaã dos Carajás, recibieron 4.314 mil millones de reales de la Contribución Federal de Minería, lo que los convierte en los dos primeros municipios brasileños en términos de ingresos.

Existe una clara brecha entre las exportaciones de minerales de Pará y Amazonas, aunque este último también es una importante frontera mineral, pero se topó con el sistema de bloqueo que ya se había articulado ampliamente cuando despertó a los beneficios de la riqueza natural de su subsuelo.

El caso de Pará refleja el potencial de los recursos de la Amazonia, ya que el Estado exporta básicamente mineral de hierro. Es posible imaginar el día en que el Amazonas y Brasil puedan disponer soberanamente de su geografía, de sus recursos minerales y de la posibilidad de procesarlos en el propia Amazonas, en beneficio de la población de la región y de todo el pueblo brasileño.

Organizada, reglamentada, sometida a la fiscalización de los órganos ambientales, recaudando impuestos para los municipios, los estados y el Gobierno Federal, y realizada con responsabilidad social y ambiental, la minería es una promesa viva de emancipación nacional y social, capaz de elevar el perfil y la importancia de Brasil en el escenario económico y geopolítico mundial.

La Agencia Internacional de la Energía (AIE) calcula que la demanda de minerales utilizados en energías limpias se duplicará o cuadruplicará de aquí a 2040.[60] Los minerales nobles, raros, estratégicos, o como quiera que se llame a esta materia prima, son esenciales en la fabricación de baterías (aluminio, níquel, cobre), paneles solares y turbinas eólicas (cobre). Según el artículo del periódico *Valor*, Brasil es citado en el informe de la Organización para la Cooperación y el Desarrollo Económico (OCDE) publicado por el Servicio Geológico de Estados Unidos como poseedor de importantes reservas mundiales de níquel, manganeso y tierras raras.

Pero para el geólogo Roberto Pérez Xavier, director ejecutivo de la Agencia para el Desarrollo y la Innovación del Sector Mineral Brasileño (Adimb), "el potencial mineral de Brasil sigue subestimado, sobre todo en el grupo de los minerales críticos".[61]

No cabe duda de que el bloqueo impuesto por las acciones de ONG financiadas desde el extranjero y organismos del propio Estado brasileño desincentiva la inversión en el inventario de las riquezas minerales del país, especialmente en la Amazonia. En Brasil, cualquier cálculo del tiempo necesario para obtener una licencia ambiental, incluso para investigación, es incierto. Nadie se aventura en el laberinto de la legislación ambiental brasileña sin la protección de una red de bufetes de abogados especializados en la materia.

No es un reto pequeño. Apoyado en el Amazonas, Brasil será rico y fuerte, y cuando sea rico y fuerte, Brasil no será una Suiza, una Bélgica o una Holanda en el mapa mundial; Brasil será económica y geopolíticamente

---

[60] Periódico *Valor*, 21/07/2023.
[61] Periódico *Valor*, 21/07/2023.

una nueva China, y este horizonte indeseable para la gran superpotencia del norte de nuestro hemisferio y sus aliados de Europa occidental tal vez explique nuestras dificultades para incorporar el Amazonas a nuestro proyecto nacional de desarrollo y de futuro.

Amazonia, una fábrica de energía

"Nosotros, la sociedad amazónica, estamos bajo una doble presión - la del mundo, que no quiere ver a Brasil como una gran nación, impidiendo la creación de una infraestructura en el Amazonas bajo las más diversas maniobras, seguida de la presión de las regiones más favorecidas de nuestro país, que insisten en vernos como una colonia a merced de sus 'bondades'.

El Amazonas, la gente del Amazonas, tiene toda la responsabilidad de mantener bien cuidados sus frondosos bosques y las aguas puras de sus ríos. Ya no soporta que personas que sólo conocen nuestra región a través de mapas o imágenes insistan en decirnos lo que tenemos que hacer.

Necesitamos un estadista que nos rescate de esta vergüenza. Hemos intentado el debate científico, pero los malvados del Amazonas no lo aceptan, distorsionan nuestros argumentos con narraciones vacías y sin sentido.

Para reflexionar, he aquí una cita del escritor G. K. Chesterton: 'llegará un día en que tendrás que desenvainar una espada por decir que la hierba es verde'".

— **Manifiesto** publicado por la Federación de Industrias del Estado de Pará (FIEPA), el Centro de Industrias de Pará (CIPE) y otras 23 asociaciones del estado de Pará en protesta contra la retirada de la plataforma de Petrobras frente a las costas de Pará y Amapá y contra las dificultades creadas para cualquier proyecto de infraestructuras en la Amazonia

La formación del relieve brasileño ha hecho del Amazonas una fuente inagotable de energía. Al ser atravesada por los ríos de la Meseta Central y de la

Meseta Guayanesa, la llanura amazónica da lugar a una secuencia de cascadas y arroyos totalmente aptos para su uso en centrales hidroeléctricas.

La división actual del relieve brasileño es obra del geógrafo y profesor Haroldo de Azevedo, adoptada por los manuales de geografía y mantenida, con pequeñas variaciones, por otro profesor y geógrafo, Aziz Ab'Saber. La llanura amazónica es una inmensa cuenca cuyos bordes están formados por la Meseta Central y la Meseta Guayanesa. La Meseta Central forma tanto los ríos que fluyen hacia la cuenca del Amazonas, como el Madeira, Tapajós, Xingu, Araguaia, Tocantins y muchos de sus afluentes, como los ríos que forman las cuencas del Pantanal y Prata, como el Paraguay y sus afluentes. Lo mismo ocurre en la Meseta de Guianas, cuyos ríos descienden hacia la Cuenca Amazónica, como el Cotingo, el Maú, el Surumú y el Ailã, o hacia el Atlántico, como el Essequibo y el Demerara.

En 2021, la generación efectiva de electricidad en la región septentrional fue de 136 millones de MWh, es decir, el 27% del total producido en el país. Además de ser autosuficiente en electricidad, la región septentrional exportó más energía (60%) de la que consumió (40%).

El potencial del Amazonas puede ejemplificarse en el río Madeira, con sus 19 cascadas entre la ciudad de Porto Velho y la frontera boliviana, de las que sólo dos, Santo Antônio y Jirau, se han utilizado para generar energía.

Tapajós es otra fuerza sin explotar. El complejo hidroeléctrico de Tapajós, proyectado por Eletrobrás, preveía inicialmente la construcción de cinco centrales hidroeléctricas - São Luiz, Jatobá, Jamanxim, Cachoeira do Caí y Cachoeira dos Patos, como parte del Plan Nacional de Expansión 2030.

La presidenta Dilma Rousseff ha dictado una medida provisional para desasignar el área del Parque Nacional a la construcción de la presa hidroeléctrica de São Luiz. La medida provisional fue aprobada por la Cámara de Diputados en 2012, pero una vez más el consorcio de organismos gubernamentales como la FUNAI, las ONG con financiación extranjera, el Ministerio Público y el Poder Judicial bloquearon la licencia de la planta y el proceso quedó archivado, marcando un nuevo triunfo de las fuerzas de contención del desarrollo y la capitulación del Estado nacional.

Roraima es el único estado aislado de la red eléctrica nacional, situación que llevó a las autoridades a aprovechar el inventario de Eletrobrás de 1971 y planear el aprovechamiento de uno de sus ríos, el Cotingo, para la instalación de una central hidroeléctrica. El permiso se aprobó en 1995, lo que desencadenó la movilización de ONG ambientalistas e indígenas contra el proyecto. Los indios Macuxi llegaron a instalar una nueva maloca en la zona donde se construiría la central, pero la propuesta fue abandonada y la solución adoptada fue importar energía de Venezuela producida por la central hidroeléctrica de Guri. Cuando la planta venezolana interrumpió el suministro a Roraima en 2018, el estado volvió a la energía termoeléctrica alimentada por combustibles fósiles, sin escuchar un gemido o una protesta de los saboteadores de la energía limpia que podría provenir de las aguas del río Cotingo.

En el caso de Roraima, el estado también tenía obstruido el llamado Linhão de Tucuruí, una red que, cruzando de Manaos a Boa Vista, conectaría el estado al sistema eléctrico nacional a través de la generación de la Central de Tucuruí. La ruta de 700 kilómetros entre Manaos y Boa Vista se licitó en 2011 y debería haberse entregado en 2015, pero fue bloqueada por el consorcio habitual de ONG, FUNAI y el Ministerio Público.

Incluso la construcción de Belo Monte en el río Xingu es un registro de la victoria del mismo movimiento de bloqueo promovido por ONG que a menudo se apoyan en el Ministerio Público. La central fue diseñada para funcionar a filo de agua, con una reducida área inundada, y como el volumen de agua del Xingu varía hasta 25 veces entre la estación seca y la lluviosa, el resultado es que durante parte del año la central funciona con la mitad de una sola turbina, de las 18 con capacidad operativa. Además de imponer el modelo de aprovechamiento del río, las ONG extorsionaron al Estado y al consorcio contratado para construir la central para que ampliaran artificialmente las unidades de conservación y las zonas indígenas, con la consiguiente expulsión de los ribereños y agricultores que vivían allí, muchos de ellos desde hacía generaciones.

Hay que tener en cuenta la mayor estabilidad de la energía hidroeléctrica sobre la eólica y la solar. La energía hidroeléctrica, generada por el flujo continuo de agua, puede almacenarse; la energía solar está sujeta a la disponibilidad de luz solar, y la eólica varía según la estacionalidad del viento, que, como sabemos, no puede embalsarse como el agua.

El protectorado de las ONG, el Ministerio Público, el IBAMA y la FUNAI en el Amazonas se ejerce lejos de los ojos de los brasileños, pero sus consecuencias no sólo afectan a la vida de la población amazónica, sino que ponen en peligro el futuro y los derechos de todos los brasileños.

El Amazonas es nuestro, la biodiversidad es de ellos: los dueños de la biodiversidad son los dueños del mundo

"El Amazonas está destinado a convertirse en el granero del mundo".
— **Alexander von Humboldt,**
GEÓGRAFO, FILÓSOFO, HISTORIADOR Y NATURALISTA ALEMÁN, 1769-1859

En agosto de 2015, la entonces primera ministra alemana, Angela Merkel, visitó Brasil con una comitiva de 19 funcionarios, entre ministros, viceministros y secretarios de gobierno. La visita tenía el objetivo estratégico de restablecer y reforzar los lazos históricos entre Brasil y Alemania, construidos desde el Imperio, que ni siquiera las posiciones antagónicas de la Segunda Guerra Mundial pudieron sacudir.

D. Pedro II fue amigo y admirador de Alemania, alojándose en casa del industrial Alfred Krupp, cuyas empresas visitó varias veces, fue el único jefe de Estado extranjero presente en el estreno de la ópera de Richard Wagner *El anillo del Nibelungo*, e incluso ofreció al compositor un teatro en Río de Janeiro y apoyo para su traslado a Brasil.

En 1871, el emperador invitó a Siemens a construir un enlace telegráfico entre Río de Janeiro y Río Grande do Sul. Los gigantes Basf y Bayer llegaron a Brasil en 1896 y 1911, respectivamente. Fue con Alemania con quien el Presidente Geisel firmó el acuerdo nuclear que tanto disgustó a Estados Unidos, y fue con la tecnología de Thyssenkrupp con la que la Marina brasileña construyó los submarinos de la clase Tupi.

En 2014, como ministra de Deporte, acompañé a Angela Merkel al debut de la selección alemana en el Mundial de Brasil, en el estadio Fonte Nova de Salvador. Pocos días después, volvería para ver a su país ganar la Copa del Mundo contra Argentina.

Por ello, la visita de 2015 era de suma importancia y la delegación incluía a un grupo representativo del sector alemán de la ciencia, la tecnología y la innovación. Yo era el responsable del Ministerio de Ciencia, Tecnología e Innovación (MCTI) y al preparar la agenda con el embajador alemán ofrecí un programa de visitas que incluía centros de tecnología nuclear y espacial e institutos de investigación, como el CNPEM (Centro Nacional de

Investigación en Energía y Materiales) de Campinas, inspiración del físico y profesor Rogério Cézar de Cerqueira Leite. No me sorprendió que el embajador anunciara que la delegación alemana cambiaría todas las opciones ofrecidas por una visita al Amazonas. Casualmente, acabábamos de construir la llamada Torre Alta, una torre de 325 metros para observar el clima y la interacción entre la biosfera y la atmósfera en el Amazonas, donada por el gobierno alemán al MCTI.

Hice los preparativos para que las delegaciones viajaran a Manaos en avión de la FAB, y desde allí en barco, a 150 kilómetros, donde se encontraba la Torre Alta. Los alemanes hicieron camisetas especiales para celebrar el acontecimiento y algunos, armados con equipos de seguridad, se aventuraron a subir a la Torre.

Las conversaciones bilaterales abarcaron una amplia agenda de cooperación, pero fue en torno a la biodiversidad del Amazonas donde los representantes del gobierno alemán centraron su atención e interés. Presenté la idea de una cooperación a gran escala, basada en la confianza y la tradición de la relación entre los dos países, en la que participen instituciones de investigación alemanas, como el importante Instituto Max Planck, universidades, las gigantes de la industria química y farmacéutica e institutos, universidades y empresas brasileñas en proyectos de biotecnología basados en la biodiversidad del Amazonas. Sentí que mi entusiasmo se desvanecía ante la idea de que institutos, universidades y empresas brasileñas participaran en la iniciativa.

También en 2015, Brasil y Estados Unidos celebraron en Washington la 4ª Reunión de la Comisión Mixta Brasil-Estados Unidos sobre Ciencia, Tecnología e Innovación (Comista). Como responsable del MCTI, integré la delegación con los secretarios del Ministerio y representantes de los principales institutos nacionales de investigación, entre ellos el CNPEM y el Instituto Butantã. El jefe de la Oficina de Política, Ciencia y Tecnología de la Casa Blanca fue el renombrado experto en energía John Holdren, que reunió a las principales instituciones de investigación del país en un acto precursor en el ámbito de la ciencia y la tecnología de la visita de la Presidenta Dilma Rousseff a Estados Unidos, con una visita a Valle del Silicio.

La reunión se desarrolló en un ambiente de cooperación y hasta cierto punto fraternal, en el que los estadounidenses mostraron su disposición a colaborar con los brasileños. Como experto en energía, Holdren tenía especial interés en el tema y en el potencial de la biodiversidad del Amazonas. Parte de la cooperación se topó con el entramado de exigencias de nuestra burocracia, pero llamó la atención la gran atención y curiosidad de mis interlocutores hacia las infinitas e insondables riquezas del Amazonas brasileño.

Cuando visité Paragominas, en el estado de Pará, para dar una conferencia sobre el Amazonas y sus desafíos, mis anfitriones me informaron de que hacía unos días había salido de la ciudad un grupo de investigadores alemanes interesados en investigar una planta natural del Amazonas con propiedades medicinales para curar el Alzheimer: el camapu, también conocido como bucho-de-rã, juá-de-capote y mata-fome.

En enero de 2007, en una entrevista concedida al periódico *Gazeta Mercantil*, Rogério Magalhães, Secretario de Medio Ambiente para la Biodiversidad y los Bosques, afirmó que hay espacios en el Amazonas a los que se niega el acceso a los brasileños. Citó el ejemplo del instituto de investigación estadounidense Smithsonian, que había cerrado un espacio dentro del recinto del Inpa (Instituto Nacional de Investigaciones del Amazonas), "como si fuera territorio estadounidense en medio del Amazonas". Se prohibió la entrada a todos los brasileños. Nadie sabía lo que se estaba investigando allí", según Magalhães.

Viajar por el Amazonas hoy en día significa escuchar historias como éstas, de misteriosos extranjeros incrustados en la selva, identificados como investigadores, en la intimidad de la biodiversidad más rica del planeta, sin ningún tipo de seguimiento científico, control académico o supervisión por parte del Estado brasileño.

Son los recursos naturales no disponibles en el resto del mundo los que sitúan al Amazonas en el centro de la escena geopolítica internacional. No es por la innegable importancia de la agenda medioambiental. No es por el bien del mundo, es por los bienes del mundo, no es por el bien de Brasil, es por los bienes de Brasil, no es por nuestro bien, es por nuestros bienes, como diría el padre Antonio Vieira.

La Conferencia de la ONU sobre Biodiversidad de 2022, celebrada en Montreal (Canadá), dejó al descubierto las reglas del juego. El objetivo del 30% fijado para la protección de la biodiversidad no será específico para cada país, como querían Brasil y los países megadiversos, sino un objetivo global, como han decidido los dueños del mundo. No se estableció la regla de reparto de los beneficios de la biodiversidad, como querían Brasil, Congo e Indonesia.

Los países ricos están registrando en sus bancos la secuenciación genética de animales y plantas con la excusa de que pondrán este archivo al servicio de los investigadores de todo el mundo. El engaño más exquisito, cuando se sabe que el acceso a este banco genético no significa nada sin el dominio de la tecnología que poseen las gigantescas empresas farmacéuticas y químicas de Europa Occidental y Estados Unidos.

El lema del Fondo Amazonia, como se indica en su sitio web oficial, es: "Brasil cuida. O mundo apoia. Todos ganham.".

En la Conferencia sobre Biodiversidad de Montreal se decidió crear un fondo de protección, cuyo lema debería ser: "Los pobres cuidan". Los ricos ganan".

El estado paralelo de las ONG

"Los países industrializados no podrán vivir como hasta ahora si no disponen de los recursos naturales no renovables del planeta. Tendrán que establecer un sistema de presiones y limitaciones para garantizar que alcanzan sus objetivos".
— **Henry Kissinger,** ex secretario de estado de EE.UU.

Tres Estados, uno oficial y dos paralelos, se disputan el poder y la influencia en el Amazonas brasileño. El primero es el oficial, representado por los ayuntamientos, los estados y el gobierno federal y sus instituciones; el segundo es el crimen organizado, principalmente el narcotráfico, que es dueño de los ríos utilizados como rutas de la droga y el crimen en las ciudades; y la tercera está formada por organizaciones no gubernamentales financiadas con recursos internacionales y apoyadas en parte por el aparato estatal y su burocracia.

Las ciudades del Amazonas profundo ya tienen una fuerte presencia de las principales facciones criminales del país: el Primeiro Comando da Capital (PCC), el Comando Vermelho (CV), la Família do Norte (FDN), entre otros. En el paseo marítimo de Altamira, bañado por el río Xingú, donde solía pasear durante mi estancia en la ciudad, se puede ver la disputa entre las facciones en las pintadas superpuestas con las iniciales de las organizaciones criminales, o contar las muertes de los jóvenes empleados en la guerra entre ellas.

En Manaos, un amigo que ocupa un importante cargo público en el estado de Amazonas oyó decir a los alcaldes de la frontera con Colombia y Perú que el ayuntamiento había dejado de ser el mayor empleador del municipio. Había perdido su puesto por tráfico de drogas. Pero son las organizaciones no gubernamentales financiadas desde el extranjero las que ejercen mayor influencia sobre el destino de la región más rica y desigual de nuestro país. Los tentáculos de estas entidades se extienden a todos los ámbitos de la vida pública y privada, a la actividad económica y a las normas que rigen la vida de los brasileños que viven en la región.

Es cierto que hay organizaciones no gubernamentales humanitarias y filantrópicas que ocupan el vacío del Estado y satisfacen las necesidades seculares de una población desasistida. Son organizaciones religiosas o vinculadas a iniciativas caritativas de diversos orígenes. Pero lo que destaca en el Amazonas es la presencia de ONG neomalthusianas[62], alimentadas por los recursos de las potencias internacionales y agentes de sus intereses geopolíticos. Estas organizaciones se dividen en diferentes grupos.

El primer grupo son las ONG militantes y ruidosas que difunden versiones y noticias falsas sobre la región, conocidas hoy como *fake news*. Venden la amenaza del Amazonas a sus jefes a cambio de recursos, como una especie de mafia vendedora de protección.

El segundo grupo es el de las ONG que trabajan en proyectos e interactúan con la población de la región, proponiendo una economía santuario, perpetuando la pobreza, el bajo consumo y las bajas emisiones de carbono para tranquilidad de la gente rica, de los países ricos, que seguirán con su consumo conspicuo sin que ninguna ONG les moleste o perturbe.

Un tercer grupo lo forman las ONG "científicas", que organizan proyectos de investigación, cooptan a académicos en las universidades y están profundamente vinculadas a la agenda climática patrocinada por las corporaciones internacionales. Su ámbito de preocupación no son los 30 millones de brasileños que viven en el Amazonas con los peores indicadores sociales, las tasas más altas de analfabetismo, mortalidad infantil y enfermedades infecciosas, los peores índices de servicios básicos como agua

---

[62] Thomas Malthus fue un monje inglés que creó la teoría de que el crecimiento demográfico era una amenaza para la humanidad. Para Malthus, "no había lugar para los pobres en el banquete de la naturaleza". Para los neomalthusianos y sus ONG, no hay lugar para los pobres ni para los países pobres en la disputa por los recursos naturales del planeta.

tratada, electricidad y saneamiento básico. Para las ONG y sus financiadores, estos brasileños son invisibles, sus dramas y sufrimientos invisibles. Para las ONG o los líderes locales que cooptan, sólo la castaña y el caucho son eternos. Los indígenas y ribereños que no se adhieren a su dinero y a sus tesis son excluidos y discriminados.

La presencia enrarecida del Estado reduce el Amazonas a la condición de protectorado informal, bajo la tutela de esas ONG, que utilizan como línea auxiliar órganos y corporaciones estatales, como el Ministerio del Medio Ambiente, el Ministerio de los Pueblos Indígenas, el Ibama, el Ministerio Público Federal, el Ministerio Público Estadual, la Policía Federal, la Fuerza Nacional y, ocasionalmente, las secretarías ambientales de los propios estados amazónicos.

La tutela no se ejerce sólo a través de la presencia física, sino sobre todo a través de la influencia en las políticas públicas adoptadas para la región, en la ocupación de agencias y órganos como el Ministerio de Medio Ambiente, la Funai y el Ibama. En la formulación de normas como las que crearon el Sistema Nacional de Unidades de Conservación (SNUC), el Consejo Nacional del Medio Ambiente (Conama) o las que establecen criterios para la demarcación de tierras indígenas.

De este modo, el propio Estado aplica la política de las ONG, que no es más que la orientación de los intereses internacionales de Estados Unidos y Europa Occidental, de agencias como la USAID (Agencia de los Estados Unidos para el Desarrollo Internacional), fundaciones como la Fundación Ford, la Open Society o fondos multimillonarios como el Fondo Amazonia.

USAID trabaja bajo la orientación del Departamento de Estado y de la CIA y desempeña un papel decisivo en la formulación de la política medioambiental de los Estados Unidos para el mundo, en la financiación y en la articulación de recursos para las ONG medioambientales que trabajan en Brasil, como puede verse en algunos de los portales de estas organizaciones disponibles en Internet.

El sistema ha funcionado de tal manera que las ONG secundan a sus ejecutivos para apoderarse de los organismos estatales y vaciarlos de sus funciones, que pasarán a las ONG, a las que volverán. Y así funciona la siniestra rotación de la burocracia apátrida: de las ONG al Estado, del Estado a las ONG, y siempre tendrán el control de las políticas públicas y de los recursos públicos y privados, obedeciendo al único jefe: los intereses internacionales.

Vaya donde vaya y haya estado en el Amazonas, las historias se repiten. En Belém, Macapá, Manaos, Porto Velho, Boa Vista, Rio Branco, Boca do Acre, Altamira, Santarém, Tabatinga, na Serra do Tepequém, em Roraima, em Uruará, Itaituba, Jacareacanga, Novo Progresso, Castelo dos Sonhos, ciudades, pueblos y ríos, siempre la misma presencia, siempre la misma alianza, siempre las mismas víctimas. ONG, Ministerio Público, Ibama, Fuerza Nacional y Policía Federal por un lado, y por otro, ribereños, garimpeiros, indígenas rebeldes a la orientación de las ONG, agricultores, comerciantes, amazónicos que intentan sobrevivir en conflicto y enfrentamiento con el poder internacional representado por las ONG asociadas a parte del aparato estatal brasileño.

El Fondo Amazonia es la expresión más refinada de la capitulación del Estado brasileño ante la agenda impuesta a Brasil. Creado por decreto en 2008, el lema del Fondo en su sitio web oficial es "Brasil cuida". O mundo apoia. Todos ganham", seguido de un resumen de sus objetivos: "El propósito del Fondo Amazonia es recaudar donaciones para inversiones no reembolsables en esfuerzos para prevenir, controlar y combatir la deforestación, y promover la conservación y el uso sostenible del Amazonas legal. También apoya el desarrollo de sistemas de vigilancia y control de la deforestación en el resto de Brasil y otros países tropicales." Ni una palabra, ni una referencia, ni una preocupación por el drama social de los 30 millones de amazónicos, por la posibilidad de elevar el nivel de vida material y espiritual de esos brasileños, por su aspiración al desarrollo.

El Fondo es gestionado formalmente por el Banco Nacional de Desarrollo Económico y Social (BNDES), que anunció en marzo de 2023 la disponibilidad de 5.400 millones de reales en su cartera, que tiene a Noruega y Alemania como principales financiadores.

Cuando fui miembro del Consejo de Administración del Banco entre 2015 y 2016, pedí al entonces director responsable de la gestión del Fondo que me presentara los informes de los proyectos seleccionados para su financiación, y se me dijo que el Banco no tenía ninguna influencia en la selección, y que de ello se encargaba un comité independiente, en el que las ONG y un diplomático noruego desempeñaban un papel decisivo.

Una vez, viajando por el río Purus para una audiencia sobre el Código Forestal, vi a un grupo de niños desembarcando de una canoa en una de las orillas del río y le pregunté al conductor de la voadeira, como se llama a las pequeñas lanchas a motor que surcan el Amazonas, de qué iban y me contestó que eran estudiantes que llegaban para recibir clases. Le pedí que fuera al lugar, desembarqué, recorrí la corta distancia entre la orilla del río y la escuela, y me encontré con un joven que se presentó como el profesor.

Había un colchón en el suelo, rodeado de troncos de velas, y el profesor dijo que corregía allí el trabajo nocturno, a falta de alumbrado eléctrico en la escuela. También me di cuenta de que no había agua tratada, a pesar de que la escuela estaba a menos de 100 metros del río Purus. La escuela estaba organizada, limpia, y la disposición de murales de cartón con indicaciones para las distintas asignaturas indicaba la presencia de un profesor entregado y orgulloso de su misión. Me dijo que vivía en la escuela y que sólo iba al pueblo una vez al mes a cobrar su sueldo.

En mi reciente viaje al Amazonas, se produjo una escena similar a orillas del río Xingu y me di cuenta de que había una escuela en medio de la selva, donde me detuve para hacer una visita. Aunque no pude encontrar a la maestra, ya que había viajado a la ciudad, supe que era una mujer joven que impartía todos los cursos de primaria y que allí enseñaba, cocinaba y dormía sola. Sí, la joven profesora dormía sola en una escuela en medio de la selva del Amazonas brasileño. En aquel momento pensé que sólo la providencia divina podía proteger a una criatura con una misión tan elevada.

En otra ocasión, cuando llegamos a la ciudad de Novo Progresso, en el estado de Pará, la pista de tierra provisional estaba ocupada por un pequeño rebaño de vacas que corrieron asustadas al acercarse el avión monomotor en el que viajábamos. Era el ganado confiscado a los pequeños agricultores que ocupaban una zona convertida en reserva del Sistema Nacional de Unidades de Conservación por decreto del Ministerio de Medio Ambiente, y eran estos pequeños agricultores despojados por el Estado los que me esperaban para una audiencia.

La ciudad parecía un país ocupado. Helicópteros de la Policía Federal, vehículos y hombres de la Fuerza Nacional con presencia manifiesta en la ciudad me trajeron a la memoria una imagen de mi juventud, cuando los telediarios nocturnos mostraban escenas de la base aérea estadounidense de Da Nang, en el Vietnam ocupado. No pude evitar asociar a aquellos campesinos asustados y aterrorizados, que llevaban a sus hijos a Novo Progresso, con los campesinos vietnamitas llenos de temor y miedo ante los helicópteros militares estadounidenses.

Curiosamente, esta escena que vi en Novo Progresso en 2010 se reproduce hoy de manera más uniforme en las principales ciudades del Amazonas por la multiplicación de las Unidades de Conservación y el despojo estatal de cada vez más familias de ribereños y agricultores. En Altamira, por ejemplo, el aparato represivo del Estado se exhibe en las calles mediante el tráfico de vehículos rotulados, todos ellos destinados a perseguir a los agricultores y ribereños, y ninguno de ellos destinado a combatir el crimen organizado que asola la ciudad y la región.

Al Amazonas le falta un Bruce Lee

"La primera tragedia geográfica de la región reside en la alarmante desproporción entre la vasta extensión de tierra amazónica y la escasez de población.

Una región con una población de tipo homeopático, formada por gotitas de gente esparcidas al azar en la inmensidad del bosque, en una proporción que en ciertas zonas alcanza la ridícula concentración de un habitante por cada 4 kilómetros cuadrados de superficie.

Dentro de la grandeza impenetrable del medio geográfico, este puñado de personas vive aplastado por las fuerzas de la naturaleza, sin poder reaccionar contra los obstáculos opresores del medio, debido a la falta de recursos técnicos que sólo podría lograrse con la formación de núcleos que realmente pudieran actuar por su fuerza colonizadora, como verdaderos factores geográficos, alterando el paisaje natural, modelando y puliendo sus aristas más duras, suavizando sus excesivos rigores al servicio de las necesidades biológicas y sociales del elemento humano.

Sin fuerza suficiente para dominar el medio ambiente, para aprovechar las posibilidades de la tierra organizando un sistema de economía productiva, las poblaciones regionales del Amazonas han vivido hasta hoy casi exclusivamente en un sistema de economía destructiva. Desde la simple recolección de productos autóctonos, la caza y la pesca. Recolección de semillas, frutos, raíces y cortezas silvestres. Látex, aceites y resinas vegetales".

— **Josué de Castro,** GEOGRAFIA DA FOME

De niño, mi tío abuelo me contó una historia sobre la presencia colonial británica en China. Mi tío solía contarme que durante la dominación, en el barrio de Shanghái habitado por ingleses, había un cartel a la entrada que decía en inglés y chino: *"prohibida la entrada de perros y chinos"*.

Vi la misma historia muchos años después en una película de 1972, *La furia del dragón*[63], en la que el personaje interpretado por Bruce Lee en el Shanghái de principios del siglo XX intenta visitar un parque de la ciudad y es detenido por un guardia que le señala el cartel en inglés y chino: *"prohibida la entrada de perros y chinos"* (*No dogs and chinese allowed*). Bruce Lee destruye la advertencia con golpes de artes marciales, vengando así el orgullo chino herido por la ocupación extranjera.

El aislamiento en barrios exclusivos, en clubes exclusivos, fue un sello distintivo de las administraciones coloniales en África, India y China, y recuerda hoy a la relación entre los ejecutivos de las ONG financiadas con fondos extranjeros en el Amazonas y la alta burocracia del Estado con la población de la región.

Los colonizadores europeos en un mundo dominado por el racismo científico[64] creían en la supremacía de su propia civilización sobre los pueblos aborígenes que dominaban. Los ejecutivos de las ONG y la élite estatal están plenamente convencidos de la supremacía de sus ideas neomalthusianas sobre los habitantes de la Amazonia, indígenas, caboclos, ribereños, agricultores y comerciantes. Encerrados en sus relaciones sociales exclusivas, se niegan a establecer contacto alguno con la población local, a la que tratan como invasora del santuario natural del que deben ser expulsados. Se limitan a coexistir con dirigentes cooptados a costa de los ingentes recursos, públicos o privados, que alimentan sus actividades.

En mi reciente visita al Amazonas, vi casos en que representantes del Ministerio Público se negaban a recibir a productores rurales o a aceptar invitaciones de los consejos locales, mientras comulgaban social y políticamente con ONG que persiguen a pequeños productores que intentan sobrevivir en medio de muchas dificultades.

---

[63] *La furia del dragón*, película de 1972 dirigida por Lo Wey y protagonizada por Bruce Lee.
[64] Pseudociencia tomada como ciencia por el colonialismo europeo del siglo XIX para justificar la supremacía y dominación de los europeos mediante la hipótesis de la superioridad racial sobre los pueblos dominados.

Para los financiadores extranjeros de las organizaciones no gubernamentales que trabajan en el Amazonas, el espacio amazónico debería estar vedado a los brasileños, como lo estaba para los chinos en el Shanghái del siglo XIX. Para aplicar este principio, cuentan con la colaboración informal de organismos e instituciones del propio Estado brasileño. La interdicción del Amazonas para los amazónicos es una guerra que no está perdida, pero que necesita el espíritu y la indignación de un Bruce Lee para salir victorioso.

Los indígenas, nuestros abuelos más remotos

"Los descendientes de los siberianos poblaron los densos bosques del este de Estados Unidos, los pantanos del delta del Misisipi, los desiertos de México y los bosques cálidos de Centroamérica. Algunos se asentaron en el mundo fluvial de la cuenca del río Amazonas, otros echaron raíces en los valles de las montañas andinas o en las pampas abiertas de Argentina. ¡Y todo esto ocurrió en apenas uno o dos milenios! En el año 10000 a.C., los humanos ya habitaban el punto más meridional de América, la isla de Tierra del Fuego, en el extremo sur del continente".
— **Yuval Noah Harari**, SAPIENS, BREVE HISTORIA DE LA HUMANIDAD

La teoría predominante sobre el origen de los primeros pobladores de América, y por tanto del Amazonas, es que salieron de África en tiempos remotos y, en sucesivas oleadas migratorias, alcanzaron Siberia y luego, a través del estrecho de Bering, Alaska, pasando por Norteamérica, Centroamérica y finalmente Sudamérica[65].

También existe la idea de que el hombre americano llegó de Asia a través del Pacífico y se asentó en las proximidades del lago Titicaca. La presión ejercida por la expansión del Imperio Inca habría obligado a los tupis y guaraníes, inicialmente el único pueblo, a dispersarse en direcciones opuestas.

---

[65] HARARI, Yuval Noah. *Sapiens, breve historia de la humanidad*. Porto Alegre, LP&M Editores, 2020.

Los guaraníes, tomando el río Pilcomayo, descendieron hacia el río Paraguay y la cuenca del Prata. Los Tupis embarcaron sus canoas en el río Beni, cruzaron el río Madeira y desembarcaron en la llanura amazónica.

Teodoro Sampaio sostiene que, debido a sus similitudes lingüísticas, los tupis y los guaraníes tenían una lengua común, separados por diferentes destinos migratorios[66]. Para el autor de *Tupi na geografia nacional*[67], la diferencia entre las dos lenguas se explica por el tiempo que los dos pueblos permanecieron separados.

Cuando tomé algunas clases de guaraní con mi profesor paraguayo, me di cuenta de que las diferencias entre el tupí y el guaraní pueden ser en parte el resultado de las diferencias fonéticas entre el portugués y el español que se han trasladado a la portuguesización y castellanización de la lengua vernácula indígena[68].

Paraguay es el único país sudamericano que tiene la lengua indígena como lengua franca y oficial. La historiadora paraguaya Mary Monte López Moreira afirma que el guaraní es la tercera lengua del mundo para la nomenclatura botánica, sólo por detrás del griego y el latín[69].

La primera gramática escrita en Brasil no fue en portugués, sino en tupí, por el padre José de Anchieta, y creó la lengua general o nheengatu, lengua franca de Brasil hasta que fue prohibida por el marqués de Pombal a mediados del siglo XVIII. El tupí mereció la atención de diccionarios e intelectuales interesados en organizar el vocabulario de los primeros habitantes de Brasil y traducirlo al portugués. Brasil ha valorado la lengua, la cocina y la presencia indígena en nuestra formación social. Tuvimos una corriente literaria, el indianismo, para exaltar el anticolonialismo y el nacionalismo y elevar al indio a la categoría de héroe nacional en la poesía de Gonçalves Dias y en las novelas de José de Alencar.

Las lenguas de las poblaciones indígenas del Amazonas no recibieron la misma atención que los tupis de la costa. Los viajeros se interesaban mucho más por la fauna y la flora que por el habla de los habitantes locales. Sólo

---

66 PEREIRA, Moacyr Soares. *Índios tupi-guarani na pré-história, suas invasões do Brasil e do Paraguai, seu destino após o descobrimento.* Maceió, EDUFAL, 2000.
67 SAMPAIO, Teodoro. *O Tupi na geografia nacional.* São Paulo. Nacional. 1987.
68 REBELO, Aldo. *O Quinto Movimento, propostas para uma construção inacabada.* Porto Alegre. Jornal Já Editora. 2021.
69 REBELO, Aldo. *O Quinto Movimento, propostas para uma construção inacabada.* Porto Alegre. Jornal Já Editora. 2021.

Henri Condreau, en su *Viagem ao Tapajós*, concluye con un breve vocabulario de los dialectos maué, apiacá y mundurucu recogido en su breve viaje.

Los batallones y pelotones fronterizos del ejército cultivan dialectos autóctonos en sus filas. En las lejanas fronteras de Brasil se puede oír el Himno Nacional cantado por el soldado indígena en su lengua materna. Forma parte de la doctrina de defensa en el Amazonas proteger la lengua indígena, más difícil de cifrar por el enemigo en una situación de conflicto.

Recientemente, las autoridades públicas, a través de universidades y ayuntamientos, han tomado medidas para valorizar la cultura y las tradiciones indígenas. Elevar el nivel de vida material y espiritual de los indios e integrarlos a la sociedad nacional en el espíritu de la doctrina Rondón es una tarea ineludible para evitar la manipulación de su sufrimiento y abandono por grupos interesados en debilitar la unidad y cohesión nacionales.

La defensa como desafío para una política nacional para el Amazonas

"La protection de l'environnement est um objectif apparemment partagé par l'ensemble de l'humanité. Mais derrière cette unanimité de façade se cachent de profondes divergences, notamment entre pays du Nord e pays du Sud.

Em pleine guerre du Kosovo, em 1999, um quotidien brésilien publiait une série d'articles dévoilant les craintes des analystes du Centre brésilien d'etudes stratéguques. La mise sous tutelle Internationale de l'Amanonie, "la plus importante forêt tropicale de la Terre, que recèle près de la moitié dees espèces connues et éveille l'intérêt des superpuissances mondiales em raison de son potentiel hyddrique et minier", est-elle souhaitable?

Le gouvernement brésilien a décidé, au début des années 90, de subventionner le défrichement des forêts amazoniennes, menaçant ainsi leur intégrité. L'Amazonie appartient certes pleinement au Brésil. Mais, si les puissances occidentales ont fait exception au sacro-saint principe de souveraineté des États pour fair ela guerre em Yougouslavie et aider

les Kosovars (alors que le Kosovo appartient à la Yogoslavie), pourquoi ne le ferait-il pas contre le Brésil pour s'approprier l'Amazonie? Le préteste ne serait plus la protection de la population, mais celle de l' "espèce humaine". L'Amazonie étant le poumon de la Terre, si le Brésilne la protege pas correctment, ce será le devoir des autres États de le faire au nom de l'humanité entière."
— **Pascal Boniface,** LES GUERRES DE DEMAIN

"Proteger el medio ambiente es un objetivo aparentemente compartido por toda la humanidad. Sin embargo, tras esta fachada de unanimidad se esconden profundas diferencias, especialmente entre los países del Norte y los del Sur.

En plena guerra de Kosovo, en 1999, un diario brasileño publicó una serie de artículos que revelaban los temores de los analistas del Centro Brasileño de Estudios Estratégicos. ¿Sería deseable poner el Amazonas, "la selva tropical más importante de la Tierra, que contiene casi la mitad de todas las especies conocidas y despierta el interés de las superpotencias mundiales por su potencial hídrico y mineral", bajo supervisión internacional?

A principios de la década de 1990, el gobierno brasileño decidió subvencionar la deforestación de los bosques amazónicos, amenazando así su integridad. El Amazonas pertenece por completo a Brasil. Pero si las potencias occidentales hicieron una excepción al sacrosanto principio de la soberanía estatal para ir a la guerra en Yugoslavia y ayudar a los kosovares (mientras Kosovo pertenecía a Yugoslavia), ¿por qué no iban a hacerlo contra Brasil para apropiarse del Amazonas? El pretexto ya no sería la protección de la población, sino la de la "especie humana". Dado que el Amazonas es el pulmón de la Tierra, si Brasil no la protege adecuadamente, otros Estados tendrán el deber de hacerlo en nombre de toda la humanidad".
— **Pascal Boniface,** LES GUERRES DE DEMAIN

El fin de la Unión de Repúblicas Socialistas Soviéticas (URSS) puso fin al periodo histórico conocido como Guerra Fría, dejando a Estados Unidos como única superpotencia que ejercía la hegemonía económica, financiera, cultural, diplomática y militar en el mundo.

El académico y geopolítico francés Pascal Boniface considera que el nuevo orden mundial surgido tras el colapso de la Unión Soviética, marcado por la sustitución de las guerras de conquista por guerras de secesión y la multiplicación de los Estados nacionales, es la mayor amenaza para la estabilidad mundial. Boniface es autor de *Les guerres de demain*,[70] en el que dedica un capítulo a las guerras medioambientales, con Brasil como protagonista.

Los militares brasileños se dieron cuenta de las implicaciones estratégicas del acontecimiento y del nuevo orden mundial que se estaba estableciendo. La alianza preferencial con Estados Unidos en la disputa con el bloque liderado por la Unión Soviética ya ha estado marcada por sobresaltos y conflictos en la relación entre los dos países, como el veto estadounidense a los programas nuclear y espacial de Brasil, el reconocimiento por parte de Brasil de los gobiernos de izquierda de las antiguas colonias portuguesas en África (Angola, Mozambique, Guinea-Bissau, Cabo Verde y Santo Tomé y Príncipe), y la ruptura del Acuerdo de Cooperación Militar entre Brasil y Estados Unidos por el presidente Geisel, o el apoyo del presidente Figueiredo a Argentina en la Guerra de las Malvinas, en abierta oposición al apoyo del presidente Ronald Reagan a los ingleses.

En 1985, el Presidente José Sarney creó el Proyecto Calha Norte (Desarrollo y seguridad de la región al norte de los canales de los ríos Solimões y Amazonas), hoy dependiente del Ministerio de Defensa y destinado a proteger y poblar las fronteras de Brasil. Destinado inicialmente a la frontera norte, durante mi etapa en el Ministerio de Defensa, la presidenta Dilma Rousseff amplió el proyecto a la frontera oeste por sugerencia mía, a petición del entonces comandante militar del Oeste, el general Paulo Humberto.

La estrategia de defensa nacional desplaza completamente su eje del Cono Sur (frontera con Argentina) a la Amazonia, con la transferencia de unidades militares completas del Sur al Norte del país, la creación del Distrito Naval de Manaos, independiente de Belém, y del Comando Militar del Norte con sede en Belém, separado del Comando Militar del Amazonas.

La Marina tiene previsto crear la Segunda Flota y la Base Naval del Norte de Brasil, cerca del puerto de Itaqui, en Maranhão, con la misión de proteger la desembocadura del Amazonas y la costa atlántica septentrional. Cuando era Ministro de Defensa, visité la futura base en compañía de los comandantes de la Marina, Almirante Leal Ferreira, y del Ejército, General Villas Bôas, con el objetivo de transferir el área del Ejército a la Marina.

---

70 BONIFACE, Pascal. Les guerres de demain. Paris, Éditions Du Seuil, 2001.

En la Amazonia, el Ministerio de Defensa organiza la Operación Ágata, que reúne a la Marina, el Ejército, la Fuerza Aérea, la Policía Federal, el Servicio de Impuestos Internos, el Ibama y la policía militar para prevenir y combatir la delincuencia transfronteriza. La operación cumple la doble función de reprimir la delincuencia e integrar a los organismos estatales en actividades conjuntas.

Las sucesivas declaraciones de autoridades extranjeras a favor de limitar la soberanía de Brasil sobre la zona amazónica siempre han sido motivo de preocupación entre los dirigentes de las Fuerzas Armadas.

Un episodio reciente extendió esta preocupación de la esfera militar a la cumbre gubernamental, cuando en una reunión del Consejo de Seguridad de la ONU en 2021, Irlanda y Níger presentaron una moción que consideraba la cuestión climática de interés para la seguridad internacional, amenazando con crear un serio bochorno para Brasil.

Ahora bien, si la cuestión climática pasa a formar parte de la agenda de seguridad internacional, y el Amazonas se considera esencial para la agenda climática, entonces el Amazonas también estaría sujeta a la jurisdicción del Consejo de Seguridad y a sus resoluciones obligatorias para Brasil, con el consiguiente riesgo de sanciones en caso de desobediencia.

La propuesta recibió 12 de los 15 votos del Consejo, incluidos los de Estados Unidos y los países de Europa Occidental, con el veto de Rusia, el voto en contra de India y la abstención de China. Posteriormente, el presidente Jair Bolsonaro agradeció personalmente al presidente Putin su gesto en defensa de Brasil y, naturalmente, la actitud del gobernante ruso pesó en la posición diplomática brasileña adoptada por el gobierno Bolsonaro en relación al conflicto Rusia-Ucrania.

El protagonismo del Amazonas en el mundo exigirá cada vez más la tradición y la eficacia de la diplomacia brasileña, pero es en la política de defensa donde aparecen las acciones más desafiantes. La ostentosa presencia del Ejército requiere la expansión de Pelotones Especiales de Frontera en zonas remotas marcadas por la ausencia absoluta del Estado, la multiplicación de los tiroteos bélicos y la creación de Centros de Formación de Oficiales de Reserva (NPOR) en zonas indígenas. Son formas de integrar a estos hermanos brasileños en la sociedad nacional. De hecho, el Ministerio de Defensa debería adoptar una política especial de reclutamiento de conscriptos en el Amazonas entre indígenas, ribereños y caboclos.

La Marina de Brasil va a ampliar sus actividades de patrulla en las 20.000 millas navegables del Amazonas con la creación de unidades de lanchas rápidas ligeras y el uso de pequeñas embarcaciones conocidas como voadeiras, que ya son utilizadas por el Ejército. El gobierno debería iniciar inmediatamente la construcción de la Base Naval de la Segunda Flota, a la que habría que añadir una base de submarinos.

La Fuerza Aérea Brasileña debería convertir la Base Aérea de Boa Vista en una Base Aeroespacial debido a su posición estratégica cerca del Caribe y del Hemisferio Norte. Habrá que reducir las actividades de la Comara (Comisión de Aeropuertos de la Región Amazónica) para ampliar la infraestructura aeroportuaria de defensa del Amazonas.

Las tres fuerzas adoptarán un programa de construcción de sus propias Pequeñas Centrales Hidroeléctricas (PCH), para no depender del gasóleo transportado por avión. Recuerdo que visité la base del Sivam en Tiriós, en la frontera con Surinam, y que los líderes indígenas me pidieron que construyera una central hidroeléctrica, cuyo equipo estaba in situ, pero que había sido vetada por Ibama. Una vez más, el Ibama bloquea el uso de energías limpias a cambio del consumo de gasóleo transportado desde Belém por vía aérea.

Brasil, el Amazonas y el futuro

"La consecuencia más peligrosa de la guerra, y la que más hay que temer en la batalla, es la opinión. En la pérdida de una batalla, arriesgas un ejército; en la pérdida de la opinión, arriesgas un reino".
— **Padre Antônio Vieira,**
SERMÃO PELO BOM SUCESSO DE NOSSAS ARMAS, 1645

Brasil está sufriendo una inmensa presión internacional para proteger el Amazonas de la deforestación. La versión promovida por la diplomacia estadounidense y europea occidental es que el país ha sido negligente a la hora de adoptar medidas eficaces para frenar la destrucción de la selva, difundida por el aparato mediático de las ONG financiadas desde el extranjero y reproducida por gran parte de los medios de comunicación nacionales e internacionales.

La cuestión es que esta narrativa, por utilizar la palabra de moda, se obstina en no encontrar ningún apoyo en la realidad, como puede verse simplemente examinando los hechos, los datos y las cifras que son de dominio público.

La verdad es que hay una escalada de actividades delictivas en el Amazonas, y la deforestación ilegal y la tala clandestina son algunas de ellas, que deben ser reprimidas. Pero de ahí a la propaganda de que existe un proceso casi irreversible de "sabanización" y la amenaza de "desertización" del bosque hay una distancia que sólo puede cubrir la comunión de intereses financieros y geopolíticos de los propagadores de esta fantasía.

Tomemos como ejemplo el estado de Amazonas, el mayor de la región septentrional de Brasil, con 1.571.000 kilómetros cuadrados, de los que el 95,46% están cubiertos por vegetación autóctona, el 93,49% son bosques y el 1,97% praderas y llanuras aluviales. Para hacerlo más fácil, hagamos el siguiente razonamiento: si la superficie total de los siguientes países se convirtiera en bosque, y se excluyera toda la actividad agrícola, todas las ciudades, todas las infraestructuras, y todo se convirtiera en bosque, incluso entonces el estado de Amazonas por sí solo tendría más bosque que los territorios combinados de Francia (551.695 km^2), Alemania (357.588 km^2), Italia (302.073 km^2), Inglaterra (130.272 km^2), Dinamarca (42.952 km^2), Países Bajos (41.850 km^2), Suiza (285.000 km^2) y Bélgica (30.688 km^2).

El Amazonas está protegido por un triple blindaje formado por el Sistema de Unidades de Conservación (SNUC), las tierras indígenas ya demarcadas y el Código Forestal, que destina el 80% de cada propiedad a la protección medioambiental. El bioma del Amazonas mantiene el 85,9% de su vasta superficie bajo cubierta vegetal nativa y superficies de agua, según datos de Embrapa.

Veamos ahora el caso de Roraima. El estado, de 224.301 km^2, tiene sólo el 5,93% disponible para uso directo, según una presentación a la que asistí por el consultor Francisco Pinto en la Asamblea Legislativa de Roraima en 2013. Sí, 94% de todo el estado está bloqueado por unidades de conservación, tierras indígenas, áreas militares, sitios arqueológicos, reservas legales y áreas de preservación permanente. ¿En qué país del mundo sería posible que el propio Estado nacional confiscara a una entidad federal y a su población el 94% de la base física de su supervivencia? Y lo más grave, ¿cómo se puede autorizar a meros organismos federales (Ibama y Funai) a proponer decretos que arrebatan territorio a entidades federales (estados y municipios), sin que se escuche a los gobernadores, alcaldes, asambleas legislativas, ayuntamientos, tribunales de justicia, sindicatos y empresarios?

Y es aún más vergonzoso cuando se sabe que estas decisiones se basaban a menudo en directrices propuestas por organizaciones no gubernamentales financiadas en el extranjero y respaldadas por informes a menudo erróneos.

Mark Twain, el famoso escritor estadounidense, comentó una vez sobre la inversión: compre tierra, ya no se fabrica. Cada año, la industria de todo el mundo fabrica miles de millones de teléfonos móviles, cientos de millones de televisores y decenas de millones de coches. Lo que no puede hacer la tecnología industrial más sofisticada es producir una sola hectárea de tierra, un quilate de diamante, una onza de oro, un barril de petróleo o una tonelada de cobre, níquel, estaño o niobio. La naturaleza cerró esa fábrica hace millones de años y, al menos por ahora, para siempre. Pero dejó millones de hectáreas y toneladas de estas riquezas tan codiciadas por el mundo al cuidado de Brasil, especialmente en el Amazonas.

Y bajo el peso de esta inmensa responsabilidad llamado Amazonas, Brasil decidirá el tamaño de su futuro.

p. 19 Visita a Clevelândia, Oiapoque, Amapá, frontera con la Guayana Francesa.

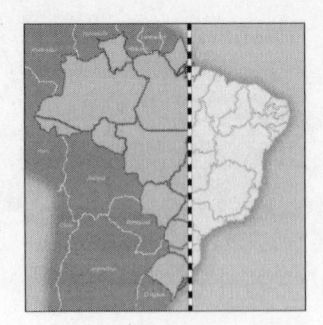

p. 22 Mapa de Brasil con la línea de Tordesillas. https://bonifacio.net.br/tratado-de-tordesilhas/

p. 31 - - Meridiano de Tordesillas ineficaz tras la unión de las Coronas Ibéricas (1580-1643)
▲ Fuerte / ■ Misiones
- - Expedición de P. Teixeira 1837
→ Franceses
→ Holandeses / → Ingleses

p. 32 Pintura de Christina Oiticica, Galería de los Constructores de Brasil, colección de la Cámara de Diputados

p. 34 La protección del indio y del cura fue decisiva para la presencia portuguesa en Amazonas

p. 35 Convento de los Mercedarios, Belém do Pará, construido en el siglo XVII, testigo de la fuerte presencia de las misiones religiosas en la Amazonia.

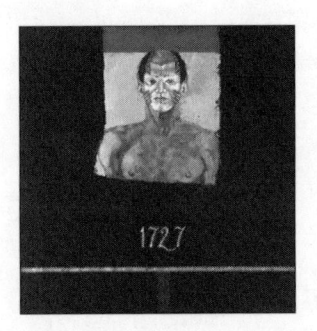

p. 38 Pintura de Óscar Ramos, galería Constructores de Brasil, colección de la Cámara de Diputados

p. 45 Visita al 1er Pelotón Especial de Fronteras, responsable del mantenimiento y la seguridad del Fuerte Príncipe da Beira, en Costa Marques (RO), el 1 de mayo de 2016.

p. 48 Lord Palmerston, Primer Ministro británico, autor de la solicitud de concesión de pasaporte al agente Robert Schomburgk

p. 50 *Carta de América Meridional, extracto del libro Alexandre de Gusmão y el Tratado de Madrid*

p. 53 *El Cabano de Pará*

p. 56 *Charles-Marie de La Condamine, primer científico extranjero que recorrió el Amazonas*

p. 61 *Henry Wise, diplomático, militar, ex gobernador de Virginia, partidario de convertir el Amazonas en un enclave esclavista.*

p. 65 *D. Pedro II se resistió a los intentos de abrir las aguas del río Amazonas a la navegación extranjera / Matthew Maury expresó la ambición expansionista de la élite de norteamérica*

p. 69 *Henry Wickham, el agente británico responsable del mayor robo del mundo y padre de la biopiratería moderna*

p. 77 *El caudillo Plácido de Castro y su estado mayor e infantería de sertanejos dirigieron la incorporación de Acre a Brasil. Uelton Santos, Galería Constructores de Brasil, colección de la Cámara de Diputados*

p. 81 *La competencia de la diplomacia brasileña, heredada de la diplomacia portuguesa, triunfó frente a las exigencias de Francia. JG Fajardo, Galería Constructores de Brasil, colección de la Cámara de Diputados*

p. 85 *Visita al hito establecido por Euclides da Cunha en la frontera entre Brasil y Perú. Fuente: Ministerio de Defensa, 2016*

p. 89 *El espíritu pionero del coronel George Earl Church acabó en fracaso, pero Madeira-Mamoré se construiría a principios del siglo XX*

p. 92 *Roosevelt quedó fascinado por los misterios y la grandeza del Amazonas y encontró en Rondón un guía a la altura de su aventura en la selva*

p. 97 *Henry Ford, el magnate del automóvil, y Harvey Firestone, el magnate de los neumáticos, pensaron que el Amazonas podría abastecer la demanda de caucho en Estados Unidos.*

p. 102 *Roosevelt estaba contento con la base aérea de Natal y el caucho del Amazonas para los aliados. Vargas sonríe ante los fondos para la usina siderúrgica de Volta Redonda*

p. 105 *John dos Passos era una celebridad de la literatura y el periodismo estadounidenses cuando visitó Brasil*

p. 110 *El Embajador Araújo Castro protagonizó un momento sublime de la diplomacia nacional / El Embajador y más tarde Senador de los Estados Unidos, Patrick Moynihan, otro protagonista importante en la disputa sobre la agenda medioambiental en la ONU*

p. 116 *Kamala Harris, vicepresidenta de Estados Unidos, ha profetizado al mundo la guerra del futuro: la guerra por el agua. Fotografía de Gage Skidmore*

p. 118 *Los ríos del Amazonas transformados en ruta del narcotráfico: un desafío a la seguridad pública y a la seguridad nacional*

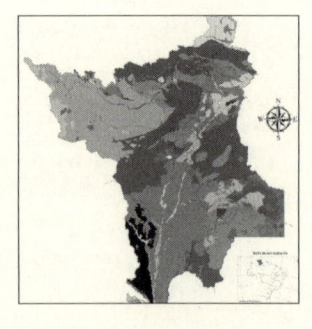

p. 126 *Roraima es una gran provincia minera rica en minerales estratégicos y tierras raras, bloqueada por una exitosa campaña promovida por ONG financiadas desde el extranjero.*

p. 136 *Inauguración de la Torre Alta en el Amazonas, con la delegación alemana de Ciencia y Tecnología. Fuente: Ministerio de Ciencia, Tecnología e Innovación*

p. 144 *La agencia americana, vinculada al Departamento de Estado y a la CIA, trabaja para imponer al mundo la agenda medioambiental de Estados Unidos de América*

p. 147 *Lugares de China prohibidos a los chinos. Lugares del Amazonas prohibidos a los brasileños*

p. 151 *La Defensa del Amazonas, un desafío permanente para la soberanía nacional. Conversación con líderes indígenas Tyrió, en la frontera entre Brasil y Surinam, el 26 de noviembre de 2015.*

p. 157 *La defensa como desafío para una política nacional para el Amazonas*

p. 161 *"Antes de que se apague la luz, antes de que se ponga el sol, habrá alguien que esté, habrá alguien que se quede, para que otros vengan, para que otros se queden".*

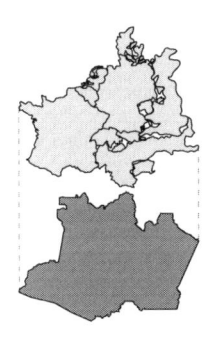

p. 162 *Si se eliminaran las áreas ocupadas por las ciudades, la infraestructura y la agricultura en todos estos países, y todo se convirtiera en bosque, la vegetación nativa restante en el estado de Amazonas seguiría siendo mayor que en todos ellos reunidos.*

POLVS·ARTICVS

TERA N

TEMPERADA·ZONA·

MAR·NEGRO
LA FLORIDA

CIRCVLVS·CANCRI·

MEXICO

TORIDA·ZONA   MAR PA
              NAMA
TORIDA·ZONA·

CIRCVLVS·CAPRICORNIO·

MR·DO·SVL·

MVND
No

TEMPERADA·ZONA·

ESTREITO
GA

GRVLANDA
MOSCOVIA
MAR CASPIO
IAPAN
TRVQVIA
IERVSALEM
ACHINA
OCCEANO
PARTES DAFRICA
MARROC
CASTEL O DA MINA
ONILO
OPRESTEIOA
CEILAM
EQVINOCIAL
CONGO
BRASIL
MAR DA INDIA
SAN LOVRENÇO
CABO BOA ESPERAÇA
DOMINGOS TEIXEIRA
1573
FERNÃO DE IMA
ORIENTE
POLOS ANTARTICVS

Dados Internacionais de Catalogação na Publicação (CIP)
(Câmara Brasileira do Livro, SP, Brasil)

Rebelo, Aldo
 Amazônia : a maldição de Tordesilhas : 500 anos de cobiça internacional / Aldo Rebelo. -- 1. ed. -- Rio de Janeiro : Arte Ensaio, 2024.

 Bibliografia.
 ISBN 978-65-87141-27-5

 1. Amazônia - Civilização 2. Amazônia - Colonização 3. Amazônia - História 4. Brasil - Colonização 5. Brasil - História - Capitanias hereditárias, 1534-1762 I. Título.

24-189331 CDD-981.1

Índices para catálogo sistemático:

 1. Amazônia : Brasil : História   981.1

Aline Graziele Benitez - Bibliotecária - CRB-1/3129